더 리프레임

더 리프레임

The Reframe

스콧 애덤스 지음 | 김미정 옮김

당신의 뇌를 재구성하라

몇 년간 나는 반려견 스니커즈를 산책시키는 게 종종 귀찮았다. 녀석은 다른 개들이 냄새를 남긴 풀과 나무에 가서 킁킁대기 바빴다. 우리 둘 다 별로 운동이 되지 않았고 스니커즈를 조금이라도 움직이게 하려면 줄다리기를 해야 했다.

그러던 어느 날 자칭 개 전문가가 인스타그램에 올린 영상을 보게 됐다. 그는 개에겐 걷기보다 냄새 맡기가 더 필요할 수 있다고 설명하면서 개들은 냄새 맡을 때 뇌가 활성화되므로 열심히 냄새를 맡고 나면 피곤해질 거라고 덧붙였다. 스니커즈는 냄새를 맡을 때 참 행복해 보였지만 인간인 나의 뇌로는 개 오줌 냄새가 그저 불쾌하게 느껴질 뿐이었다.

하지만 개에게 냄새 맡기는 소셜 미디어 확인하기와 같다. 그래서 나는 공원에 있는 크고 작은 나무마다 이름을 붙이기 시작했다.

무타(이전 명칭 페이스바크), 트위거, 리프드인, 인스타부시, 트리메일, 그리고 개똥 봉투를 담는 통은 '틱통'일 듯했다.

나는 냄새 맡기의 중요성을 깨달은 후, 개 산책시키기를 이렇게 리프레임했다.

일반적인 프레임: 개를 산책시키려다 실패했다.
리프레임: 개가 냄새를 맡도록 하는 데 성공했다.

이 리프레임은 나의 주관적 경험을 완전히 바꿔 놓았다. 반려견 산책에 실패한 게 아니라 개가 냄새를 맡게 해주는 데 성공한 셈이 됐으니까. 스니커즈도 새로운 조정안을 좋아했고 20분 동안 야외에서 냄새를 맡고 나면 확실히 온순해졌다.

하지만 곧 새로운 문제가 생겼다. 가만히 서서 목줄을 잡고 있자니 걷는 것보다 따분했다. 정말 지루하기 짝이 없었다. 하지만 나는 지루하다는 생각을 이렇게 재구성했다.

일반적인 프레임: 그저 서 있기만 하고 할 일이 전혀 없다.
리프레임: 올바른 호흡과 자세를 연습하기에 딱 좋은 시간이다.

이제 나는 하루에 20분씩 야외에서 올바른 호흡과 자세를 연습하는 시간을 즐기고 있다. 기분도 좋아져서 새로운 습관으로 금방

들어가며

자리 잡았다. 이제 나는 아주 즐거운 마음으로 스니커즈를 공원으로 데려간다. 단지 반려견 산책에 다른 의미를 부여했을 뿐인데 이렇게 달라졌다.

대부분의 사람처럼 당신도 줄을 서거나 이런저런 일로 기다리는데 많은 시간을 보낼 것이다. 그럴 때마다 엄청난 시간 낭비처럼 느껴진다. 아마 휴대전화를 들여다보며 기다리겠지만 걱정거리만 생길 뿐 별 도움은 안 된다. 스니커즈 이야기에서 알 수 있듯이 나는 호흡법 연습에 좋은 시간이라는 리프레임으로 거의 모든 무의미한 대기 시간을 하루 중 가장 생산적인 시간으로 바꾸었다.

일반적인 프레임: 줄을 서서 기다리자니 시간 낭비 같다.
리프레임: 올바른 호흡을 해볼 시간이 생겼다.

나는 수십 년 동안 올바른 호흡법이 불안감을 낮추고 긍정적인 에너지를 높이는 등 여러모로 유익하다는 이야기를 들어왔다. 문제는 매일 일정 시간을 정해 연습하는 것이었다. 아무리 중요하다 해도 가만히 앉아 아무것도 아닌 것처럼 느껴지는 일에 시간을 할애하는 건 내 성미에 맞지 않았다. 하지만 호흡은 서 있든, 앉아 있든, 운전하든, 걷고 있든 어디서든 할 수 있다.

나는 앤드류 휴버먼Andrew Huberman 심리학 박사의 호흡법을 추천한다. 아주 간단하다. 짧게 두 번 연달아 코로 숨을 들이쉰 후 천천히 입으로 내쉬면 된다. 그의 호흡법에는 과학적 근거가 분명 있을 것이다. 내가 직접 해보니까 따로 설명할 필요 없이 엄청난 차이가 바로 느껴졌다. 처음 시도해 보면 1분도 안 돼서 효과를 느낄 수 있다. 나는 이 호흡법을 몇 번 반복하고 나서 기분이 너무 달라져 깜짝 놀랐다. 몸도 마음도 이완됐다.

참기 힘든 지루한 기다림과 올바른 호흡 습관을 결합하면 두 가지 문제를 한꺼번에 해결할 수 있다. 기다림이 더 견딜 만해지고 건강과 기분도 개선되어 지루해하는 대신 호흡법을 연습하는 것이 하나의 습관으로 자리잡을 것이다. 요즘 나는 차분한 에너지가 즉각 향상되는 게 좋아서 호흡 운동할 기회를 찾곤 한다. 이제 무언가를 기다리다 지루해지면 지금이 몸과 마음의 건강을 챙길 딱 좋은 시간임을 떠올린다. 주변 사람은 아무도 눈치채지 못한다.

기묘한 재채기 해결법

────

2022년 봄, 나는 친구들의 도움으로 일반적인 재채기를 치료할 수 있었다. 여기서 말하는 재채기는 불시에 나오는 것이 아니라 간질간질하다 나오는 재채기를 말한다. 나는 어째서인지 가짜 재채기를 하면 진짜 재채기를 하지 않게 된다는 사실을 발견했다. 처음 시도했을 때는 우연히 들어맞았다고 생각했다. 두 번째로 효과를 보고 나서는 소셜 미디어의 팔로워들에게 알리고 이 방법을 시도해 보라고 권했다. 꽤 많은 사람이 효과를 봤다.

한 사람(아쉽게도 이름이 기억 안 난다)은 내가 하던 대로 '에취' 소리를 내며 가짜 재채기를 할 필요도 없이 그냥 재채기하는 상상만 해도 된다고 했다. 그 사람 말대로 해보았더니 정말 효과가 있었다! 게다가 공공장소에서는 그 방법이 더 나았다. 그리하여 연재만화 〈딜버트Dilbert〉의 창작자와 그의 친구들은 일반적인 재채기, 적어도 한 종류의 재채기를 치료하게 되었다.

재채기 이야기를 꺼낸 이유는 우리의 생각이 몸에 얼마나 강력한 영향을 미치는지 알려 주기 위함이다. 더 중요하게는 생각이 얼마나 빠르게 마법을 발휘하는지 보여 주고 싶었다. 실제로 몇 초만에 마법이 일어날 수 있다. 나는 이러한 일상의 경험을 재구성하는 '리프레임'을 가르쳐 주고자 한다. 이를 통해 모든 영역에서 원하는 것을 더 많이 얻고, 원하지 않는 것은 줄일 수 있다. 리프레임은 재채기를 참듯이 빠르게 이루어질 때도 많지만 메시지를 반복하면서 점점 강화해야 할 때도 있다.

앞서 설명한 방법으로 재채기를 참아 볼 기회가 생겨 효과를 보고 나면 소름이 돋을 것이다. 혹시 자신이 어떤 초능력을 가지고 있었나 하는 느낌이 들 수도 있다. 그럴 만하다.

재채기 해결법이 그다지 인상적이지 않다고? 그래도 괜찮다. 이건 예고편에 불과하다. 2020년 리프레임과 최면만으로 불안을 완화하는 방법의 영상을 올린 적이 있다. 2년 뒤, 어떤 남자가 그 영상 덕택에 딸이 불안증을 극복했다며 X(옛 트위터)에 댓글을 남겼다. 그의 딸은 내 영상을 보기 전까지 불안증에 짓눌려 집 밖으로 나가는 것조차 힘들어했지만 이제는 집 밖으로 나왔을 뿐 아니라 결혼을 앞둘 정도로 회복되었다고 한다. 그는 내 영상 덕분에 딸이 호전되었다고 고마워했다.

나는 미국 동부 표준시로 매일 오전 10시에 〈커피 위드 스콧 애덤스Coffee with Scott Adams〉라는 라이브 스트리밍을 진행한다. 방송 도중 나는 유튜브 시청자와 로컬스Locals 구독자들에게 그 영상을 본 후에 그 사연과 비슷하게 불안증이 줄어든 사람이 있는지 물었다. 실시간 채팅창에는 '나도 그랬다'라는 채팅들이 줄을 이었다. 로컬스에도 비슷한 댓글들이 올라왔다(나의 찐팬인 로컬스 구독자들이 그 영상을 봤을 가능성이 더 컸다). 나는 깜짝 놀랐다.

댓글 작성자들의 말이 맞다면 나는 평생 불안증에 시달리던 수십 명, 어쩌면 수백 명을 '치료'해 준 셈이다. 게다가 리프레임 몇 가지를 연결했을 뿐인데 사람들의 마음에 실행되던 불안 프로그램을 무효화했다.

나는 내가 사람들의 불안 스위치를 끌 수 있겠다는 강한 예감이 들었다. 설득과 두뇌 해킹 분야에서 수십 년간 경험을 쌓아 온 데다가 최면술 교육까지 받았기 때문이다. 각자 상황이 다른 만큼 모든 사람의 불안 스위치를 끄지는 못할 테지만, 2020년에 불안 해

들어가며

소법 영상을 만들어서 시험해 보니 전혀 시간 낭비가 아니었다. 실제로 알찬 시간을 보냈다.

이 책에는 직접 시도해 볼 수 있도록 불안 치유 영상에 사용한 리프레임도 포함했다. 그렇다고 지금 바로 그 부분으로 건너뛰지는 마라. 이유는 곧 알게 될 것이다.

아직 이 책에 흥미를 느끼지 못했다고? 그런 당신을 위해 내가 좋아하는 리프레임 성공담을 하나 더 알려 주겠다. 나의 소셜 미디어 팔로워들의 후기에 따르면 수백 명, 어쩌면 수천 명이 술을 끊게 해준 리프레임이다. 나는 전작《더 시스템How to fail at almost everything and still win big》을 집필하던 중 이 간단한 리프레임을 개발했다.

일반적인 프레임: 술은 음료다.

리프레임: 술은 독이다.

《더 시스템》의 독자 중 몇 사람이 '술은 독이다'라는 문장을 읽고 술에 대한 흥미를 잃고 술을 아예 끊었다고 한다. 정말이다.

이 리프레임이 몇몇 독자에게 효과가 있다는 사실을 내가 어떻게 알았을까? 일주일에도 몇 번씩 모르는 사람들이 이 리프레임을 받아들이고는 술을 인생에서 몰아냈다는 감사 인사를 이메일이나 댓글로 보내오기 때문이다. 효과가 있는지 궁금할 틈도 없이 '술은 독이다'라는 말 덕택에 평생 마시던 술을 끊었다고 당사자들이 직접 알려 왔다.

여기서 몇 가지 의문이 들 것이다. 그에 대한 내 대답은 다음과 같다.

1. 이 리프레임은 알코올 중독자에겐 해당되지 않는다. 중독은 다른 문제다. 이 리프레임은 사회생활 때문에 술을 마시거나 매일 밤 와인 한 잔 정도 마시는 평범한 음주 습관을 깨는 데 효과적이다.

2. 모든 사람에게 100퍼센트 효과적인 리프레임은 없다. 소수에게만 적용되는 리프레임도 있고, 누구에게나 유용한 리프레임도 있다. 이 책에서 제안하는 리프레임 중 단 10퍼센트만 효과가 있어도 당신의 인생은 확 달라질 것이다.

3. 술은 비소나 청산가리 같은 독이 아니라고 항변할 사람도 있을 것이다! 맞는 말이다. 리프레임은 기술적·철학적 의미의 '진실'을 추구하지 않는다. 또한 합리적이거나 논리적일 필요도 없다. 여기서는 얼마나 효과가 있는가로 리프레임을 판단한다.

리프레임은 진실일 필요가 없다.
논리적일 필요도 없다.
그저 효과만 있으면 된다.

들어가며

말 그대로 술은 독일까? 아니다. 아니 어쩌면, 어느 정도는, 또는 상황에 따라 그럴 수도 있다. 하지만 그건 별로 중요하지 않다. 뇌는 거짓이나 허구도 진실을 처리하는 것과 같은 방식으로 처리한다. 그래서 꾸며 낸 이야기임을 알면서도 영화를 보면서 웃고, 울고, 영감을 받는다.

우리의 상상력은 허구에서 비롯되었든 생각에서 비롯되었든 뇌를 재구성하는 데 있어 실제 경험과 똑같은 힘을 발휘한다. 알다시피 현실 세계의 극적인 경험은 뇌를 즉시 프로그래밍해서 어떤 것을 영원히 두려워하거나 사랑하도록 만들기도 한다. 리프레임을 포함한 상상도 시간이 지나면서 뇌를 재설계할 수 있다. 이 방법이 효과를 발휘하려면 리프레임을 머릿속으로 집중하고 반복하기만 하면 된다.

나 같은 경우에는 사람들이 술을 권하거나 왜 술을 마시지 않느냐고 물을 때마다 "술은 독이야"라고 대답하거나 속으로 되뇐다. 이 리프레임을 수없이 반복하다 보니 주관적 현실 속에서 나만의 진실이 되었다.

나도 예전에는 술의 유혹을 참기 힘들었는데 지금은 무슨 재미로 독을 마시는지 의아하다. 술이 독이라는 말이 나의 현실이 된 것이다. 그런데 정말 술이 독일까? 그럴 수도 있고 아닐 수도 있다. 그건 중요하지 않다. 나는 그저 인생에서 술을 완전히 지우도록 리프레임을 설정했을 뿐이다.

그렇다고 당신에게 술을 끊으라고 제안하는 것은 아니다. 여기서는 그저 당신이 원하는 대로 뇌를 재설계할 수 있게 돕는 도구를 소개하겠다.

리프레임은 안전하다
————

리프레임에 대한 내 주장을 믿어 달라고 부탁하지는 않겠다. 그럴 필요가 없어서다. 리프레임은 매우 안전해서 원하는 만큼 얼마든지 시도해 볼 수 있다. 어떤 리프레임이 효과적일지 직접 확인해 보라. 이 책에서 제안하는 리프레임을 많이 접할수록 '술은 독이다'라는 리프레임만큼 모두 안전하다는 것을 알게 될 것이다.

실수로 뇌가 망가질까 걱정하지 마라. 우리는 항상 뇌를 재설계하면서 효과적으로 만든다. 나는 그저 더 나은 방법을 알려 줄 뿐이다.

예를 들어 악기 연주를 배울 때 뇌에 해가 될까 걱정하지 않는다. 그렇지만 그 과정에서 뇌의 신경 회로가 재구성된다. 리프레임은 새로운 기술을 배우는 것보다 위험하거나 이질적이지 않다. 악기를 연주하거나 새로운 언어를 배우거나 대학 강의를 수강하기로 한 자신의 결정을 신뢰하듯 리프레임 중 어떤 것이 위험하다면 알아서 판단할 수 있을 거라 믿는다. 모든 경험은 뇌를 재설계한다. 여기서는 무작위가 아닌 전략적인 재설계 방법을 소개하겠다.

들어가며

리프레임 활용 방법

리프레임으로 이득을 보는 가장 간단한 방법은 리프레임에 그냥 노출되는 것이다. 그게 전부다. 그리고 지금 당신은 이 책을 읽음으로써 그렇게 하고 있다. 아주 잘하고 있다.

자신과 관련 없어 보이는 리프레임은 곧 잊히겠지만 몇 가지는 머릿속에 깊이 남는다. 그렇게 남기만 하면 된다. 그러면 전혀 노력하지 않아도 집중하고 반복하게 된다. 뇌 재설계에 필요한 건 집중과 반복뿐이다. 여기에 선택에 따라 감정을 더하면 도움이 된다.

예를 들어 술이 독이라는 리프레임이 효과적인 이유는 어떤 사람들은 거기에 처음부터 엄청난 반응을 보이고 술 생각이 날 때마다 그 리프레임을 떠올리기 때문이다. 그 정도의 집중과 반복으로도 충분히 두뇌 해킹을 할 수 있다. 하지만 다른 사람들, 특히 술을 마시지 않는 사람들은 그 리프레임을 듣고도 다시 떠올리지 않는다. 그들에게는 별로 중요하지 않아서다.

일반적으로 필요한 리프레임은 처음 접할 때부터 머리에 남는다. 반면 필요하지 않은 리프레임은 기억에서 빠르게 잊힌다.

알게 모르게 익숙한 리프레임

우리는 이미 오랫동안 어떤 형태로든 리프레임을 사용해 왔다. 따라서 리프레임이 얼마나 강력한지 쉽게 수긍할 것이다. 이 중에서 익숙한 것이 있는가?

혼돈 속에 기회가 있다.
동트기 전이 가장 어둡다.
고객은 항상 옳다.

이것들이 바로 리프레임이다. 이 중 어느 것도 전적으로 '진실'은 아니지만 모두 유용하다. 그래서 격언으로 살아남았다. 효과가 있으니까.

앞으로 (당신 마음에 들지 않아도) 자주 언급하겠지만 좋은 리프레임 중에는 말 그대로 따지면 진실이 아닌데도 희한하게 유용한 경우가 많다. 위의 리프레임 중에 첫 번째를 예로 들자면 혼돈이 특정 개인이나 단체에 기회를 반드시 만들어 주지는 않지만 이를 (충분히) 진실로 받아들이면 태도를 개선하고 장기적으로 성공 확률을 높일 수 있다.

장담하건대 혼돈이나 나쁜 소식 속에서도 기회를 찾는 법을 배운다면 조만간 기회를 포착할 것이다. 기회를 찾는 훈련만 하면 된다. 나는 이 리프레임을 자주 사용한다. 어떤 일이 실패로 돌아갔을 때 기회가 생겼다는 생각이 가장 먼저 든다. 여전히 처리해야 할 문제가 있지만 반복을 통해 뇌를 재설계한 덕분에 긍정적인 면을 항상 먼저 찾는다.

마찬가지로 어두운 밤이 지나면 동이 트긴 하지만 과학적으로 항상 동트기 전이 가장 어둡다고 말할 수 없다. 즉 이 말은 당신의 특정 상황을 전혀 예측해 주지 못한다. 그럼에도 긍정적인 방식으로 생각하도록 뇌를 재설계하면 남들은 보지 못하는 좋은 소식을 예상하는 데 도움이 된다. 또한 다들 세상이 곧 불타 버릴 거라고 말할 때도 아직 불타지 않았다면서 불안을 억제할 수 있다.

세 번째 리프레임으로 넘어가서 고객은 항상 옳을까? 천만의 말씀이다. 최근 맥도날드 직원에게 드라이브 스루 창구를 이용하던 한 노인이 맥도날드도 앱을 쓴다고 불평하더라는 이야기를 들었다. 노인은 "지금 맥도날드에 앱이 왜 필요해? 맥도날드에서 공항이라도 지을 건가?"라고 투덜댔다고 한다.

공항과 맥도날드 앱이 무슨 상관인지 잘 모르겠다. 그 고객은 전혀 논리적이지 않을뿐더러 '옳지' 않았다. 하지만 '고객은 항상 옳다'는 말의 요점은 그게 아니다. 보편적인 진실을 이야기하는 게 아니라 고객과 논쟁하는 대신 문제를 해결하는 방향으로 뇌를 재설계하라는 뜻이다. 이렇게 관점을 바꾸면 효과를 볼 수 있다.

이 책은 새롭고 강력한 리프레임들을 소개한다. 믿을 만했던 기존 리프레임과 마찬가지로 반드시 진실일 필요는 없지만 효과가 있다. 이 명백한 모순이 어떻게 아무 문제 없이 존재하는지 이해하고 나면 자신만의 리프레임을 만드는 방법을 깨닫게 될 것이다.

뇌 재설계에 필요한 세 가지

뇌를 재설계하려면 무엇이 필요할까? 많은 게 필요하지 않고 딱 다음 세 가지만 있으면 된다. 그나마 한 가지는 선택 사항이다.

집중
반복
감정(두려움, 행복, 증오, 사랑, 열정 등)

감정이란 치트키를 쓰면 뇌의 신경 회로가 가장 빨리 재구성된다. 하지만 감정 없이 리프레임에 집중하고 반복하기만 해도 뇌를 원하는 대로 재설계할 수 있다. 뇌는 입력하는 자극에 반응하여 새로운 구조를 만든다. 집중과 반복은 아이디어(또는 리프레임)를 개념적인 것에서 물리적인 것으로 바꾼다. 다시 말해 뇌 구조에 물리적인 변화를 가져온다. 여기에 감정을 더하면 뇌가 더 빨리 재설계되지만, 다시 말하는데 이 부분은 선택 사항이다.

리프레임에 감정을 더해 효과를 높이고 싶다면 '죽지 않을 만큼의 고통은 사람을 더 강하게 만든다'와 같은 익숙한 격언을 사용해 개념적인 리프레임으로 시작해 보자. 또한 이 리프레임에 감정을 더하려면 새로운 힘으로 무엇을 얻고 싶은지 생각해 보자. 임금 인상을 요구하거나 경쟁에서 이기기 위해 힘을 모아야 하는가? 감격스러운 결말에 집중하고 자주 상상하라. 감정적인 에너지는 리프레임이 마음속에 더 빨리 파고들게 한다.

나는 수십 년 동안 성공을 주제로 글을 쓰고 강연을 하면서 사람들이 간단명료한 조언을 선호한다는 것을 알게 되었다. 이 책은 새로운 리프레임을 제시하는 것 외에도 이전의 글과 강연에서 강력한 영향을 준 아이디어들을 기억하고 공유하기 쉬운 리프레임으로 재구성했다.

사람들, 특히 청소년과 리프레임을 공유할 생각이라면 책을 읽으라고 하는 것만이 실용적인 방법은 아니다. 하지만 짧은 문장으로 된 리프레임은 누구나 쉽게 이해하고 기억할 수 있다. 리프레임 이야기를 듣고 마음에 든다면 나중에 알아서 이 책을 찾아 읽을 것이다.

리프레임은 대체로 강력한 영향력이 있다. 또한 이해하거나 기억하거나 전달하기 쉬워서 소셜 미디어에 올리고, 문자로 보내고, 베개 자수로 쓰기에도 좋다. 따라서 앞으로 그런 것을 많이 경험하게 될 것이다.

리프레임은 빠르고 쉽게 배울 수 있어서 이 책에 160개 이상의 리프레임을 담았다. 여기에 당신의 인생을 바꿀 리프레임이 적어도 하나는 있을 것이다.

이 정도면 준비는 충분하다. 이제 본격적으로 시작해 보자.

차례

PART 2 〰〰 건강을 지키는 리프레임

PART 3 〰〰 관계를 위한 리프레임

PART 4 〰〰〰 현실에 대처하는 리프레임

PART

1

성공을 위한 리프레임

성공을 거두면 열정은

자연스럽게 따라오기 마련이다.

성공은 언제나 기분 좋은 일이다.

내 경험에 따르면 성공은 시스템, 재능 스택,

그리고 에너지가 넘치는 곳을 찾아가는

능력과 크게 연관된다.

당연히 열심히 일하고 건강을 유지하며

감옥에 가지 않는 등 기본적인 것도 지켜야 한다.

그런 다음에 시스템과 재능 스택을 꾸준히 정비해 나가면

좋은 결과를 얻을 수 있다.

성공으로 가는 여정을 함께 시작해 보자.

✷

자신의 성공에
깜짝 놀라는 사람들을 본 적이 있는가?
처음부터 '자신이 잘될 줄 알고' 성공하는 사람보다
자신의 예상을 뛰어넘는
성공을 거두는 사람이 20배는 더 많다.

우리는 성공을
예측하는 데 서툴다

★　　자신의 성공에 깜짝 놀라는 사람들을 본 적이 있는가? 처음부터 '자신이 잘될 줄 알고' 성공하는 사람보다 자신의 예상을 뛰어넘는 성공을 거두는 사람이 20배는 더 많다. 이 사실은 우리가 스스로의 성공 가능성을 예측하는 데 얼마나 서툰지 보여 준다.

　나 같은 경우에도 자격을 갖춘 일에서는 대부분 실패했지만 자격이 부족한 일에서는 성공을 거뒀다. 나는 명문 대학에서 경제학 학사 학위와 MBA를 취득했다. 하지만 여러 이유로 은행원이나 기업가 쪽으로는 운이 따르지 않았다. 반대로 경험도 없고 아무런 훈련도 받지 않았던 만화가, 작가, 강연자, 정치 전문가 분야에서는 오히려 성공을 거뒀다.

자격을 갖췄던 직업: 은행원, 기업가

자격이 부족했던 직업: 만화가, 작가, 강연자, 정치 전문가

이처럼 나는 성공 확률을 예측하는 데 아주 서툰 편이었다. 이른바 상식이라는 것은 나에게 전혀 도움이 되지 않았다. 이 책을 읽는 사람 대부분도 비슷한 상황에 처해 있을 것이다. 자신이 무엇을 잘하는지 안다고 생각하지만 크게 틀릴 수도 있다는 말이다.

일반적인 프레임: 나는 성공 확률이 낮다.
리프레임: 나는 성공 확률을 예측하는 데 서툴다.

자신의 성공 확률을 제대로 예측하지 못한다는 사실을 깨닫고 나면 그전에는 해보지 않았을 일을 자유롭게 시도할 수 있다. 무엇이 성공할지 알아내려면 직접 해보는 수밖에 없다. 따라서 이 리프레임으로 부담 없이 자신의 한계를 넘어서 보자.

열의와 열정으로 도전에 임하면 누구나 원하는 목표를 얻을 수 있다고 말하려는 게 아니다. 그건 말도 안 되는 소리다. 나는 아무리 노력해도 시도하는 것 중 10퍼센트쯤 성공하는 편인데, 그럼에도 승산은 낮지만 잘하면 엄청난 성과를 낼 수 있는 아이디어를 많이 시도한다. 열 번 중 한 번만 성공해도 엄청난 성과를 거둘 수 있고 경제적으로도 여유로워질 수 있기 때문이다.

예를 들어 이 책은 내가 올해 추진할 몇 가지 프로젝트 중 하나

성공을 위한 리프레임

다. 유튜브 채널에는 인터뷰 코너를 추가해 볼 수도 있다. 최근에는 집밥을 먹고 싶지만 전혀 요리할 줄 모르는 사람들을 위해 재미있고도 유용한 요리 쇼를 테스트해 보기 시작했다. 몇 가지 콘텐츠 아이디어를 테스트하여 무엇이 인기 있는지도 살펴볼 예정이다. 열 가지 콘텐츠 아이디어를 테스트해 보고 나면, 1년 후에는 나와 청중의 마음에 에너지를 불러일으키는 콘텐츠가 무엇인지 밝혀질 것이다.

나는 수십 년 동안 매년 약 10개 정도의 아이디어를 테스트해 왔지만 여전히 무엇이 성공할지 예견하지 못한다. 특정 분야에서 성공할 확률을 잘 예측하지 못하므로 양으로 보완한다. 당신에게도 이 방법을 추천한다. 처음에 시도한 것이 성공하지 못하면 다른 것을 시도하라. 무엇이 성공할지 결코 알 수 없으니 말이다.

예를 들어 좋은 연애 상대를 찾기까지 열 번의 데이트를 해볼 수도 있고, 적성에 맞고 직업으로 할 만한 일을 찾기까지 열 가지 부업을 시도해 볼 수도 있다. 그러니 이런 식으로 생각하라.

일반적인 프레임: 나는 시도하는 일의 90퍼센트는 실패한다.
리프레임: 나는 10퍼센트의 성공만 거두면 된다.

일이 잘 안 풀릴 때마다 패배자가 된 것 같은 기분이 들 수도 있다. 그럴 때는 시간이 좀 걸리겠지만 승자가 걸어가는 여정이라고 상황을 재구성해 보라. 패배한 기분보다 승자의 여정이란 리프레임을 추천한다.

원하지 말고
결정하라

★ 무언가를 원한다면 그걸 얻기 위해 적당한 선에서 노력할 것이다. 하지만 무언가를 갖겠다고 결정한다면 그에 필요한 모든 것을 다하게 된다.

> **일반적인 프레임: 나는 (무언가를) 하고 싶다.**
> **리프레임: 나는 (무언가를) 하기로 결정했다.**

내가 그동안 해왔던 창업과 기타 돈벌이 계획을 전부 목록으로 작성하고 다시 그 목록을 잘된 일과 실패한 일로 나눈다면 (당신은 알아채지 못하겠지만) 패턴이 보인다. 실패로 돌아간 일들은 모두 내가 성공을 바라며 열심히 했던 것들이다. 밤새워 일하거나 감당할 수 없는 돈을 날릴 위험을 무릅쓰지는 않았지만 나름 많은 노력을 기울였고 돈도 어느 정도 투자했다. 하지만 원했던 일들은 결국 실패로 돌아갔다.

다행히 몇 가지 사업은 잘 풀렸다. 〈딜버트〉가 세계적으로 선풍적인 인기를 끌었고, 집필한 책 몇 권이 베스트셀러가 되었으며, 수년간 미국에서 가장 높은 강연료를 받는 강연자 중 한 명이 됐다. 따지고 보면 〈딜버트〉가 인기를 얻었기에 가능한 일이었다. 그리고 〈딜버트〉의 첫 성공으로 두드러진 점이 있는데, 내가 성공한 만화가가 되기를 원했던 게 아니라 성공한 만화가가 되기로 결정했다는 사실이다. 1988년 만화가에게 가장 큰 기회인 신디케이트(상업적 일간지와 잡지에 만화를 공급하는 배급 기업-옮긴이) 계약을 제안받았을 때 나는 다짐했다. 어떤 일이 있더라도 절대 후회하지 않을 만큼 최선을 다하겠다고 말이다.

나는 이미 알고 있었다. 신디케이트와 계약할 확률도 낮았지만, 계약한 이후로도 크게 성공할 확률이 1퍼센트 정도인 분야에 뛰어들었음을. 신디케이트는 신문과 웹 플랫폼에 만화를 판매하고 그 수익을 만화가와 나눈다. 계약하긴 했지만 첫날 내 만화를 사준 신문사는 단 한 곳도 없었다. 결국 신문사를 대상으로 판매에 나선 첫해가 끝날 무렵 〈딜버트〉를 연재해 준 곳은 작은 신문사 몇 곳뿐이었다. 그러자 대박 날 희망이 없다고 본 영업사원은 새로 연재를 앞둔 다른 만화에 눈을 돌렸다. 〈딜버트〉를 성공시키려면 나 혼자 해내야 했다.

성공을 위한 리프레임

그래서 나는 몇 년 동안 〈딜버트〉를 그리고 홍보하면서 본업도 병행했다. 나중에는 직접 책도 쓰고 저작권 등록도 했다. 10년 넘게 공휴일에도 쉬지 않고 일주일 내내 풀타임 직업 세 가지에 맞먹는 일을 해냈다. 만화 홍보를 위해서라면 뭐든 했고 그 몇 년 동안 매일 팬들이 보내온 수백 통의 이메일에 답장을 보내고 전국을 돌며 사인회를 몇 시간씩 했다. 또한 10년 동안 일주일에도 몇 번씩 화보 촬영과 인터뷰까지 해냈다. 〈딜버트〉는 신디케이트 만화로는 최초로 인터넷에 게재되었는데 거기에도 많은 작업이 필요했다.

써놓고 보니 나는 그 10여 년간 불가능해 보이는 업무량을 소화해 냈다. 단순히 성공하기를 원했다면 버틸 수 없었을 것이다. 하지만 나는 그저 성공을 원했던 게 아니라 성공하기로 결정했다. 결정하고 나니 상황을 대하는 심리적 태도가 달라졌다. 압도적인 업무량이 특권처럼 느껴졌고 거의 모든 만화가가 나와 자리를 바꾸고 싶어 할 거라는 생각도 들었다. 절대 쉽지 않았고 고통도 따랐지만 결정했기에 멈출 수 없었다.

당신이 원하는 것이 단순한 바람인지 결정인지 어떻게 알 수 있는가 궁금하다면 내가 도와주겠다. 간단하다. 확신이 서지 않으면 결정한 게 아니다. 결정하면 의구심이 들지 않는다. 그것이 바로 결정이다.

에너지 관리가
정말 중요한 이유

★   1989년 만화가 활동을 시작한 이래로 나는 약 1만 1,000편의 연재만화를 그렸다. 거의 모든 작업이 오전 9시 이전에 이루어졌다. 새벽 5시에 쓴 풍자적인 글은 대체로 마음에 들지만 오후 3시에 그런 글을 썼다가는 내던지고 말 것이다.

나는 이를 시간 관리가 아닌 에너지 관리로 생각한다. 아침에는 커피에 힘입어 창의적인 글을 쓰기에 딱 맞는 에너지가 생긴다. 하지만 카페인의 각성 효과는 좀 더 느긋해져야 할 만화 그리기에는 적합하지 않다. 그래서 나는 글쓰기가 쉬운 아침에 글을 쓰고, 그림 그리기가 쉬운 저녁에 그림을 그린다. 다시 말해 시간이 아닌 에너지에 따라 할 일을 분배한다.

일반적인 프레임: 시간을 관리하라.

성공을 위한 리프레임

리프레임: 에너지를 관리하라.

내 경험상 투입한 시간보다 일에 쏟는 에너지가 결과를 더욱 좌우한다. 부적합한 에너지로 4시간 동안 작업할 때보다 적합한 에너지로 15분을 작업할 때 더 많은 성과를 낼 수 있다.

창의적인 일을 하는 사람 대부분이 비슷한 말을 할 것이다. 하루 중 창의적인 작업을 하기에 가장 좋은 시간이 있고, 전혀 효율이 오르지 않는 시간이 있다. 운동도 마찬가지다. 나는 매일 정오쯤에 운동에 적합한 에너지가 생긴다. 그래서 그 시간에 운동을 한다. 부족한 에너지로 운동하는 것보다 운동 효과가 더 좋다고 생각한다.

시간이 아닌 에너지를 관리하는 비결은 자신의 일정에 대한 통제권을 최대한 확보하는 것이다. 상사가 있다면 언제 무엇을 할지 선택권이 없을 수 있다. 배우자, 가족, 반려동물 또는 기타 의무가 있을 때도 마찬가지다. 생산적이고 행복한 에너지 관리 방식에서 시간 관리 방식으로 가야 할 수도 있다. 그래서 나는 살면서 뭔가를 선택할 때는 일정을 유연하게 조정할 수 있는 쪽을 우선해야 한다고 본다. 예를 들어 비슷해 보이는 일자리 두 개를 제안받았는데 하나가 일정이 더 자유롭다면 그것을 선택하는 식이다. 관계도 마찬가지다. 둘 다 매력적인데 그중 한 명을 선택해야 한다면 당신의 일정에 자유를 더 주는 사람을 선택하는 게 좋다. 자유는 결과를 예측하기 어려운 결정에서 좋은 선택 기준이 된다. 또 다른 좋은 선택의 기준은 어떤 상황에서 더 많이 배울 수 있는가이다.

시간 대신 에너지를 관리하다 보면 해야 할 일을 다 처리하지 못할 수도 있다. 이에 대한 해결책은 '적어도 오늘만큼은 그런 일은 하지 마라'이다. 무책임한 말처럼 들린다면 우선순위에서 하위 20퍼센트에 속하는 일을 끝내지 않아 잘못됐던 적이 있는지 생각해 보라. 나도 지금 바로 생각해 보겠다. 우리 둘 중 하나라도 그런 예를 떠올린다면 아주 놀라운 일일 것이다.

자, 시작해 보자. 나는 생각을 끝냈고 아무것도 떠오르지 않았다. 아마 당신도 그럴 것이다. 예상하건대 가장 덜 중요한 20퍼센트의 일들은 당신의 삶에 큰 영향을 주지 않는다. 그런 일은 그냥 놓아 버려라. 처음에는 힘들겠지만 곧 익숙해진다. 특정 업무를 미루면 약간 타격을 입을 수 있지만 에너지가 최고일 때 창의적이고 중요한 일을 하면 그 이상을 만회할 수 있다.

대부분의 결정에는 시간과 에너지를 교환해 원하는 걸 얻겠다는 의미가 내재되어 있다. 하지만 다들 그렇게 생각해 본 적이 없을 것이다. 예를 들어 식단관리와 운동 루틴으로 매일 시간을 좀 더 뺏길 수는 있지만 건강한 에너지를 돌려받을 수 있다.

또는 만약 운이 좋아서 두 사람과 동시에 썸을 타게 되었는데 같이 있을 때 느껴지는 에너지가 서로 다를 수 있다. 에너지를 따라가라. 좋은 신호가 되어준다. 한편 두 가지 진로 중 하나를 결정해야 할 경우에도 각 진로를 생각할 때 에너지가 분명히 다르게 느껴

성공을 위한 리프레임

진다. 그 차이를 무시하지 마라.

자동차를 구매할 때는 대체로 필요에 초점을 맞추고 실용적인 결정을 내리지만 자동차 모델에 따라 활력이 생기기도 하고 그렇지 않기도 하다. 가까이 다가갈 때마다 힘이 확 솟는 것 같은 차도 아주 가끔 있다. 그것이 바로 에너지다. 에너지를 주는 차를 사라.

인생 대부분의 결정이 그러하다. 다른 관점이 어떻든 간에 더 큰 에너지를 주는 길이 있다. 에너지가 유일한 변수는 아니고 그런 인상을 주고 싶지도 않지만, 에너지는 건강과 안전 다음으로 가장 중요한 변수다. 이렇게 에너지를 중시하면 삶은 당신에게 긍정적인 놀라움을 안겨 줄 것이다.

지루함은 모험을
감행하라는 신호다

★ 지루함은 과소평가되고 있는 성공을 위한 자산이다. 우리는 지루함을 행동 부족으로 여기는데 사실 맞는 말이긴 하다. 하지만 너무 즐기느라 미래를 진지하게 생각하지 않는 것보다는 지루함을 성공을 향한 여정의 출발점으로 보는 편이 훨씬 낫다. 인생은 행동하지 않는 쪽보다 행동하는 쪽에 보상을 주며, 지루함은 사람들이 자연스럽게 행동을 시작하도록 만드는 정신 상태다. 하지만 어떤 종류의 행동인가가 중요하다.

삶이 지루하고 방향이 보이지 않을 때 가장 빠른 탈출구는 창피해질 수 있는 모험을 감행하는 것이다. 그래 봐야 잃을 게 뭐가 있겠는가? 창피함을 끌어들이는 가장 간단한 방법은 잘하지 못하는 일을 시도하는 것이다. 그것도 많은 사람이 보는 앞에서.

최근에 우리 집 근처에 재미로 도끼 던지기를 해볼 수 있는 가게

성공을 위한 리프레임

가 문을 열었다. 표적에 도끼를 던지는 것은 보기보다 쉽지 않다. 도끼가 어느 정도 회전해야 적절한지 판단하지 못하면 도낏자루가 표적에 부딪혀 굴욕적인 '탁' 소리를 내고는 바닥으로 떨어진다. 도끼 던지기를 처음 해보는 사람이라면 막 날갯짓을 배운 병아리처럼 허우적댈 게 뻔하다. 친구 몇 명을 초대하고 창피한 모습을 보여 주어라. 지루하지 않을 것이다.

싱글이라면 자신의 매력 지수를 평가하고 이를 웃도는 사람에게 데이트를 청하라. 설령 거절당하더라도 잃을 것은 지루함뿐이다. 일단 시도하여 최선을 다해 보고 운명이 그렇다면 실패하라. 운 좋게 일생일대의 사랑을 찾을 수도 있지만 단칼에 거절당했다는 재미있는 이야깃거리가 생길 수도 있다. 하지만 지루하지 않을 테고 인생의 다음 구덩이를 건널 수 있도록 단단해진다. 창피해질 수 있는 모험을 영리하게 감행할 당신이 벌써 자랑스럽다.

경력을 발전시키고 싶다면 지금이 바로 스스로를 크게 놀라게 할 때다. 상사가 비웃거나 그 자리에서 해고하지 않을까 걱정될 정도의 임금 인상을 확 요구해 보자. 지루하지 않을 것이다! 아니면 자신에게 투자하거나 새로운 사업을 함께할 파트너가 있는지 알아보라. 인생을 바꿀 만한 교육 강좌에 등록하는 방법도 있다. 이처럼 여러 생산적인 방법들로 일상이 놀라워진다. 지루함은 당신에게 그런 도전을 하라고 알려주는 자연의 신호다.

일반적인 프레임: 사는 게 지루하다.

리프레임: 창피해질 수 있는 일을 충분히 하고 있지 않다.

나는 때때로 이 리프레임을 평소라면 피했을 어색하거나 창피한 일을 연습해 볼 일종의 게임으로 생각한다. 내가 좋아하는 표현으로 하면 '공돈'이다. 거의 모든 게 지루함보다는 낫기 때문이다.

단지 무료해서 문제를 일으킨 적이 있는가? 그런 경험이 있다면 내 말이 무슨 뜻인지 정확히 알 것이다. 하지만 말썽을 일으킬 때 좀 더 전략적으로 하자. 누구에게도 이득이 되지 않는 문제를 일으키지 마라. 일이 잘 풀리면 상당한 보상을 받을 수 있는 위험을 골라라.

창피해질 수 있는 모험을 감행하라는 말이 아직 와닿지 않는다면 또 다른 리프레임을 고려해 보라.

일반적인 프레임: 창피함은 피해야 한다.

리프레임: 창피함은 투자다.

단기적으로는 창피함이 쓰라릴 수 있다. 하지만 장기적으로 보면 그런 일을 겪으며 더 단단해지고 사람들에게 들려줄 만한 재미있는 이야깃거리도 남는다. 자존심에 큰 타격을 입고도 살아남아 다시 게임에 나설 수 있다면 거의 항상 앞서 나가게 된다. 또한 창

성공을 위한 리프레임

피스러운 시도 중 일부는 그렇게 자신을 내던지지 않았다면 일어
날 수 없었을, 인생을 뒤바꿀 만한 승리로 이어질 수 있다. 그러니
다음에 창피해질 수 있는 기회가 생기면 '안 돼' 대신에 '띠링'(금전
출납기 소리)을 속으로 되뇌어라.

개인이 개발할 수 있는 가장 유용한 기술 중 하나는 창피함을 웃
어넘기는 법을 배우는 것이다. 다음 리프레임에서 설명하겠지만
이 기술은 현실을 더 잘 이해하고 성공적으로 대처할 수 있게 해주
어 경제적·사회적·정신적으로 도움이 된다.

부담스러운 일을 퍼즐로 생각하라

———

삶은 우리에게 끊임없이 문제를 던져 주는 것 같다. 마치 '이번
주의 부담감' 동호회에 가입한 것처럼 말이다. 이런 도전들은 기발
한 해결책, 최선의 노력 또는 불편한 선택을 요구하곤 한다. 하지
만 나는 이제 '왜 하필 나야?'라는 짜증스러운 태도 대신, 이 부담
을 풀어야 할 퍼즐로 생각하기로 했다.

당연히 생사가 걸린 문제라면 이렇게 접근하기 어렵다. 하지만
대부분의 경우에 우리는 한 번에 두 가지 일을 처리하거나 불가능
해 보이는 일상 문제를 해결하려 애쓰고 있다. 문제를 하나씩 해결
할 때마다 기발하게 대처했다며 스스로 놀랄 때가 많다. 하지만 그

과정은 여전히 번거롭게 느껴진다.

일반적인 프레임: 또 문제야! 왜 나만 이래?
리프레임: 오, 풀어야 할 새로운 퍼즐이군.

이 리프레임은 굉장히 사소해 보이지만 효과는 굉장해서 즉시 내가 가진 거의 모든 문제에 신경을 덜 쓰게 해준다. 이처럼 나는 부담감을 게임처럼 여기고 현명한 해결책을 찾는 도전에 나선다.

인간은 원래 문제를 해결하는 데 능숙하다. 그렇지 않았다면 우리는 지금 이 자리에 없을 것이다. 물론 사람마다 차이는 있겠지만, 우리는 모두 하루하루 마주하는 도전들을 이겨 내고 있다. 오늘도 그리 다르지 않을 것이다. 스스로에게 "이 부담감은 풀어야 할 퍼즐이야"라고 말해 보라. 그러고 나서 우리의 기분이 어떻게 달라지는지 살펴보자. 당연히 모든 리프레임이 모든 사람에게 효과적이지는 않다. 나 역시 이 리프레임을 여러 번 성공적으로 써먹지 않았더라면 내게 효과가 있으리라고 전혀 알지 못했을 것이다.

빨래 개기, 집 청소, 침구 정리 같은 반복적인 집안일도 게임처럼 여기는 것을 추천한다. 그와 관련된 '기술'을 진지하게 받아들이면 된다. 예를 들어 나는 수건을 아주 빠르고 능숙하게 갤 수 있는데, 마치 서커스 공연을 하는 기분이 든다. 수건을 갤 때마다 약간의 도파민까지 분비된다. 그래서 수건 개기는 게임이 된다. 약간의 도파민 분비를 기대하는 마음으로 수건을 깔끔하게 정리하는 걸 즐긴다. 여섯 장을 접을 때쯤이면 손과 눈이 착착 보조를 맞춘다. 이상하게 들리겠지만 사실이다.

나는 집을 정리할 때도 비슷한 방법을 쓴다. 물건들을 집어서 제자리에 바로 두는 대신, 공간을 둘러보고 각 물건까지의 최단 거리를 계산한다. 그런 다음에 물건들을 각 목적지로 가는 출발점 근처에 두고, 그 방에 갈 일이 생겼을 때 그 물건들을 갖다 놓는다. 잠자리에 들 때쯤이면 작은 물건 더미들이 전부 제자리에 다시 놓여 있고 나는 작은 성취감 덕분에 도파민이 분비되는 것을 느낀다.

인간은 원래 움직이고 무언가를 할 때 더 행복해지도록 진화해 왔다. 집안일은 이런 욕구를 충족시켜 주고 여기에 게임 요소를 살짝 더하면 도파민의 원천이 될 수 있다. 필요한 일을 효율적으로 해내는 건 그 자체로 기분 좋은 일이다. 그 점에서는 사람마다 크게 다르지 않을 거라 생각한다.

일반적인 프레임: 으, 이런 반복적인 집안일이 너무 싫다.

리프레임: 집안일도 우아하고 효율적으로 한다면 게임처럼 느껴진다.

05

추진력을 얻는
나만의 방법

★　　개인적으로나 직장에서 중요한 일을 하고 싶었지만 동기 부여가 안 되어 시작하지 못했던 적이 있는가? 다음 리프레임으로 이를 해결할 수 있다.

일반적인 프레임: 너무 크고 벅찬 일이라 시작조차 할 수 없다.
리프레임: 그 방향으로 나아가기 위해 할 수 있는 가장 작은 일은 무엇인가?

추진력은 종종 더 많은 추진력을 창출한다. 일부 비디오 게임처럼 도중에 '연료'를 발견한다면 더욱 그렇다. 그런 게임에서는 중간중간 연료를 찾아야만 임무를 완수할 수 있다. 나는 현실 세계를 그런 비디오 게임처럼 여긴다. 즉 여정을 시작할 때 어디서 연료를 구할지 모르지만 일단 시작한다. 좋은 프로젝트인 경우에는 초기에 동기 부여만 조금 해주면 자체적으로 어느 정도 동력이 생겨서 나를 이끌어 가기 시작한다. 다시 말해 나의 에너지를 소모하지 않고 오히려 에너지를 공급해 준다.

이 책의 집필을 예로 들어 보겠다. 책을 쓰는 일이 얼마나 어려운지 아는가? 진짜, 진짜 어렵다. 너무 힘들어서 나는 보통 책 한 권을 쓰고 나면 몇 년을 쉬곤 한다. 아마 첫 책을 쓸 때의 고통을 정확히 기억했다면 두 번째 책을 절대 쓰지 않았을 것이다. 나는《딜버트》모음집 50여 권을 제외하고도 10여 권의 책을 썼다. 지금은 경력이 쌓여서 책 쓰는 과정이 얼마나 힘든지 충분히 알고 설명할 수도 있지만 너무 힘들었는지 여전히 부분적으로 잘 기억나지 않는다. 나는 이러한 기억력 문제를 결함으로 여기는 대신 장점으로 재구성한다. 스스로를 속여 성공하는 방법인데 두 단계로 구성된다.

1단계: 책을 쓰는 게 얼마나 불쾌한 일인지 잊어버린다.
2단계: 집필을 위한 아주 작은 첫발을 딛고 어떻게 되는지 본다.

이 책의 집필 프로젝트는 다음과 같이 진행되었다. 나의 전형적인 시나리오이기도 한데 도중에 내가 연료를 어떻게 찾았는지 주목해 보라.

나는 몇 달 동안 이 주제에 대해 고민한 후 내 작업실의 화이트보드에 '리프레임 책'이라고 적었다. 나 같은 경우에는 새 책에 관한 아이디어를 적는 게 무에서 유를 창조하는 첫 단계다. 작은 진전이라도 성취감이 느껴졌고, 이것이 다음 단계로 나아가게 하는 동기가 되었다.

나는 피드백을 얻기 위해 라이브 스트리밍을 진행하면서 이 책의 아이디어를 언급했다. 내 팔로워들의 압도적으로 긍정적인 답변은 다음 단계로 나아갈 연료를 공급해 주었다. 그래서 내 출판 에이전트에게 이 책의 아이디어를 말했다. 내 에이전트까지 아이디어에 열광하자 동력원이 더 생겼다.

내 에이전트는 내가 1순위로 선택한 출판사와 접촉했다. 출판사의 뜨거운 반응도 내게 동력이 되었다. 그래서 나는 대략적인 아이디어를 각 장에 대한 구체적인 아이디어로 바꾸기 시작했다. 아무것도 없던 상태에서 목차가 정해지기 시작하자 진전을 보이는 듯했다. 그 또한 나의 동력원이 됐다.

이 문장을 쓰는 동안… 잠깐, 아이스 커피 한 잔만 마시겠다.

몇 달 동안 바쁘게 돌아가는 집에서 글 쓸 시간을 충분히 확보하지 못하자 나는 혼자 칩거하며 최대한 고통스럽지 않게 집필 작업을 하기로 했다. 지금 그곳에 앉아 있는데 나쁘지 않은 경험이었다. 글을 쓰면서 하와이의 빼어난 아름다움에 재충전되고 있기 때문이다.

아무튼 나의 창작 과정은 이렇게 요약할 수 있다. 작은 발걸음을

성공을 위한 리프레임

내딛고 연료를 찾는다. 한 걸음 더 나아가고 더 많은 에너지를 찾는다. 이 과정을 계속 반복하다 보면 결국 끝을 맺을 수 있다.

다음에 큰 프로젝트나 도전에 직면하게 되면 오늘 할 수 있는 가장 작은 일이 무엇인지 스스로에게 물어보라. 그리고 그 일을 해내고 연료를 더 찾을 수 있는지 살펴보라. 연료를 찾을 수 없다면 당신이 할 일이 아닐 수도 있다. 적어도 지금은 아니다. 그래도 작은 발걸음을 몇 발짝 더 내디디며 무언가가 연료를 가져다줄지 확인해 보라. 못 찾겠다면 다른 일로 넘어가자.

경쟁심을 현명하게 활용하기

공부를 좋아하는 사람은 거의 없다. 공부는 지루하고 골치 아프다. 내가 학창 시절에 유용하다고 느낀 리프레임 중 하나는 시험을 시합처럼 대하라는 거다. 나는 시합에서 이기기 위해 공부하는 것은 괜찮았다. 하지만 언젠가는 도움이 되리라는 가능성을 보고 공부하기는 싫었다. 그건 동기 부여가 되지 않았다.

다음 리프레임은 기본적으로 경쟁심을 타고난 사람에게만 효과적일 수 있다. 만약 누군가 나에게 "힘들고 지루한 일을 하면 경쟁에서 이길 수 있다"고 말한다면 나는 그 힘들고 지루한 일을 바로 시작하고 싶어진다!

일반적인 프레임: 학교 공부는 지루하지만 꼭 필요하다.

리프레임: 학교 공부는 시합이다. 경기가 시작됐다.

내가 학교에 다닐 때만 해도 선생님이 반 학생들에게 누구의 시험 성적이 가장 좋은지 알려 주는 일이 흔했다. 이게 나를 경쟁심에 타오르게 만들었고 그로 인해 나는 더 노력하게 되었다. 솔직히 말해서 노력한 만큼 이길 수 있다는 확신이 없었다면 나는 경쟁에 뛰어들지 않았을 것이다. 그래서 경쟁은 현실적이어야 한다. 친구나 라이벌 등 같은 반의 특정인과 경쟁하되 잘하면 이길 것 같은 사람을 선택하면 좋다. 사람들에게 경쟁하고 있다고 말하지 않아도 된다. 그냥 조용히 경쟁하라.

일반적인 프레임: 나 자신과 경쟁하면서 점차 발전하도록 노력하라.

리프레임: 남들 모르게 다른 사람과 '조용히' 경쟁하라.

스포츠와 정치에 그토록 많은 에너지가 쏠리는 것은 우연이 아니다. 우리는 자원과 짝을 얻기 위해 경쟁하도록 진화한 게 분명하며 이 본능을 벗어날 수 없다. 많은 사람이 주변 사람보다 더 유능해 보이기를 원한다. 그것이 자원과 짝을 모두 차지할 최고의 방법이기 때문이다. 인간 진화의 원동력인 이 원초적 에너지를 활용하라. 훗날 인생에 도움이 될 거라는 말 덕분에 공부하는 것보다 훨씬 더 열심히 더 오래 공부할 수 있는 에너지를 갖게 될 것이다.

무슨 수를 써서라도 이겨야 한다고 말하는 게 아니다. 승리지상주의는 대다수에게 해롭다. 나는 모든 관리자가 아는 평범한 사실, 즉 측정할 수 없다면 관리할 수 없다는 점을 말하는 것이다. 자신의 성과 향상을 지켜보는 것은 즐겁고 건강한 일이다. 하지만 잠재력을 최대로 발휘시켜 줄 충분한 에너지를 원한다면 실제 또는 상상 속에서 자신과 능력이 엇비슷한 사람과 경쟁한다고 생각해 보자. 경쟁은 에너지를 북돋아 준다. 좋은 의도와 단련만으로는 충분하지 않다.

동기 부여에 능숙해져라

누군가 잘못을 저지르는 모습을 본다면 실수를 지적하고 올바른 방법을 알려 주고픈 충동을 느끼는 게 정상이다. 생사가 걸렸거나 중대한 일이라면 더욱 단도직입적으로 말하는 게 옳다.

하지만 대부분은 긴급한 상황이 아니다. 우리가 살면서 자주 마주치는 상황이 있다. 내가 할 줄 아는 일을 그 일을 모르는 사람에게 가르치는 것이다. 그 대상으로 자녀, 동료, 고객 등이 포함될 수 있다. 그런 상황에서 당신이 잘 해내면 사람들은 당신이 상사가 되거나 적어도 더 많은 책임을 맡기를 원할 것이다. 그러므로 사람들에게 동기를 부여하는 데 능숙해져라. 그러면 당신에게 더 많은 선택지가 생긴다.

내 만화의 첫 편집자는 작가의 감정을 상하게 하지 않으면서 작품을 비평하는 데 천재적이었다. 내가 가장 좋아했던 비평은 "작가님의 다른 작품이 더 강력해요"였다. 그 말은 칭찬인 동시에 비판이었다. 편집자가 그 말을 하면 나는 웃음이 났다. 그리고 더 좋은 결과물이 나왔다. 보석 같은 그 비평에서 시작된 리프레임과 거기에 덧붙일 수 있는 예시들은 다음과 같다.

> **일반적인 프레임: 이번 작업은 별로입니다.**
>
> **리프레임: 다른 작업이 더 좋았어요.**
>
> **대안 1: 이보다 더 잘할 수 있을 텐데요.**
>
> **대안 2: 이보다 좋은 게 나올지 모르겠지만 한번 해보죠.**
>
> **대안 3: 지름길이나 요령을 알려 줘도 될까요?**
>
> **대안 4: 다른 사람들은 어떻게 하는지 보여 줄게요.**

사람들은 대체로 일을 잘하고 싶어 한다. 그래서 더 나은 방법을 보여 주기만 해도 충분한 경우가 많다. 비판적인 태도로 그런 마음을 망가뜨리지 마라. 시간적 여유가 있다면 사람들이 스스로 올바른 방법을 찾아내도록 두어라. 또한 그들이 잘한 일은 칭찬하고 비판은 아예 하지 않는 것이 최선의 전략이다.

성공을 위한 리프레임

대부분의 비판은 비판받는 당사자도 알고 있는 뻔한 내용이다. 사람들은 보통 언제, 왜 일을 망쳤는지 알고 있다. 그들에게 필요한 것은 실수를 극복할 여분의 에너지와 정신력이다. 이를 위해서는 실수가 없었던 것처럼 넘어가고 잘한 일을 칭찬하라. 상대에게 도파민을 제공하는 동기 부여자가 되어야 한다. 이는 데일 카네기 Dale Carnegie의 방법 중 하나이며 나는 이 방법이 모든 사람에게 놀라운 효과를 발휘하는 것을 목격했다.

일반적인 프레임: 다음에는 실수하지 않도록 사람들에게 잘못한 부분을 지적한다.

리프레임: 잘한 부분을 칭찬해서 계속 발전하도록 동기 부여를 한다.

누구나 가끔
애송이가 된다

★　　새로운 일을 시작하면 자존심에 상처가 날 수 있다. 몇 주 동안은 그 회사에서 쓰는 전문 용어를 이해하지 못하고 누구에게 도와 달라고 하기도 어려울 것이다. 그리고 모든 답을 알고 있을 수도 있는 한 사람에게 계속 물어보기도 부담스럽다. 그런 상황에 서는 회사 안에서 자신만 무능하다고 느끼는 게 정상이다. 그리고 그런 느낌은 오래 지속될 수 있다.

성공을 위한 리프레임

그 경험을 업그레이드하려면 비교의 틀을 바꾸면 된다. 수년간 경력을 쌓은 노련한 직원과 자신을 비교하지 마라. 어제 또는 처음 일을 시작했을 때의 자신과 비교하라. 이미 무엇을 배웠고 얼마나 빨리 배웠는지에 집중하라. '배운 것'들이 차곡차곡 쌓이는 모습을 마음속으로 그리다 보면 다시 자신감이 생긴다.

일반적인 프레임: 남들은 모두 유능해 보이고 나만 애송이인 것 같다.
리프레임: 나는 빠르게 배우고 있다. 이렇게 많이 배우다니!

솔직히 말해서 당신이 앞으로도 일을 잘하지 못해서 애송이처럼 느껴질 가능성도 있다. 그래도 여기까지 읽었다면 어느 정도 센스가 있거나 실력도 곧 갖추리라 생각한다.

내가 비즈니스와 엔터테인먼트 업계에서 수십 년 동안 경험을 쌓으면서 관찰한 유용한 사실도 알려 주겠다. 사실 누구나 (적어도 가끔은) '애송이'처럼 행동하고 있다. 독특한 경력 덕에 나는 과학자, 최고 경영자, 사업가, 억만장자, 의사, 변호사 등 온갖 분야의 전문가들과 많은 시간을 보냈다. 그들 모두 인간이기에 편견도 있고 지식에 빈틈도 있었다. 내 말을 믿지 못하겠다면 흔치 않은 문제를 가지고 전문가를 찾아가 보라. 어쩌면 인간에 대한 믿음을 잃을지도 모르지만 적어도 당신만이 이 세상에서 유일한 '애송이'로 느껴지지는 않을 것이다. 새로운 직장에서 근무를 시작한 모두가 애송이고, 경력자도 새로운 상황에 직면하면 모두 애송이가 된다. 즉 당신과 같은 처지다.

직장에서 애송이가 된 것 같은 느낌을 떨칠 수 없다면 그런 마음가짐으로도 성공할 수 있다는 사실을 알면 기분이 나아질 것이다. 나도 지금까지 처음 해본 모든 직업에서 애송이 같은 느낌을 받았고 실제로 틀린 생각도 아니었다. 내 경험을 들어 보라.

나는 은행에서 일할 때 컴퓨터 프로그래머 자리를 제안받고 수락했다. 당시 나는 프로그래밍에 대해 아무것도 몰랐다. 그래서 밤에는 수업을 듣고 스스로 터득해 나갔다. 전화 회사에서 일할 때는 경제학 학위를 가지고 있음에도 불구하고 엔지니어로 승진했다. 유능한 동료들의 도움으로 어떻게든 일을 해냈다.

이후 상업용 만화를 그려 보기도 전에 여러 매체에 만화를 배급하는 회사에서 만화가 계약을 제안받았다. 그 후 배급 회사의 도움으로 만화 그리는 요령을 터득했다. 연이어 연재만화 외에는 글을 전문으로 써본 적이 없는데도 덜컥 출판 계약을 제안받았다. 그래서 쓰게 된 책 《딜버트 법칙**The Dilbert Principle**》은 비소설 부문 베스트셀러 1위에 올랐다.

한편 회사에서 프레젠테이션을 해본 경험만 약간 있을 뿐인데 전문 강연 기회를 제안받았다. 첫 강연은 재앙이었지만 꾸준히 실력을 쌓아 미국에서 강연료가 가장 비싼 강연자 중 한 명이 되었다.

또한 버그가 많은 앱이었던 페리스코프**Periscope**에서 시작해 유튜

성공을 위한 리프레임

브와 로컬스 플랫폼으로 진출했다. 내 라이브 스트리밍 방송을 찾아보면 처음에는 얼마나 수준이 낮았는지 알 수 있다. 나는 수년간의 실험을 통해 〈커피 위드 스콧 애덤스〉를 지금의 수준으로 끌어올렸다(여전히 개선해야 할 점이 있지만 처음에 비하면 훨씬 나아졌다).

내 이야기에서 알 수 있겠지만 처음에는 상대적으로 부족해 보이더라도 지나고 보니 별문제 없었다. 그보다는 내가 새로운 모험에 맞설 때마다 축적한 기술이 더 중요했다. 자신이 감당할 수 있는 것보다 조금 더 많은 일을 맡고 있다고 느낀다면 아마 완벽한 자리일 것이다. 일반적으로 사람은 자신이 할 수 있다고 믿는 것보다 더 많은 일을 할 수 있다. 고로 성공하려면 자신의 성과가 본인의 능력이나 자격 덕분이 아니라 단지 운이 좋았거나 다른 사람을 속여서 얻은 것이라고 느끼는 심리 상태인 '가면증후군'Impostor syndrome 영역에 머무르면서 기술을 쌓아야 한다.

이 책에서든 다른 책에서든 자신이 애송이처럼 덜 느끼게 해주는 리프레임을 발견한다면 바로 사용해 보라. 그래도 문제가 해결되지 않으면 반대로 남들도 모두 애송이라는 리프레임을 써보라. 그런 사람들에 둘러싸여 있음을 깨달으면 자신이 애송이 같아도 크게 신경 쓰이지 않는다.

일반적인 프레임: 직장에서 애송이가 된 느낌이다.

리프레임: 모든 사람은 애송이다.

나는 이 리프레임을 자주 사용한다. 수많은 전문가와 지도자가 나이가 들어 자신도 모르게 애송이의 면모를 드러내는 것을 보고 난 후로 모두가 애송이라는 생각을 더 쉽게 받아들이게 되었다.

목표가 아니라
시스템이다

✦　　나는 전작《더 시스템》에서 세상을 바꾼 리프레임 두 가지를 소개했다. 매우 거창한 주장인데 이 정도로 거창하면 회의적으로 보는 게 좋지만 이 주장은 사실이다. 이 두 가지 리프레임을 이해하고 나면 자문업에 종사하는 거의 모든 사람의 조언에 이 개념들이 포함되어 있음을 알게 될 것이다. 첫 번째 리프레임은 다음과 같다.

일반적인 프레임: 성공하려면 목표를 세워야 한다.
리프레임: 패자는 목표를 설계하고 승자는 시스템을 만든다.

내 리프레임에 따르면 시스템이란 앞으로 좋은 선택지를 만들기 위해 매일 하는 일이다. 시스템을 '연습'과 혼동하는 사람도 있는

데 연습도 시스템의 한 유형이기는 하지만 전부는 아니다. 최고의 시스템은 여러 가지 선택지를 제공한다. 보통 '연습'은 한 가지 특정한 목표를 준비하는 것이지만 그 목표가 항상 적절한 선택은 아닐 것이다. 따라서 연습만으로는 여러 기회에 대비하는 시스템만큼 유용하지 않다. 빠르게 변화하는 세상에서는 유연한 태도와 사고방식을 유지하며 어떤 상황에서도 대처할 수 있도록 준비하는 것이 좋다.

이해를 돕기 위해 몇 가지 예를 들어 보겠다. 대학 교육을 받는 것은 다양한 진로 선택권을 제공하므로 시스템이다. 대학에 다니는 동안 어느 방향으로 진로를 잡을지 대략 알고 있을 수 있지만 (대개) 너무 구체적으로 정하지 않는 것이 좋다. 선호도와 기회는 항상 변하기 때문이다. 즉 다양한 상황에 적응할 수 있는 기술을 개발하는 것이 가장 안전하다.

배관 기술을 배워 배관공이 되는 것은 훌륭한 진로 선택일 수 있지만 한 가지 직업으로 제한하기 때문에 이상적인 시스템이라고 보긴 어렵다. 시스템은 선택의 폭을 넓혀야지 결코 제한해서는 안 된다. 배관공이라는 진로를 더 나은 시스템으로 수정한다면 경영 기술을 배워 직원을 채용하고 사업체를 키우거나 종합 건설업자라는 장기 목표를 정하고 추가적인 기술을 습득하기를 권한다. 이 예시에서 배관공이 배워 둔 기술들을 전부 활용해 집을 수리하고 되파는 일을 하게 되었다면 그 일이 처음부터 목표였다기보다는

성공을 위한 리프레임

다양한 기회를 준비했고 그중 하나를 선택한 것이다. 반대로 배관 기술을 배우겠다는 목표를 달성한 배관공은 상사에게 월급을 받으며 일할 수는 있어도 그 외에 딱히 얻을 게 많지 않다.

시스템이 없는 장기 목표의 큰 단점은 매일 목표를 달성하지 못하면 실패한 듯한 기분이 든다는 것이다. 하지만 시스템이 있으면 매일 성공을 느낄 수 있다. 예를 들어 매일 운동하기가 시스템에 포함되면 산책만 해도 성공이다. 하지만 10킬로그램 체중 감량이 목표라면 목표에 도달할 때까지 매일 성공하지 못한 기분이 들고 목표를 이루기 전에 지레 낙담하고 포기하기 쉽다. 이에 비해 매일 활동적으로 생활하고 어떤 음식이 몸에 좋은지 계속 학습하는 시스템을 생각해 보라. 이 경우에는 결과를 만들어 내리라는 확신을 갖고 매일 시스템을 가동할 것이다. 또한 지속적인 승리감을 느끼며 기분이 좋아진다.

목표는 쓸모없다는 말이 아니다. 목적이 분명하고 그만큼 좋은 대안이 없을 때는 목표가 유용하다. 시험에서 높은 점수 받기, 스포츠 대회에서 우승하기, 마라톤 완주하기 등이 그런 예다. 그러나 성공, 진로, 사랑, 건강과 관련해서는 최고의 기회가 찾아왔을 때 잡을 수 있도록 준비하는 것이 중요하다. 세상은 급격히 변화하고 있다. 빠르게 배우고 신속하게 행동하는 사람이 되자.

성공, 진로, 연애, 건강관리 등 모든 영역의 시스템을 좀 더 자세히 알아보고 싶다면《더 시스템》을 읽어보길 바란다.

성공의 핵심은 열정이 아니다

————

성공한 사람들에게 성공 비결을 물어보면 흔히들 '열정'이 열쇠라고 대답한다. 그건 남들보다 똑똑했다거나, 더 큰 위험을 감수했다거나, 운이 좋았다거나, 재산을 상속받았다거나, 법을 어겼다거나, 남들에게 없는 다른 이점이 있었다고 말하기 싫어서 하는 대답일 뿐이다. 그렇게 말해야 나 같은 부자들이 대중에게 가진 것을 빼앗기고 죽임을 당하지 않을 테니 말이다. 그래서 성공한 사람들은 '열정'을 조금만 끌어올리면 당신도 그들이 가진 것을 모두 얻을 수 있다는 허구를 지어낸다.

성공의 비결이 열정이란 말은 완전 헛소리다. 너무 뻔한 소리지만 힘든 시기를 견디고 성공하려면 충분한 에너지와 열의가 필요하긴 하다. 다시 말해 열정 같은 '쌩쌩함'은 없더라도 무언가를 만들어 내려면 에너지와 열의가 중요하다. 개인적으로 나는 어떤 방향으로 나아가든 내 진로에 대해 항상 적극적이었다. 나는 그것을 열정이라고 부르지 않는다. 그저 여러 가지를 시도하다가 운 좋게도 만화가로 큰 성공을 거두었을 뿐이다. 하지만 나는 스타트업에서 일했어도 만족했을 테고 장기적으로는 그만큼 성공했을 것이다. 그러나 열정이 그 과정의 일부였던 적은 없다.

성공을 위한 리프레임

일반적인 프레임: 열정은 성공의 열쇠다.

리프레임: 열정이 있으면 좋겠지만 꼭 필요한 건 아니다.

성공을 거두면 열정은 자연스레 따라오기 마련이다. 성공은 언제나 기분 좋은 일이고, 특히 그 성공을 지켜보는 사람들이 있을 때 더욱 그렇다. 내 경험에 따르면 성공은 시스템, 재능 스택, 그리고 에너지가 넘치는 곳을 찾아가는 능력과 크게 연관된다. 당연히 열심히 일하고 건강을 유지하며 감옥에 가지 않는 등 기본적인 것도 지켜야 한다. 당신이 쉬운 것부터 제대로 해내리라 믿는다. 그런 다음에 시스템과 재능 스택을 꾸준히 정비해 나가면 좋은 결과를 얻을 것이다.

08

자신만의
재능 스택을 구축하라

★ 　앞으로 이 책에서 여러 번 언급될 재능 스택talent stack은 다른 리프레임과 연결되는 주요 개념이면서 그 자체로도 중요한 리프레임이다. 나는《더 시스템》에서 세상을 바꾸는 두 번째 리프레임으로 재능 스택을 소개했다. 이 성공 공식을 기억하는가?

적당히 잘함 + 적당히 잘함 〉 월등히 잘함

재능 스택은 다양한 능력이 함께 작동하여 스스로를 가치 있고 희귀한 존재로 만들어 주는 기술 조합을 말한다. 이는 특정 기술에서 최고가 되는 데 집중하라는 전형적인 조언과는 크게 다르다. 예전에는 그 조언이 더 타당했을 수 있다. 하지만 빠르게 움직이는 세상에서는 우리는 내년이 어떨지도 예측할 수 없다. 따라서 성공을 위한 최선의 방법은 자신의 재능 스택이 얼마나 유연한가에 달려 있다.

일반적인 프레임: 돈이 될 만한 특정 기술을 배우는 데 집중하라.
리프레임: 함께 잘 쓸 수 있는 기술들을 습득하여 희귀하면서도 유연한 존재가 되어라.

자신의 스펙에 맞는 재능 스택을 구축하는 가장 간단한 예는 대기업 업무 능력에 대중 연설 기술을 추가하는 것이다. 이 한 가지 기술만 더 갖춰도 관리자 승진에 유력한 후보가 될 수 있다. 또한 다양한 직무 이동이나 승진 가능성도 열린다. 여기에 효과적인 경청 기술, 비즈니스 글쓰기, 계약 협상, 대인 관계 기술까지 더한다면 거의 모든 것이 가능해진다. 이 모든 기술은 땀 한 방울 흘리지 않고도 한 달 안에 배울 수 있다.

구독 플랫폼인 로컬스의 내 사이트 scottadams.locals.com에 대부분 4분 미만인 아주 짧은 강의 영상을 200개 이상 올려놨다. 강의마다 유용한 생활 기술을 알려 주며 몇 주 안에 기존의 훌륭한 능력 위에 200가지 이상의 새로운 기술로 뇌를 재설계할 수 있다. 한 달 만에 200가지 기술을 배운 사람과 경쟁하고 싶은가? 내가 만든 수업이긴 하지만 나라면 그러고 싶지 않을 것 같다.

나는 성인이 되고 나서 내 일을 보완하는 기술들을 배울 수 있는 시스템이라면 의식적으로 따라왔다. 회사에서 수업료를 지원해 준다고 하면 그 기회를 놓치지 않았다. 그리고 잠을 더 잘 자는 방법이나 어떤 일을 더 잘하는 방법을 가르쳐 준다는 글을 발견하면 읽고 흡수했다.

다음은 내 재능 스택에서 가장 유용한 기술들을 간략히 열거했다. 이를 통해 좀 특이한 나의 경력을 어떻게 쌓아 왔는지 알 수 있을 것이다.

경제학 학사 학위

경영학 석사 학위(MBA)

최면 치료사

컴퓨터 프로그래머(소소한 소프트웨어 기술)

글쓰기

그림 그리기

유머 글쓰기

은행원

관리직

기업가

대중 강연자

드럼 연주자(진행 중)

라이브 스트리밍(팟캐스트)

성공을 위한 리프레임

자판 안 보고 타자하기(생각보다 큰 장점)

디자인 기술

홍보 기술

나는 이러한 재능 스택을 통해 다양한 기술이 어우러져 시너지 효과를 보고 있다. 이 독특한 재능 스택 덕분에 삶을 다양한 시각으로 바라보는 만화가가 되거나, 뉴스를 분석하는 팟캐스트 진행자가 되거나, 강연을 다니거나, 다양한 주제로 책을 쓸 수 있었다. 지금은 그 모든 일을 하고 있다.

혹시 이 목록에서 드럼 연주가 조금 생뚱맞아 보이는가? 내가 드럼 연주를 배우는 이유는 설득의 또 다른 창구가 될 수 있으리라 믿기 때문이다. 팟캐스트에 드럼 연주를 넣을 수도 있다. 확실한 것은 댄스 비트만큼 설득력 있는 것도 드물다는 사실이다. 그 연주법을 터득하면 무엇을 얻게 될지 궁금하다.

내 재능 스택을 그대로 따라 하지 않아도 된다. 자신의 타고난 재능과 관심사로 시작하여 무엇이 잘 어우러지는지 파악해야 한다. 예를 들면 다음과 같다.

- 금융 분야에 관심이 있다면 의사소통 능력을 키웠을 때 선택의 폭이 늘어난다.
- 외국어를 구사할 수 있다면 언어적 장점을 살릴 수 있는 사업을

시작하거나 관련 직종에서 일하라.

• 공인중개사 자격증이 있다면 임대 부동산 관리하는 법을 배워라. 서로 도움이 된다.

몇 년 전, 한 청년이 우리 집 식탁에 앉아 자신의 경력을 어떻게 설계하면 좋을지 물었다. 나는 그 청년이 예술에 재능이 있고 기술에도 관심이 있다는 걸 알고 있었다. 그래서 UI(사용자 인터페이스) 디자인을 배우고 그래픽 포트폴리오를 쌓으라고 조언했다. 이 두 가지 기술을 결합하면 대기업과 스타트업 모두에서 알아봐 줄 거라고 했다. 몇 년간 연락이 뜸하다가 얼마 전 기분 좋은 소식을 들었다. 그는 내가 제안한 재능 스택 전략에 따라 애플에서 고소득 계약직으로 일하고 있었고 이후 더 나은 직장으로 옮겼다. 이제는 그럴 수 있는 능력이 생겼기 때문이다. 마지막으로 대화를 나눴을 때, 그는 코딩을 배우고 있었다. 능력이 있으니 아무 어려움 없이 연봉 높은 좋은 직장을 찾을 수 있으리라 본다.

성공을 위한 리프레임

무에서 성공을
창조하는 방법

★　흔히 "돈이 돈을 번다"는 말이 있다. 이미 100만 달러를 가진 사람이 100만 달러를 더 벌 확률은 무일푼인 사람이 100만 달러를 벌 확률보다 훨씬 높다. 나는 수십 년 동안 그 말을 몸소 체험했다. 〈딜버트〉를 연재하며 큰돈을 벌자 각종 사업 기회가 불쑥 나타났다. 또한 강연, 출간 계약, 저작권, 영화화 등의 제안이 들어왔다. 성공은 또 다른 성공을 낳고, 경제적 성공은 더 큰 경제적 성공을 낳는다. 돈은 모든 것을 더 쉽게 만들어 준다.

아직은 돈이 없지만 평생 월급쟁이로 살지 않겠다는 야망이 있다면 '무'의 상태에서 돈을 벌 수 있는 확실한 방법을 알아야 한다. 그 시작은 바로 이 리프레임이다.

일반적인 프레임: 돈이 있어야 돈을 번다.

리프레임: **나는 에너지를 돈으로 바꿀 수 있다.**

당연히 에너지를 적절한 곳에 쏟아야 한다. 핵심은 단순히 월급을 받으려고 일하는 게 아니라 자기계발로 다른 사람들이 당신을 '돈', 즉 '가치 있는 존재'로 보게 만들어야 한다는 것이다. 이를 위한 방법들은 다음과 같다.

호의를 베풀어라

만약 당신이 적은 금액이나 합리적인 비용으로 누군가에게 가치를 제공한다면 '무'에서 '유'를 창출할 수 있다. 인간은 본능적으로 보답하려는 성향이 있다. 많은 기회를 가진 사람, 사람들을 고용하는 사람 또는 많은 사람을 알고 있는 사람에게 호의를 베풀면 언젠가 실질적인 보답을 받을 확률이 높다.

일반적인 프레임: **거저 베풀지 마라.**
리프레임: **베풀면 (대체로) 보답받는다.**

기대 이상의 일을 해낸다

　일에 관해 딱 하나 조언을 할 수 있다면 '늘 기대 이상으로 하라'고 말하겠다. 그렇게 하면 당신은 곧바로 신뢰할 수 있는 사람으로 돋보이게 된다. 그리고 기대 이상의 일을 하는 것은 거의 언제나 가능하다. 예를 들어 일을 잘 끝내 준 사람에게 감사 인사를 전하거나 동료가 프로젝트를 마칠 수 있도록 야근해서 돕겠다고 자원할 수도 있다. 자신의 행동에 대한 기대치가 정해질 때마다 그것을 뛰어넘으려면 어떻게 해야 할지 스스로에게 물어보라. 이것만큼 간단한 사회적·직업적 성공 공식은 없다.

　당신 주변에 기대 이상의 일을 해주는 사람이라고 하면 누가 가장 먼저 떠오르는가? 그리고 그 사람에게 얼마나 호감이 있는지 떠올려 보라. 분명 그 사람을 긍정적으로 생각하고 있을 것이다. 그게 바로 핵심이다. 기대 이상의 일을 꾸준히 하면 당신과 함께 일하는 것이 항상 좋은 선택이라는 인식을 만들 수 있다. 이는 '무'에서 '유'를 창조하는 방법이다.

　일반적인 프레임: 맡은 일을 잘하라.
　리프레임: 맡은 일 이상을 하라.

인맥을 쌓는다

당신이 누구를 알고 있는지는 당신이 세상에 얼마나 더 기여할 수 있는지 만큼이나 중요하다. 아는 사람이 많을수록 누군가 당신이 알지 못했던 기회를 추천해 줄 가능성이 커진다. 사람들을 만나고 관계를 형성하는 것도 기술이며 큰돈이 들지 않는다. 이 책은 인맥 쌓는 방법을 다루지 않으며 솔직히 나도 인맥 쌓기에 딱히 능숙하지는 않다. 하지만 그동안 많은 사람이 나를 자기 인맥에 넣어주었고 그중 상당수가 꽤 만족했다.

인맥이 성공을 보장해 주지는 않지만 무에서 유를 창조하는 가장 확실한 방법 중 하나다. 인맥 쌓기에 힘쓰기 전에 사회성을 키워야 할 수도 있다. 나는 늘 사회성 향상에 데일 카네기 프로그램을 추천한다. 아마 가까운 곳에서 관련 프로그램을 찾을 수 있을 것이다.

당신이 경력에 도움이 될 만한 사람들을 모두 만났는지 확신하긴 어렵다. 따라서 최대한 많은 사람을 만나는 것으로 보완하자. 인맥 쌓기는 숫자 게임이다. 그러니 숫자를 늘리도록 하라.

일반적인 프레임: 성공은 누구를 아느냐에 달려 있다.

리프레임: 성공은 얼마나 많은 사람을 아느냐에 달려 있다.

성공을 위한 리프레임

늦게까지 일하는 모습을 보여 준다

상사가 있다면 반드시 상사보다 일찍 출근한 모습을 보이고 상사가 퇴근할 때 여전히 일하는 모습을 보여라. 이는 특히 첫인상을 남기는 데 아주 중요하다. 또한 새로운 상사에게 당신을 힘든 일을 두려워하지 않고 '어떻게든 해내는' 사람이라는 인상을 심어 주어라. 상사보다 5분만 일찍 출근하고 5분만 늦게 퇴근해도 된다. 그렇게만 하면 직장에서 상위 10퍼센트에 들어갈 수 있다. 추가 수당 없이 초과 근무하는 것을 좋아할 사람은 아무도 없겠지만 이렇게 한다면 별다른 비용 없이 돋보일 가능성이 크다.

일반적인 프레임: 열심히 일하면 보상받을 것이다.
리프레임: 열심히 일한다는 인상을 심어 주면 보상받을 것이다.

고용주를 속이라는 게 아니다. 단지 최우수 직원이라는 인상을 고용주에게 심어 주면 도움이 된다는 뜻이다. 외부 평판에 연연하지 않는 자신감만 있는 직원이 되지 마라. 그러면 감원이 시작될 때 가장 먼저 해고될 수도 있다.

주도적으로 일한다

　따르는 사람이 많은 세계에서는 리더가 눈에 띈다. 사람들이 주목할 수 있는 상황에서는 언제든 솔선수범하라. 그리 많은 노력을 들이지 않고도 승진 명단 1순위에 올라갈 수 있다.

　예전에 은행에서 일할 때 나는 경영진이 예산 책정을 더 쉽게 할 수 있도록 메인 프레임 컴퓨터의 임대 만료일을 도표로 정리했다. 내 사수는 담당 업무 외의 일에 시간을 썼다고 나무랐지만 나는 부행장에게 그 도표를 보여 주라고 설득했다. 부행장은 그 자료로 큰 문제를 해결했다며 이런 노력을 더 보고 싶다는 피드백을 주었다. 물론 주도적인 행동이 가치 없어 보이면 시간 낭비지만 무엇이 가치 있어 보일지 대체로 예측할 수 있다.

　일반적인 프레임: 지시받은 일을 하라.
　리프레임: 지시받지 않았어도 누군가는 해야 할 일을 하라.

　남들보다 솔선수범하라. 그러면 보는 사람 없이도 제 할 일을 하는 사람이라는 신뢰를 얻을 수 있다. 모두가 그런 사람을 고용하고 싶어 한다. 시키는 일만 해도 월급은 나오지만 시키지 않은 (하지만 유용한) 일을 하면 승진하게 된다. 또한 장차 사업가가 되고 싶다면 이런 태도가 자기 사업을 위한 자양분이 된다.

꾸준히 학습한다

앞서 언급했듯이 무에서 유를 창조하는 강력한 방법은 서로 잘 어우러지는 기술들, 즉 재능 스택을 구축하는 것이다. 보통 배우는 데는 돈이 들지만, 회사에서 비용을 지원해 주는 강의나 온라인 수업을 활용하면 거의 공짜로 배울 수 있다. 세상이 원하는 가치 있는 기술을 배우고 개발하는 것은 무에서 유를 창조하는 주된 방법 중 하나다. 돈이 될 만한 기술들을 항상 적극적으로 배우지 않는다면 돈을 벌 기회를 놓칠 수 있다.

일반적인 프레임: 필요한 것들을 학습하라.
리프레임: 특히 잘 어울리는 기술들을 지속적으로 배워라.

정직한 태도를 보인다

정직은 흔치 않은 초능력이다. 주변에서 보는 눈이 없을 때도 옳은 일을 할 거라 믿을 수 있는 사람은 몇 안 될 것이다.

약속을 지키고 일관되게 행동하는 것은 오늘날의 불확실한 세상에서 경쟁력 있는 자산이 된다. 나에게는 이 예시에 딱 걸맞은 친구들이 몇 명 있다. 나는 그들을 전적으로 신뢰한다. 이 신뢰가 그 친구들에게는 엄청난 자산이다. 그들 중 누구라도 내게 뭔가 부탁한다면 나는 자세한 설명을 듣기도 전에 승낙할 것이다. 그 친구들은 나의 신뢰를 얻음으로써 미래에 나의 도움을 받을 수 있는 자산을 만들었다. 심지어 따로 돈을 들이지도 않고 얻어 냈다.

몸 관리를 한다

———

몸 관리는 통제하기 가장 쉬운 성공 변수이므로 철저히 신경 써야 한다. 마치 공돈처럼 몸 관리는 경력부터 개인 생활까지 모든 면에 긍정적인 효과를 불러온다. 인간은 얄팍해서 누군가를 만나면 그 사람의 몸에 바로 반응하게 된다. 몸을 가꾸면 당신을 대하는 사람들의 태도가 달라지는 것을 느낄 것이다. 또한 자신이 강하고 건강하다고 느낄 때 더 큰 도전에 나설 수 있고 자신감도 생긴다.

어젯밤 나는 의도치 않게 거의 40년 만에 잠을 푹 잤다. 아침에 일어나 보니 세상을 정복하고, 어떤 문이라도 부수고, 어떤 괴물이든 물리칠 수 있을 것만 같았다. 적절한 운동, 수면, 식습관은 활력을 높여 준다. 그리고 몸에 활기가 돌아야 더 큰 도전에 나설 만한 자신감도 생긴다. 사람들은 그런 당신을 알아보고 당신 주위에 있으려 할 것이다. 이것은 당신이 무에서 만든 자산이다. 단지 몸 관리를 현명하게 했을 뿐인데 말이다.

성공을 위한 리프레임

신뢰감을 주는 행동을 한다

정해진 시각에 출근하거나 맡은 업무를 제시간에 마친다고 해서 손해 볼 일은 없다. 하지만 특히 월요일이나 금요일에 너무 자주 병가를 내면 신뢰를 잃게 된다. 신뢰는 약간의 노력으로 얻을 수 있는 자산이다. 게다가 노력해서 얻어 낼 만한 가치가 충분하다.

나는 이미 열네 살 때 일찍 출근하고, 열심히 일하고, 불평하지 않고, 어떤 문제도 일으키지 않는 업무 습관을 갖고 있었다. 누군가 일손이 필요하면 기꺼이 도왔다. 딱히 어렵진 않았다. 만약 내가 고용주였다면 당시 열네 살의 나를 기꺼이 고용했을 것이다. 십 대가 할 수 있는 어떠한 일자리라도 말이다. 고용주가 만족할 최상의 십 대 직원이 되는 건 매우 쉬운 일이다. 그리고 성인 직원들 중 자기 집단에서 최고가 되는 것도 크게 어렵지 않다. 성공하기 위해 완벽해질 필요는 없다. 그저 함께 일하는 사람 대부분보다 좀 더 잘하면 된다. 그리고 그 기준은 의외로 그리 높지 않다.

에너지와 성실함 외에는 아무것도 없는 상태에서 시작하더라도 이 파트에서 제시한 방법을 따라 가치 있는 기술을 습득한다면 성공적으로 경력을 쌓을 수 있다.

일단
시작하라

★ 　이전에는 돈이나 다른 자원을 사용할 때 매우 신중해야 한다는 것이 상식이었다. 자원이 제한적이고 대체하기 어려웠던 시절에는 그런 생각이 타당했다. 하지만 요즘 스타트업은 세상에 아이디어를 뿌리고 모든 자원을 쏟아서 세상의 반응을 살펴보는 게 타당할 수 있다. 돈을 적게 들이고 빠르게 실패하면서 배울 수 있어서다. 상황마다 다를 테니 '돌다리도 두드려 보고 건너야 할 때'가 언제이며, 또 그러지 말아야 할 때가 언제인지 스스로 판단해야 한다.

일반적인 프레임: 돌다리도 두드려 보고 건너라.

리프레임: 일단 시작하고 진행하면서 성공할 수 있을지 살펴보라.

충분한 사전 조사 후 행동하는 것은 언제나 합리적인 선택이다. 하지만 모든 일이 그렇듯 지나치게 신중하면 도리어 문제가 될 수 있다. 신중하게 조사하느라 행동을 취하지 못하고 프로젝트에 조심스레 발을 들여 인상적인 결과를 얻지 못할 바엔 일단 뛰어들어 죽든 살든 해보는 게 나을 수 있다.

예를 들어 나는 수년간 강연료를 가장 많이 받는 전문 강연자 중 한 명이었다. 처음에는 형편없었지만 실패를 통해 배우면서 그 자리에 오를 수 있었다. 부끄럼을 잘 타지 않는 점도 도움이 되었지만 그건 별개의 문제다.

내가 만화가로 첫발을 디디면서 만화 배급사에 제출한 〈딜버트〉 만화를 본다면 형편없는 그림에 놀랄 것이다. 그리고 재미있다고 생각하지도 않을 것이다. 다행스럽게도 유나이티드 미디어의 편집자였던 세라 길레스피는 내 글에서 어떤 '울림'을 발견했고 그것을 끌어낼 수 있다고 믿었다. 다시 말해 나는 어떻게 마무리하는지도 모른 채 시작했고 일하면서 방법을 터득해 나갔다.

우주는 행동하지 않는 쪽보다 행동하는 쪽을 보상한다. 다만 예외는 있다. 감당할 수 없는 돈을 투자하거나 극단적인 위험을 감수해야 할 때는 신중하게 처신해야 한다. 그런 경우에는 계획을 세우지도 않았는데 바로 뛰어들면 좋지 않다. 하지만 현재의 의사 결정은 대부분 첫 단계를 시도해 보고 그 결과를 확인해야만 그에 따라 다음으로 나아갈 수 있다.

더 간단히 말하면 실패하더라도 큰 비용을 치르지 않아도 될 때
는 조심하기보다 과감히 행동하는 게 낫다. 형편없는 만화를 그리
거나 강연에서 망신당하는 것은 비용이 낮은 위험이다. 그런 위험
은 감수하는 게 합당하다.

그렇다고 사전 조사를 충분히 하지 않고서 주택가에 고양이 카
페를 열겠다고 주택담보대출을 더 받지는 마라. 어떤 상황에서 좀
더 주의가 필요한지 스스로 알 수 있을 것이다.

뭐가 중요한지 제대로 파악하라

———

우리는 흔히 '일'이란 고용주에게 돈을 받고서 해내는 일련의 업
무라고 생각하도록 교육받아 왔다. 한 최고 경영자가 자신의 사업
접근 방식을 알려 주기 전까지 나도 그렇게 생각했다. 그는 자신의
경력을 더 나은 일자리를 찾기 위한 끝임없는 과정으로 보았고, 그
래서 업무와 회사를 자주 바꿨다. 나를 만났을 때 회사의 대표였으
니 그런 접근 방식이 통했던 것 같다.

일반적인 프레임: 나의 일은 상사에게 지시받은 대로 하는 것이다.
리프레임: 나의 일은 더 나은 일자리를 찾는 것이다.

성공을 위한 리프레임

당신의 일과 고용주가 원하는 일을 혼동하지 마라. 상사는 퇴근 시간까지 지시한 사항들을 전부 당신이 처리해 주길 원하겠지만 당신의 일은 더 나은 일자리를 구하는 것이다. 이 리프레임을 기준으로 다른 모든 행동이 이루어져야 한다. 현재 일자리보다 더 좋은 자리로 옮겨 가는 데 도움이 되지 않는 일이라면 해야 할 가치가 없을 수도 있다. 이런 사고방식이 반사회적으로 느껴질까 걱정할 것 없다. 당연히 맡은 업무를 잘 해내는 것은 승진은 물론 이직에도 유리한 태도이기도 하다.

이 리프레임은 새 직장에 출근하는 첫날부터 우리가 지속적인 구직 상태임을 상기시킨다. 그것이 비윤리적인 행동처럼 느껴진다면 고용주는 필요에 따라 순식간에 당신을 해고할 수도 있다는 사실을 생각하라. 자유 시장에서는 정상적이고 합법적이라면 거의 뭐든 할 수 있다. 어떤 이유로든 직장을 옮기는 것은 정상이다. 고용주의 일은 주주들을 돌보는 것이고, 당신의 일은 당신을 돌보는 것이다. 그렇다고 항상 이기적으로 행동하라는 뜻은 아니다. 오히려 그 일을 열심히 했을 때 장기적으로 더 큰 보상으로 돌아올 것 같다면 그렇게 하는 것도 한 방법이다.

고용주는 직원을 '가족'으로 부르고 싶어 하고 흔히 그렇게 하지만, 이는 고용주가 필요할 때 언제든지 직원을 해고할 수 있다는 사실을 잊게 하려는 전략일 뿐이다. 고용주는 직원도 그를 해고할 힘을 똑같이 가지고 있다는 사실을 알리고 싶어 하지 않는다. 경영

진의 임무 중 하나는 경영진에게 좋은 것이 직원에게도 좋다고 설득하는 것이다. 가끔은 그런 경우도 있지만 우선순위를 명확히 하라. 당신이 최우선이다.

고용 시장에서 이기적인 태도를 보이라는 이 조언은 대기업을 상대할 때 가장 효과적인 접근법이다. 소기업에서는 좀 더 너그러운 접근 방식이 필요할 수 있다.

더 나은 직장 구하기가 해야 할 일이라는 리프레임을 가지고 있으면 당신에게 유리한 결정을 내리기 쉬워진다. 예를 들어 직장에서 두 가지 프로젝트 중 하나를 선택하라고 제안받는다면 가치 있는 기술을 배울 수 있거나, 자신의 능력을 뽐낼 수 있거나, 나중에 도움을 줄 만한 사람들과 인맥을 쌓게 해줄 프로젝트를 선택하라. 당신에게는 가치가 낮고 회사에는 가치가 높은 프로젝트를 선택하는 실수를 저지르지 마라. 때로는 상사의 요구를 정확히 따르는 게 경력에 가장 좋을 수도 있다. 회사에 중요한 일이라면 더욱 그렇다. 그런 상황을 직접 겪어 봐야 알게 되겠지만 그럼에도 더 나은 일자리를 찾는다는 임무를 잊어서는 안 된다.

성공을 위한 리프레임

운을 끌어당기는
3가지 리프레임

★　마치 우주에서 성공과 행운은 당신 몫이 아니라는 메시지를 주는 것처럼 연거푸 실패해 본 적이 있는가? 그렇다면 내가 도와줄 수 있다.

　일이 계속 안 풀릴 때는 부정적인 생각에 사로잡히기 쉽다. 또 우주가 자신을 상대로 음모를 꾸미고 있다고 믿을 수도 있다(실제로는 그렇지 않다). 그런 생각만으로도 행복과 성공은 방해받을 게 확실하다. 그렇다면 어떻게 해야 할까? 내가 성인이 된 후로 사용해온 다음 프레임을 추천한다.

일반적인 프레임: 우주가 내게 불리하게 돌아가고 있다.
리프레임: 우주는 나에게 빚진 게 있다.

동전 던지기에서 열 번 연속으로 앞면이 나온다면 우주는 당신에게 뒷면이 몇 번 나올 확률을 빚지고 있는 셈이다. 그리고 우리가 알고 있는 물리학과 통계학 지식이 전부 사실이라면 동전 던지기를 계속하다 보면 앞면과 뒷면이 나오는 횟수는 결국 같아진다.

당연히 사람은 동전이 아니지만 대체로 한 사람이 오랜 기간 계속 운이 좋거나 나쁠 수는 없다는 게 핵심이다. 물론 불운이 연이어 찾아올 수도 있지만 동전 던지기와 마찬가지로 시간이 흐르면서 확률이 정상으로 돌아와야 한다. 즉 우주는 당신에게 행운을 약간 빚지고 있을지도 모른다.

살다 보면 운이 좋거나 나쁘다고 느낄 때가 있다. 신기하게도 그 느낌은 우리의 기대와 일치할 때가 많다. 어제 나는 시험 삼아 마주치는 사람들에게 "오늘은 모든 일이 제 뜻대로 흘러가고 있어요"라고 반복해서 말했다. 아니나 다를까 나는 환상적인 하루를 보냈다. 나는 어제 스스로 행운을 만들어 낸 걸까, 아니면 좋은 일만 알아차리고 나쁜 일은 무시하도록 필터를 조정한 걸까? 그것도 아니면 그냥 우연이었을까? 나도 정확한 이유를 알 수 없다. 다만 내가 아는 건 긍정의 글을 쓰든, 신께 기도하든, 단순히 긍정적 사고를 하든 행운을 기대하며 행동하면 더 많은 행운이 생긴다는 것뿐이다.

행운이 찾아올 것처럼 행동해도 몇 주 내내 행운이 오지 않는다면 긍정적인 태도를 중단해야 할까? 아니다. 당신을 사랑하는 사

성공을 위한 리프레임

람들이 당신의 변화를 좋아했을 테고 직장 동료, 상사, 마주친 사람들도 마찬가지였을 것이다. 그리고 망했을 거라고 예상했을 때보다 더 좋은 기분을 유지하는 데 도움이 된다. 다시 말해 이것은 '잃을 게 없는' 리프레임이다. 실제로든 상상으로든 좋거나 엄청난 보상을 받을 것이고 어떤 결과든 나쁘지 않다.

이 리프레임은 특히 불우한 어린 시절을 보냈거나 성인이 된 후에도 어려운 삶을 겪어 온 사람들에게 효과가 강력하다. 우주가 당신에게 행운을 빚지고 있다는 느낌은 뭔가 크게 잘못된 것 같을 때 가장 강해진다.

침대에 누워 행운이 찾아오길 기다리는 실수를 저지르지 마라. 행운은 대체로 다음과 같은 노력을 요구한다.

- 체력과 건강을 위해 노력한다.
- 재능 스택을 구축한다.
- 더 많은 사람을 만난다.
- 에너지가 넘치는 곳으로 간다.
- 성공을 위한 시스템을 만든다.

평생 이 처방을 따르고 우주가 행운을 빚지고 있다고 되뇐다면 행운이 찾아올 확률이 높아지리라 본다.

행복과 성공을 이루는 데 있어 행운도 중요한 요소라고 생각한다. 복권에 당첨되는 사람이 있는가 하면 그렇지 않은 사람이 있고, 똑똑하고 매력적으로 태어나는 사람이 있는가 하면 그렇지 않은 사람도 있는 걸 보면 행운은 실제로 있다. 하지만 행운을 통제할 수 없다고 생각한다면 그건 틀렸다. 행운은 얼마든지 통제할 수 있다. 나는 늘 내 운을 통제하고 있다. 그러려면 먼저 행운이 당신을 찾아올 수 없는 곳을 벗어나 찾아올 수 있는 곳으로 이동해야 한다.

모든 저자가 그렇듯 나는 잘 팔리기를 바라면서 이 책을 썼다. 운이 크게 작용한다면 주요 서평이나 추천글 하나가 판매에 불을 붙일 것이다. 아니면 내가 별다른 노력을 하지 않아도 이 책의 내용이 더 매력적으로 느껴지게끔 세상이 흘러갈 수도 있다. 분명한 사실은 내가 책을 쓰지 않으면 행운이 나를 찾아올 가능성이 훨씬 줄어든다는 것이다.

행운을 끌어당기는 첫 번째 법칙은 '무언가 해야 한다'이다. 그래야만 행운이 당신을 알아볼 기회를 얻을 수 있다. 이 법칙과 밀접한 또 하나의 조언은 '에너지가 가장 넘치는 곳으로 가라'는 것이다. 예를 들어 인구가 밀집된 도시 지역이 시골 지역보다 행운을 끌어들이기 쉽다. 상업 활동과 생활이 전반적으로 활발한 곳에 머무르면 행운이 따르는 일이 더 많이 생긴다. 마찬가지로 지금 가장 빠르게 성장하고 있는 산업에 뛰어들면 이미 성숙한 산업에 진입할 때보다 더 많은 기회를 잡을 수 있다. 에너지가 넘치는 곳으로

성공을 위한 리프레임

가서 행운이 당신을 더 쉽게 찾도록 하라.

일반적인 프레임: 행운은 무작위로 찾아오며 관리할 수 없다.
리프레임: 행운이 더 많은 곳(에너지가 넘치는 곳)으로 갈 수 있다.

일부 사람은 불운에 잘 대처하지 못하며 "왜 하필 나야?"라고 질문한다. 우주가 자신을 불공평하게 표적으로 삼았다고 생각한다면 이미 겪고 있는 괴로움 위에 심리적 고통까지 더해진다. 그래서 나는 "왜 하필 나야?"라는 생각을 피하기 위해 다음 리프레임을 사용한다.

일반적인 프레임: 이런 일이 생기다니 나는 유난히 운이 없다.
리프레임: 예외 없이 누구에게나 문제는 있다.

인간은 옹졸하고, 시샘하고, 복수심에 불타고, 속 좁게 굴기도 한다. 그래서 남들에게도 큰 문제가 있다는 사실을 알면 기분이 나아지기도 한다. 누구나 인생을 살아가면서 자신만의 문제를 겪는다. 이 리프레임이 효과적인 것은 남들도 똑같이 고생하며 일하고 있음을 알게 되면 내가 하고 있는 일이 덜 힘들게 느껴지기 때문이다. 하지만 남들은 놀고 있을 때 나 혼자만 일하고 있다고 느낀다면 삶이 고달파질 것이다. 그러니 아무리 큰 문제를 안고 있더라도

남들 역시 비슷한 문제를 겪고 있을 수 있다는 것에 위안을 삼아
보자. 아직 그들의 힘든 이야기를 듣지 못한 것일 수도 있다.

성공을 위한 리프레임

공평성은
성공의 적이다

★　　공평성은 스포츠와 인간관계 등에서 유용한 개념이지만 성공에는 큰 걸림돌이 될 수 있다. 우리는 공평성을 인정하고 중시하도록 배웠기 때문에 이 주장은 약간의 설명이 필요하다. 예를 들어 형제자매가 있는 사람이라면 부모에게 '공평성'을 들먹이며 동등한 대우를 받거나 더 많은 몫을 차지하려고 애쓴 적이 있을 것이다. 나도 어렸을 때 정확히 세 번 그런 적이 있다. 그때마다 어머니는 다음의 프레임으로 나를 눌렀다.

일반적인 프레임: 모든 건 공평해야 한다. (나)
리프레임: 인생은 공평하지 않다. (어머니)

부모에게 '인생은 공평하지 않다'라는 말을 세 번쯤 듣게 되면 그걸 반박할 만한 근거를 절대 댈 수 없음을 깨닫는다. 과연 인생을 공평하다고 주장할 수 있을까? 아니다. 이런 상황에서 공평성을 요구할 수 있을까? 없지. 헌법이 요구하는 사항인가? 미안하지만 아니야. 십계명에서 이 문제를 다루었는가? 그렇지 않다.

'인생은 공평하지 않다'라는 말은 논쟁을 종결짓는 리프레임이다. 나는 서툰 새아버지 노릇을 하면서 이 리프레임을 효과적으로 사용했다. 종종 "공평성은 하루 이틀 지켜봐서는 모른다"는 말을 덧붙이면서 말이다. 공평성을 제대로 판단하려면 몇 년이라는 긴 시간을 두고 봐야 알 수 있다. 지금의 관점으로 미지의 미래를 논하기는 어렵다. 그렇게 논쟁을 끝내는 것이다.

한번은 의붓아들에게 '인생은 공평하지 않다'라는 리프레임을 이렇게 설명했다. 네가 이 말을 처음 들었을 때 '내가 얻는 게 적을 것 같다'는 말로 들린다면 큰 그림을 놓치게 된다. 불공평이 존재한다는 건 그 불공평함이 종종 너에게 기회가 될 수도 있다는 뜻이다. 그러니 전략적으로 행동하여 '불공평한' 기회가 있는 곳으로 가라. 그리고 타고난 장점을 찾지 못했다면 돈이 되는 재능을 쌓고 기술을 익혀서 너를 희소성 있고 가치 있게 만들어라. 그것도 어렵다면 경쟁이 심하지 않은 분야를 찾아가라.

일반적인 프레임: 공평성은 바람직한 사회 목표다.

리프레임: 공평성은 성공의 적이다.

성공을 위한 리프레임

일론 머스크Elon Musk의 말을 빌리자면 자유 시장은 가장 중대한 문제를 해결하는 사람들에게 보상을 제공한다. 세상에서 가장 큰 문제를 해결한다면 사무실에서 어지간한 일을 하는 이웃과 똑같은 돈을 벌고 싶진 않을 것이다. 만약 똑같은 돈을 번다면 사람들은 오히려 불공평하다고 느끼며, 고된 노동과 큰 모험을 요구하는 거대한 문제를 해결하려 들지 않을 것이다. 불공평은 경제 전체를 움직이는 원동력이다. 이런 진실을 인정하고 나면 자신의 장점을 찾아 활용하기가 더 쉬워진다.

도파민 보상
시스템을 활용하라

★　　도파민이 기분을 좋게 만드는 체내 화학물질이란 사실은 알고 있을 것이다. 하지만 도파민이 몸을 움직이는 데 필수라는 사실은 모를 수도 있다. 움직이고 싶지만 도파민이 부족하다면 일어나고 싶어도 움직이지 못하고 그냥 앉아 있게 된다. 지나치게 단순화하긴 했지만 기본적으로 그렇다.

도파민을 바라보는 또 다른 시각은 우리 몸이 거래할 때 사용하는 '화폐'라는 것이다. 몸이 일하기를 원하는가? 그러면 그 값을 치를 도파민이 충분히 있어야 한다.

도파민 프레임은 단지 흥미로운 사실로 그치지 않는다. 동기 부여가 되지 않거나, 에너지가 없거나, 삶의 즐거움을 잃었다면 내리는 처방이기도 하다. 그럴 때는 도파민이 생성되게 하라.

운 좋게도 우리는 인간의 몸에서 도파민이 어떻게 생성되는지

성공을 위한 리프레임

알고 있는 시대에 살고 있다. 아마도 인간은 의미 있는 과업을 완수했을 때 도파민을 분비하여 스스로 보상하도록 진화한 것으로 보인다. 이러한 과업은 집 청소부터 강의 수강, 더 나은 경력 선택까지 무엇이든 될 수 있다. 자신의 작은 성공이라도 인식하면 뇌는 도파민을 분비하여 보상해 준다. 이 도파민은 장기 목표에 흥미와 에너지를 계속 갖게 함으로써 더 큰 성공으로 이끌 수 있다.

성공은 성공으로 이어진다는 말을 들어 본 적이 있을 것이다. 거기에는 여러 가지 이유가 있겠지만 그중 하나는 도파민 생성이다.

나는 만화 업계에 입문하고도 수년 동안 계속 회사를 다녔다. 일주일 내내 새벽 4시에 일어나 만화를 그리고, 평일에는 온종일 회사에서 일하고, 집에 돌아와 밤에도 다시 만화 작업을 했다. 이 모든 것이 힘들게 들리겠지만 생각보다 쉽게 해냈다. 도파민 피드백 순환 덕분이었다.

도파민 피드백 순환dopamine feedback loop이란 특정 행동이 도파민을 분비하고 그 도파민이 다시 그 행동을 반복하도록 유도하는 순환 과정을 말한다. 하루도 빠짐없이 내가 그린 만화가 전국 신문에 실렸고 만화 한 편마다 시작과 끝이 있는 작업이라 매일 느끼는 만족감은 정말 대단했다. 그래서 회사에 도착할 때쯤이면 나는 도파민에 흠뻑 취해 있었다. 끝도 없이 질질 끌다가 다음 조직 개편 때 취소되는 회사 프로젝트와 비교해 보라. 직장 생활에서는 만화 작업 완료처럼 도파민을 증가시키는 일을 별로 주지 않는다.

앤드류 휴버먼 박사의 말에 따르면 오늘 하는 일을 원하는 미래를 위해 꼭 필요하다는 것으로 리프레임하면 도파민 보상 시스템을 자유자재로 조절할 수 있다. 실제로 이렇게 하면 매일 행복할 이유가 생긴다. 나는 이를 '목표보다 시스템 따르기'라고 부른다. 좋은 시스템을 따르고 있다면 그 자체로 보상이 된다.

목표보다 시스템이 낫다는 것을 보여 주는 가장 좋은 예는 헬스장에 다니는 나의 운동 습관이다. 1년에 다섯 번쯤은 운동복을 입고 도시를 가로질러 헬스장까지 갔다가 운동할 마음이 들지 않아 그냥 집으로 돌아온다. 하지만 나는 성공했다고 선언한다. 시스템에 초점을 두고서 유용한 습관을 유지했다는 사실만으로도 도파민이 분비되었기 때문이다.

일반적인 프레임: 내면의 생각에 따라 기분이 결정된다.

리프레임: 의미 있는 과업을 완수하여 기분을 개선할 수 있다.

성공을 위한 리프레임

좋은 아이디어를
선택하는 법

★　　내 경력에서 특이한 점은 사람들이 내 말을 자주 인용한다는 것이다. 구글에 '스콧 애덤스 명언'을 검색하면 수많은 인용문이 쏟아져 나온다. 지금까지 내가 한 말 중에 가장 널리 퍼진 것은 1996년에 출간한《딜버트 법칙》에 썼던 이 말이다.

창의력은 실수를 허용하는 것이다.
예술은 그 실수 중 무엇을 남길지 아는 것이다.

이것도 일종의 리프레임이지만 약간의 설명이 필요하다. 첫 문장은 의도적으로 '실수'가 있는 아이디어들까지 가져와서 최대한 폭넓게 상상하자는 뜻이다. 하지만 예술은 기대한 대로 나오지 않으며 실수와 불완전함 속에 존재한다. 예를 들어 내 만화 속 캐릭터인 딜버트에게는 입이 없다. '실수'였지만 어떤 이유에서인지 사람들이 공감했다. 그렇게 예술이 되었다.

일반적인 프레임: 작품에서 실수를 피하라.
리프레임: 실수를 작품에 허용하고 '좋은 실수'를 남겨라.

내가 창의성을 경험하는 방식은 마치 아이디어의 강이 의식 속을 흐르는 것과 같다. 거의 대부분 별로이거나 불완전한 아이디어라서 나의 뇌는 아이디어가 도착하자마자 빠르게 흘려보낸다. 하지만 가끔은 몸이 반응하는 아이디어들이 있다. 웃음이 터지거나 소름이 돋거나 기대감이 생기면 그런 게 바로 좋은 아이디어다.

다르게 말하면 나는 아이디어를 '창조하는' 게 아니라 흘러가는 아이디어들 속에서 좋은 것을 선택할 뿐이다. 그리고 아이디어가 주는 느낌으로 좋은 것들을 식별한다. 지적인 매력은 있지만 내 몸에 와닿지 않는 아이디어는 무시한다.

뇌는 생각을 멈추는 능력이 없다. 아이디어들을 애써 불러내지 않아도 된다는 뜻이다. 해결하려는 문제가 무엇인지 뇌에 말해 준 다음 흘러가는 아이디어들을 지켜보기만 하면 된다. 몸이 어떻게 느끼는지에 따라 가장 좋은 아이디어들을 선택하라.

나의 창작 과정은 좋은 아이디어들을 식별하는 것만큼이나 나쁜 아이디어들을 얼마나 잘 버리는가에 달려 있다. 나쁜 아이디어를

성공을 위한 리프레임

버리는 것은 생각보다 훨씬 어렵다. 우리는 자신의 아이디어와 사랑에 빠지는 경향이 있어 그것에 집착하게 된다. 끈적하게 들러붙은 나쁜 아이디어들을 지우는 가장 좋은 방법은 창작 과정의 중요한 부분이 나쁜 아이디어를 버리는 것임을 자각하는 것이다. 그리고 '느낌'이 없는 아이디어, 말 그대로 몸으로 전혀 느껴지지 않는 아이디어는 남겨 둘 가치가 없다. 그렇게 하는 데 다음 리프레임이 도움이 된다.

일반적인 프레임: 좋은 아이디어를 생각해 내야 한다.
리프레임: 나쁜 아이디어를 되도록 빨리 버려야 한다.

나는 올바른 방법을 쓰면 누구든 창의력을 발휘할 수 있다는 식으로 말할 생각은 없다. 대부분의 인간 능력과 마찬가지로 창의력은 타고나는 재능이다. 다행히 보통 사람에게도 어느 정도 창의력이 있다. 이 두 가지 리프레임은 적극적으로 브레인스토밍을 하는 방법을 제시한다. 아이디어들을 억지로 떠올리려고 애쓰는 대신 수많은 나쁜 아이디어를 빠르게 훑어보면서 분석보다 속도에 집중하라. 그러다 보면 그중 하나에 당신의 몸이 반응할 것이다.

15

성공작은
예측이 가능하다

★ 　내가 비평가들에게 가장 자주 듣는 불평 중 하나는 〈딜버트〉만화가 '재미없다'는 것이다. 내 책과 달력을 구입하고 큰 소리로 웃으며 읽는 수천만의 의리 있는 독자를 비평가들은 어떻게 해석할까? 아무튼 이에 대한 내 설명은 예술이란 주관적이라는 것이다. 예술의 객관적인 척도는 오로지 상업적 매력뿐이다. 사람들이 돈을 지불하고 싶어 한다면 훌륭한 예술 작품이다. 그 외 모든 것은 단지 의견일 뿐이다.

　나는 오페라를 즐겨 보진 않지만 표를 사서 관람하는 사람들이 있는 걸 보면 오페라 제작자들은 훌륭한 예술 활동을 하고 있음이 분명하다. 나는 오페라를 좋아하지 않는다고 해서 그것을 평가하려 들지 않는다. 남들이 좋아하는 모습을 그저 관찰할 뿐이다. 당신에게도 이러한 자세를 권한다. 예술을 좋고 나쁨으로 판단하기

　성공을 위한 리프레임

를 멈춰라. 그냥 사람들이 좋아하는지 관찰하고 이를 예술 수준을 판단하는 기준으로 삼아라.

> **일반적인 프레임: 훌륭한 예술 작품도 있고 그렇지 못한 예술 작품도 있다.**
>
> **리프레임: 사람들이 찾는 작품이라면 훌륭한 예술 작품이다.**

성공작을 예측하는 법

새로운 제품이나 예술 작품을 만든다면 잠재력이 얼마나 되는지 알아보기 위해 주변 사람들의 의견을 듣고 싶을 수 있다. 그들이 당신의 창작물을 칭찬하면 기분이 좋아진다. 하지만 내 경험상 가족과 친구는 착한 거짓말쟁이다. 그들은 정확히 예측해 주기보다는 당신의 기분을 맞추는 데 더 신경 쓸 것이다.

성공작이 될지 알아낼 가장 확실한 방법은 사람들이 자발적으로 그 창작물을 퍼트리거나 수정하는가이다. 예를 들어 몸담은 업계를 위해 기발한 글을 블로그에 게시했는데 다른 업계 사람이 이를 복사하고 자기 용도에 맞게 수정했다면 아마도 당신은 상업적 수준의 글쓰기 실력을 갖추고 있을 것이다.

나도 그렇게 작가와 만화가로 먹고살 수 있겠다는 판단을 내렸다. 내가 그 능력으로 돈을 벌기 훨씬 전부터 동료들은 내가 회사 슬라이드에 그려 넣은 초창기 만화를 팩스로 회사 전체에 돌리곤 했다(맞다, 이메일이 등장하기 전 이야기다). 그리고 〈딜버트〉가 연재 만화로 처음 등장했을 때 사람들은 신문에서 만화를 오려 주제별로 바인더에 정리했다. 그래서 나는 〈딜버트〉가 실제로 인기를 얻기 훨씬 전에 크게 성공하리란 걸 알았다. 짧은 만화의 무언가가 사람들을 감동시켰고, 사람들은 말이 아니라 행동으로 이를 보여 주었다. 리프레임으로 정리하면 다음과 같다.

일반적인 프레임: 창작물의 성공은 칭찬으로 예측할 수 있다.
리프레임: 성공작을 예측하는 것은 말이 아니라 행동이다. 사람들이 창작물을 퍼트리거나 수정하는지 지켜보라.

나쁜 버전이어도 나중에 잘되는 이유

미래의 성공을 알려 주는 또 다른 강력한 지표는 조악한데 출시되자마자 인기를 끄는 제품이다. 휴대전화, 인터넷, 팩스 등이 모두 이 길을 따랐다. 각 제품은 처음 나왔을 때만 해도 사용자에게 끔찍한 경험을 안겨 주었다. 하지만 사람들이 이러한 경험을 갈망했기 때문에 초기 버전의 낮은 품질로는 이 제품의 향방을 예측할

성공을 위한 리프레임

수 없었다.

예술계를 예로 들자면 〈심슨 가족The Simpsons〉 시즌 1은 작품 퀄리티가 떨어졌지만 큰 인기를 끌며 역사상 구성이 가장 좋은 쇼 중 하나로 발전했다. 시트콤 〈사인필드Seinfeld〉 1화도 마찬가지로 형편없었지만 무언가가 시청자들의 관심을 끈 덕택에 제작자들은 걸작을 개발할 시간을 갖게 되었다. 앞으로 히트할 제품을 찾으려면 질이 떨어지는데도 비합리적으로 보일 만큼 인기를 끌고 소비자가 새로운 용도로 확장하거나 수정하는 제품을 찾아보라.

많은 사람이 내게 비트코인의 미래를 예측해 달라고 자주 요청한다. 나는 금융 쪽은 추천해 주지 않지만 비트코인을 소량 보유하고 있다. 마조히스트가 기뻐할 정도로 UI가 형편없는데도 전 세계적인 팬 층이 비트코인으로 결집하고 있기 때문이다. 그리고 사람들은 매일 새로운 비트코인 사용법을 찾아내고 있다. 현재 비트코인의 큰 성장세는 일찍이 예견되었다고 봐도 무방하다. 승자를 찾아내는 나의 두 가지 규칙을 따른다면 당신도 돈을 벌 수 있다.

30년 차 작가가 말하는 창작 슬럼프 피하는 법

요즘 나는 날마다 판매할 수준의 만화를 한 편 이상 작업하고, 출간할 책의 원고를 몇 페이지 쓰고, 1인 라이브 방송 1회분을 만들고 있다. 때때로 로컬스 구독자들이 관심을 보이는 주제에 관한 짧은 강의도 촬영한다. 창작 활동을 이렇게 많이 할 수 있는 이유는 일시적인 슬럼프에 빠지지 않기 때문이다. 정확하게 말하자면 나는 일시적인 슬럼프를 극복한 게 아니라 그럴 일이 없게 리프레임을 구성했다.

작가를 위한 다음 리프레임들은 창의적이지 않은 사람을 창의적으로 바꿔 주지는 못한다. 하지만 그중 몇 가지로 내가 경력에 도움을 얻은 만큼 당신도 잠재된 창의력을 최대한 끌어낼 수 있을 것이다. 그 첫 번째는 다음과 같다.

일반적인 프레임: 글감이 전혀 떠오르지 않는다.
리프레임: 나는 글쓰기에 적합하지 않은 환경에 있다.

성공을 위한 리프레임

내가 소파에 앉아 이 장을 쓰려고 한다면 아무것도 쓰지 못할 것이다. 귀여운 강아지가 나를 졸라댈 수도 있고, 냉장고가 자꾸만 나를 유혹할 수도 있고, 인근에서 전기나 배관 공사가 발생할 수도 있으니까. 만약 내가 초보 작가였다면 일시적인 슬럼프를 탓하고 있었을 것이다.

그러나 이는 일시적인 슬럼프라기보다 잘못된 환경이 문제일 뿐이다. 나는 지금 헬스클럽의 스낵바에 앉아 타자 속도를 높이며 빠르게 글을 쓰고 있다. 내 주변으로 시끄러운 아이들, 수다를 떨며 식사하는 손님들, 텔레비전에서 나오는 소리, 그리고 온갖 헬스장 소음 등이 가득하다. 즉 글쓰기에 완벽한 환경이다. 이상해 보이는가? 일반 상식과는 달리 과학과 내 경험에 따르면 가장 적합한 글쓰기 환경은 주변 사람들을 능동적으로 무시할 수 있는 곳이다. 이따가는 집 근처에 있는 스타벅스 네 군데 중 가장 붐비고 시끄러운 곳에 갈 것이다. 거기서는 디카페인 커피를 마셔도 글이 쉽게 써진다.

또한 나는 바쁜 식사 시간에 식당에 앉아 원고를 써서 책 한 권을 완성한 적이 있다(내가 식당 주인이라 직원들이 나를 쫓아내지 못했다). 당시 글이 술술 써졌고 글쓰기에 완벽한 환경이라 그런지 일이 놀이처럼 즐겁게 느껴졌다.

공공장소에서 글을 쓰는 게 모든 사람에게 더 낫다고 장담할 수는 없다. 하지만 한 번쯤은 자신에게 효과가 있는지 시도해 보길 강력히 권한다. 만약 그렇지 않다면 자신에게 적합한 환경을 찾을 때까지 계속 알아보라.

비슷한 맥락에서 뇌가 자연스럽게 창의력을 발휘하는 시간이 하루 중 언제인지도 찾아야 한다. 나 같은 경우에는 새벽 4시부터 아침 10시까지인데 작가들에게 흔한 시간대다. 작가들은 자정 이후와 정오 이전에 글을 가장 잘 쓰는 편이다. 또한 '시간이 아닌 에너지를 관리하라'는 리프레임(35쪽 참고)을 글쓰기에도 활용할 수 있다. 글쓰기에 맞지 않는 에너지일 때 글을 쓰려고 하면 일시적인 슬럼프가 나타나기를 간청하는 셈이다. 이를 극복하게 해줄 리프레임은 다음과 같다.

일반적인 프레임: 나는 일시적인 슬럼프에 빠졌다.

리프레임: 나는 글쓰기에 부적합한 시간에 글을 쓰려고 애쓰고 있다.

형편없는 글이라도 써라

———

글을 쓰기에 좋은 장소를 찾았고 지금이 창의력이 샘솟는 시간이라고 가정해 보자. 좋은 글이 떠오르지 않더라도 절대 빈 페이지로 두지 마라. 형편없더라도 일단 뭐든 써라. 그 후 수정할 게 있는지 살펴보는 편이 낫다. 그리고 수정하지 못해도 수정을 시도하는

성공을 위한 리프레임

동안 다른 아이디어가 떠오를 수 있다. 삶은 행동하는 자에게 보상해 주기 때문이다. 나쁜 글은 아예 쓰지 않는 것뿐이다. 그 외의 모든 글은 훌륭하거나 덜 다듬어진 글이다. 그리고 편집이 글쓰기보다 쉽기 때문에 뭐라도 적으면 더 쉬운 작업 단계로 넘어가게 된다.

일반적인 프레임: 쓸 만한 좋은 글이 떠오르지 않는다.
리프레임: 안 좋은 글이라도 일단 써라. 고치면 된다.

나는 이 방법에 따라 이 글을 쓰고 있다. 이 문장 아래에 이 책이 출간될 때는 없어져 있을 세 개의 주제 문장이 있다. 먼저 문장마다 이번 장에 담을 아이디어를 적고 그중 가장 약한 아이디어를 삭제했다. 그러고 나서 나머지를 중요성이나 논리의 흐름에 맞게 재배치한 후 그중 가장 좋은 아이디어를 다음의 필터를 적용해 완전한 문장으로 바꾸었다.

• 능동태 문장인가?
'소년이 공을 쳤다'라는 문장이 '공이 소년에게 차였다'라는 문장보다 낫다. 뇌는 능동태 문장을 더 빨리 처리한다. '무엇'을 말하기 전에 '누가' 그것을 했는지부터 말하라.

• 불필요한 단어가 너무 많은가?

'기온이 정말 숨 막힐 정도로 매우 더운 날씨였다'라고 장황하게 쓰지 말고 '매우 더운 날씨였다'라고 간결히 쓰는 것이 좋다. 두 문장 모두 구체적이지 않지만 전자는 더 많은 단어로 구성되어 있다. 뇌는 단어가 적은 문장을 좋아한다.

- **부사를 줄여라**

불필요한 부사를 줄이면 문장이 깔끔해진다.

- **열두 살 아이도 이해할 수 있는 글을 써라**

유머부터 비즈니스 글쓰기에 이르기까지 대부분의 글쓰기에서 가장 좋은 문장은 최대한 단순한 형태로 메시지를 전달해 주는 것이다. 열두 살짜리 아이도 이해할 수 있는 단어를 사용한다면 대화를 나누는 사람들 가운데 가장 똑똑해 보일 것이다. 덤으로 전달하려는 아이디어가 복잡한 단어 파편 속에 묻히지 않아 더 돋보인다. 단순한 문장은 모든 면에서 더 좋다. 더 설득력 있고 기억하기 쉬워서 사람들이 더 잘 이해할 수 있다. 긴 문장과 복잡한 전문 용어를 천재적인 통찰력으로 착각하지 마라. 그딴 허튼짓은 학회에 가서나 해라.

이렇게 탄생한 주제 문장은 다음과 같다.

주제 문장: 글은 단순할수록 좋다.

주제 문장을 얻는 방법
―――――

　주제가 될 만한 아이디어가 없는데 주제 문장을 만들어 내고 싶다면 빈 페이지 앞에 앉아 있지 않는 게 좋다. 일종의 고문과도 같기 때문이다. 나의 글쓰기는 대부분 산책하거나, 빨래를 개거나, 샤워를 하거나, 남자의 공간(차고)에 틀어박히는 호사를 누릴 때 이루어진다. 이 모두가 글쓰기 과정의 일부이며 과학적 근거도 있다. 아무 생각 없이 즐거운 일을 하고 있을 때 최고의 아이디어가 떠오르는 것은 우연이 아니다.

재미있는 단어를 써라
―――――

　글을 흥미롭거나 유머러스하게 바꾸고 싶다면 재미있는 단어로 대체해 보라. 방법은 간단하다. 완성한 문장을 살펴보고 어떤 단어를 대체해야 더 재미있는 문장이 될지 스스로에게 물어보면 된다.
　예를 들어 '문제를 피하려고 급히 우회했다'라는 문장이라면 '잽싸게 달아났다' 또는 '급히 돌아섰다'라고 표현하여 문장에 활기를 더할 수 있다. 써놓은 문장의 모든 단어를 살펴보면서 의미는 같지만 재미, 풍미, 에너지를 더해 줄 단어가 뭐가 있을지 생각해 보라. 보통은 의도가 내재된 단어가 가장 재미있다. '잡아당기다'라는 단어가 '당기다'란 단어보다 더 재미있는 이유가 그 때문이다. '당기다'는 오직 기능적인 단어다. 언어에는 무미건조한 단어 대신 사용할 수 있는 생동감과 에너지가 담긴 단어가 가득하다. 다음은 몇 가지 예시다.

방을 나갔는가, 아니면 황급히 달아났는가?
감자튀김을 먹었는가, 아니면 순식간에 흡입했는가?
고객의 행동이 이상했는가, 아니면 어처구니없었는가?

유머 글쓰기의 경우에는 흥미로운 단어들로 문장을 채우면 된다. 반면 비즈니스나 전문적인 글쓰기에서는 전체 문서에서 흥미로운 단어를 한두 개 사용하는 게 좋다. 그 단어는 좋은 의미로 눈에 띌 것이다. 예를 들어 열두 살 아이 수준에 맞춰 글을 쓰라고 했던 부분에서 나는 흥미로운 단어로 '파편'을 썼다. 유머보다는 이해를 겨냥했기 때문에 흥미로운 단어 하나면 충분했다.

성공을 위한 리프레임

잠깐, 나는 방금 마지막 문단에 '겨냥'이라는 흥미로운 단어를 썼다. 눈치챘는가? 이제 당신도 글을 쓸 때 흥미로운 단어를 사용해 보라.

몸을 센서로 사용하라

좋은 글은 독자가 무언가를 느끼게 한다. 유머라면 특히 그렇다. 그래서 나는 재미있거나 감정적으로 설득력 있는 글을 썼는지 판단하기 위해 내 몸을 센서로 사용한다. 머리가 이끄는 대로 글을 쓸 때 나는 영혼 없는 교수처럼 글을 쓴다. 하지만 마음속으로 단어들을 바꿔 가면서 온몸으로 단어를 경험하고 신체적 반응을 살피면서 가장 잘 맞는 단어를 고른다.

예를 들어 머리로는 딱 적절해 보이는 유머를 썼는데 몸이 아무 반응을 하지 않는 경우가 많다. 웃음이 나지도 않고, 입꼬리가 씰룩거리지도 않고, 코웃음이 나지도 않고, 어떤 식의 반응도 나오지 않는다. 그런 유머는 삭제한다. 반면 가끔은 써놓고 보니 논리적으로는 말이 안 되지만 몇 번을 다시 읽어도 웃음이 나올 때가 있다. 그런 유머는 살린다. 감정을 자극하는 글을 쓸 때는 내 몸이 뇌보다 더 좋은 감각 센서다. 아무런 느낌이 오지 않는 글이라면 완성된 게 아니다.

애착이 가는 단어라도 빼라

———————

자신이 쓴 문장들과 사랑에 빠지기 쉽다. 자식과도 같은 문장이라서 그렇다. 하지만 그 자식들을 과감히 삭제해서 문단을 만들어낼 용의가 없다면 당신은 아직 진정한 작가가 아니다. 처음 수많은 문장을 삭제할 때는 뇌에 큰 부담이 된다. 하지만 점차 익숙해진다. 불필요한 단어를 글을 쓰는 데 방해가 되는 걸림돌로 인식하고, 인정사정없이 문장들을 대해야 한다. 때로는 1시간을 들여 쓴 문장을 삭제해야 할 때도 있다. 그것이 올바른 글쓰기다. 당신도 이미 그러고 있다면 제대로 하고 있다.

글쓰기 시스템을 구축하라

———————

글쓰기를 문득 떠오른 아름다운 문장을 적는 과정으로 본다면 일시적인 슬럼프를 자주 겪게 된다. 하지만 이 책에서 설명한 방법을 따른다면 빈 페이지에 바로 무언가(비록 그것이 나쁜 문장일지라도) 적고 거기서부터 개선해 나갈 수 있다.

내가 슬럼프를 극복했다고 말하는 이유는 언제든 나쁜 문장을 쓸 수 있기 때문이다. 나쁜 문장은 나를 한 단계 발전시켜 나의 뇌를 편집 모드로 전환한다. 직전에 쓴 문장을 고치다 보면 관련 내용들이 떠오르게 되고, 그러면 나는 편집 작업을 즉시 중단한 다음 작업 페이지 하단에 주제어로 아이디어들을 적어 둔다. 나중에 그 것들을 쓸 수도 있고 아닐 수도 있지만 일단 적어 놓으면 머릿속에 담아 두지 않고 수정하던 문장에 다시 집중할 수 있다.

일시적인 슬럼프를 극복하는 방법은 일시적인 슬럼프가 생기지 않도록 리프레임하는 것이다.

우주는 행동하지 않는 쪽보다
행동하는 쪽을 보상한다.

PART

2

건강을 지키는 리프레임

만화가에게 건강이나 돈에 관한

조언을 받는 것은 바람직하지 않다.

그 점을 염두에 두고

평소와는 다르게 겸손한 태도로

사람들이 건강에 도움이 됐다고

말해 준 리프레임들을 소개하겠다.

내게 효과가 있었던 것도 있고, 그럴 가능성을 보인 것도 있다.

과학적인 방법은 아니지만 그리 위험하지 않다.

신체 건강을 먼저 이야기하고

이어서 마음 건강에 대한 이야기를 해보겠다.

그럼 시작해 보자.

핵심 자아란 없다.
살아가며 만들어 내는 것들,
즉 행동의 총합이
곧 자기 자신이다.

건강관리와 다이어트에
힘이 되는 생각

✸   소셜 미디어에서 사람들이 식단관리와 운동에 대한 나의 리프레임 덕택에 20~30킬로그램 이상 체중 감량에 성공했다는 이야기를 자주 듣는다. 아마도 내 경력에서 가장 놀라운 성과일 테지만 이 장을 다 읽을 때까지 믿지 못할지도 모르겠다. 하지만 여기를 읽고 나면 가능성을 곧바로 알게 되고 불과 1~2주 후면 효과를 볼 수 있을 것이다. 게다가 돈이 한 푼도 들지 않는다. 그저 여기서 설명하는 새로운 방식으로 식단관리와 운동을 따라오면 된다.

말은 중요하다. 심지어 혼잣말로 할 때도 중요하다. 모든 단어는 프로그램 코드처럼 뇌의 회로를 바꾼다. 다만 힘이 약한 단어와 힘이 더 센 단어가 있을 뿐이다. 다음 리프레임이 그에 대한 완벽한 예다.

일반적인 프레임: 나는 배고플 때 음식을 먹는다.

리프레임: 연료가 되는 음식이 있고, 주전부리인 음식이 있다.

배고플 때 먹는 것을 모두 '음식'으로 생각하면 무심코 정크 푸드와 건강한 음식을 동일시하게 된다. 논리가 아닌 단어 차원에서 말이다. 도움이 안 되는 사고방식이다.

그 대신 모든 식사를 연료와 주전부리로 분류하는 습관을 들이면 더 쉽게 올바른 결정을 내릴 수 있다. 연료나 주전부리가 '영양소'보다는 힘 있는 단어이기 때문이다. 영양소를 떠올리는 사람은 거의 없다. 그에 비해 연료는 말 그대로 에너지를 의미하는 단어이며 주전부리는 당연히 우리가 본능적으로 갈망하는 것이다. 인간은 에너지와 재미에 끌리며 영양이 중요하다는 걸 알면서도 지루하게 느끼므로 다이어트를 할 때는 에너지와 주전부리라는 단어가 자연스럽게 설득력을 갖는다.

사탕은 연료일까, 주전부리일까? 배고프다면 주전부리가 필요하지 않다. 만약 주전부리를 원한다면 더 나은 선택지를 찾을 수 있다. 직접 선택한 단어로 자신을 조종한다는 주장이 직관에 어긋나 보이겠지만 단어는 그런 작용을 한다. 물론 단어는 문장의 구성요소에 불과하지만, 많은 단어가 문장의 맥락과는 별개로 영향을 미친다. 평생 음식을 입에 넣어 왔어도 주전부리를 넣어 왔다고 말한다면 무의식적으로 먹기를 멈추고 무얼 먹을지 고민하며 결정

건강을 지키는 리프레임

하게 될 것이다.

그렇다, 정치인이 단어로 사람들을 조종하는 것처럼 당신도 단어로 자기 자신을 조종하여 식단을 관리할 수 있다. 나는 최면 치료사가 되기 위해 공부하면서 개별 단어의 힘을 처음 알게 되었다. 그리고 30년 동안 작가로서 적절한 힘을 가진 단어를 골라 사용해왔다. 단어를 잘 고르면 짜증 나는 말이 아닌 설득력 있는 말이 나온다.

식단 조절에 효과가 가장 강력한 단어를 고르려면 각각의 맥락에서 단어들이 어떻게 느껴지는가에 주의를 기울여라. 나는 스스로에게 다음과 같은 질문을 던진다.

- 그 단어에서 무엇이 떠오르는가? 전달하려는 메시지와 양립하는가?
- 충분히 구체적인 단어인가, 아니면 너무 구체적인 단어인가?
- 소리 내어 말했을 때 의도와 일치하는 단어로 들리는가?
- 방해되는 생각들(흔히 불쾌한 생각들)을 대화로 끌어들이는 단어인가?
- 운율이 맞는가? 운율이 맞으면 기억에 남고 설득력이 있다.
- 소리 내어 말하면 재미있는 단어인가?
- 너무 자주 사용되어 진부한 단어인가?
- 누군가를 자극할 만한 단어인가?

몇 가지 질문을 빠뜨렸을 수도 있지만 대략 이해했으리라 본다. 나는 여러 필터를 거쳐 적절한 단어를 선택한다. 그중 단어의 정의와 관련된 필터는 단 하나다. 나머지는 그 단어가 어떤 느낌을 주는지, 그리고 그 단어의 힘이 우연히 생겼는지 아니면 의도적으로 만들어졌는지에 대한 것이다.

앞서 소개한 '술은 독이다'라는 리프레임에서 단어 대체의 힘을 엿볼 수 있다. 단어 하나를 대체하는 게 가장 쉬운 유형의 리프레임이다. 살아가면서 이러한 리프레임을 채택하는 경우를 많이 보게 될 것이다. 다음도 그런 리프레임 중 하나다.

일반적인 프레임: 잘못된 식습관은 의지력 문제다.
리프레임: 잘못된 식습관은 지식 문제다.

만약 당신이 의지력이 부족해서 잘못된 식습관을 선택한다고 생각한다면 그 상황을 어떻게 개선해야 할지 난감할 것이다. 의지력이라는 것은 실제로 존재하지 않기 때문이다. 의지력을 높이려면 어떻게 해야 할까? 이를 악물고 더 열심히 해야 할까? 아니다. 의지력은 가상의 개념이므로 의지력을 조절할 메커니즘이 없다. 우리가 가진 것은 의지력이 아니라 서로 경쟁하는 다양한 선호도일 뿐이다. 내일의 건강한 체중 유지보다 오늘의 맛있는 음식을 선호한다면 맛있는 음식을 먹게 된다. 의지력은 결코 작용하지 않으며 그

건강을 지키는 리프레임

저 벌어진 일을 나중에 설명하는 방식에 지나지 않는다. 즉 의지력은 공허한 개념이다.

의지력과 달리 지식은 실체가 있다. 지식을 늘리려면 무엇을 해야 할지 우리는 알고 있다. 내가 제안하려는 내용은 편리하면서도 건강한 음식을 찾고 준비하는 법을 배우자는 것이다. 누구나 작은 개선을 꾸준히 시도하여 이를 해낼 수 있다. 건강에 좋은 다양한 음식을 시도하여 그중 입맛에 맞고 편리한 음식을 찾아내면 된다. 그러면 배고플 때 좋은 음식을 선택할 수 있는 능력을 갖출 것이다. 만약 배고플 때 쉽게 먹을 수 있는 음식이라고는 건강에 해로운 음식뿐이라면 그 음식을 먹게 된다. 하지만 집에 맛있고 건강한 음식이 있다면 체중 조절에 성공할 가능성이 높아진다. 여기서 소위 '의지력'은 아무 상관이 없다.

건강한 체중을 유지하는 데 도움이 되는 또 다른 리프레임은 다음과 같다.

일반적인 프레임: 나는 안 좋은 음식을 너무 많이 먹는다.
리프레임: 나는 식단관리에 이롭지 못한 사람들과 너무 많은 시간을 보낸다.

동기 부여 강사 짐 론Jim Rohn은 "당신은 가장 많은 시간을 함께 보내는 다섯 명의 평균과 같다"라는 유명한 말을 했다. 당신은 어떤

지 모르겠지만 나는 자주 식사하는 사람들과 가장 많은 시간을 보낸다. 그렇다고 함께 시간을 보내는 사람들이 내 식습관에 대한 신념이나 태도에 직접적인 영향을 미친다고는 생각하지 않는다. 대부분의 친구들은 붉은 육류를 즐기지만 나는 그렇지 않으니까 말이다. 하지만 그들이 어떤 음식을 선택하느냐에 따라 나도 그 선택 범위에서 편리하게 먹을 수 있는 음식으로 결정하게 된다. 만약 그중 한 명이 패스트푸드를 몹시 먹고 싶어 한다면 함께 식사하면서 감자튀김을 먹을 가능성이 크다. 어쩌면 당신에게 영향을 미치는 사람은 당신이 유혹을 느낄 만한 식료품을 구매하는 가족 구성원일 수 있다. 이렇듯 가족과 친구들의 음식 선택이 당신에게 주는 영향을 피하기 어렵다. 그 음식이 맛있지만 건강에 안 좋은 음식인 경우는 특히 더 그렇다.

가장 친한 친구들이 모두 비만이라면 살을 많이 빼지 못할 것이다. 체중 감량이 그리 시급한 일처럼 보이지 않을 테니 말이다. 적어도 친구들 사이에서는 정상 같고 과체중으로 고민하지 않아도 된다. 반대로 만약 주변 친구들이 수영복을 입어도 멋질 정도로 몸 관리를 잘했는데 당신만 친구들보다 35킬로그램 정도 더 나간다고 해보자. 그러면 당신의 음식 선택은 친구들의 영향을 받기 시작할 것이다.

사람들은 친구들과 음식을 화제로 대화하는 경향이 있다. 만약 가장 친한 친구가 당신보다 건강한 식생활에 대해 더 많이 알고 있

고 그 지식을 당신에게 전달해 준다면 엄청난 도움이 될 것이다. 그와 반대로 친구들이 음식에 대해 잘못된 상식을 가지고 있다면 그중 일부가 당신에게도 영향을 준다. 건강한 식생활 방법을 터득한 사람들과 함께 시간을 보내라. 그중 일부는 분명히 당신에게도 도움이 된다.

다음은 건강한 체중 유지를 위한 리프레임이다.

일반적인 프레임: 음식을 원하는 걸 보니 배고픈 게 틀림없다.
리프레임: 음식을 원하는 걸 보니 피곤한 건지도 모르겠다.

오직 빈속이 배고픔의 원인이라고 생각해 왔다면 수면 부족도 배고픈 느낌을 준다는 사실에 놀랄 것이다. 만약 음식을 먹어도 배고픔이 해소되지 않은 적이 있다면 엉뚱한 문제를 해결하려고 했던 것이다. 즉 음식보다 낮잠이 필요했을 수 있다. 그런데 배고픔을 느낄 때쯤이면 단순히 낮잠으로 해결하기 어려운 상태일지 모른다. 따라서 수면의 질을 높이는 것에 관심을 더 많이 가지면 앞으로 배고픈 이유가 헷갈리지 않을 것이다.

의지력 위주의 다이어트는 여러 가지 이유로 거의 효과가 없는데, 그중에서도 가장 큰 이유는 인간은 쾌락을 참으려 하는 의지가 별로 없다는 데 있다. 하지만 음식 선택에 대해서는 누구나 더 배울 수 있고, 그러면 건강에 나쁜 음식을 건강에 좋은 음식으로 수

월하게 바꿀 수 있다. 사람들이 정크 푸드를 먹는 이유는 가격도 저렴한데 맛있고 편리해서다. 대안인 건강식품도 그럴 수 있지만 더 많은 노력이 필요하다. 즉 어떤 음식이 건강에 가장 좋은지 평생 공부해야 한다. 당신은 어떤 음식이 몸에 가장 좋은지 이미 알고 있다고 생각하겠지만 과연 그럴까? 예를 들어 아보카도가 당근보다 더 좋다는 사실을 알고 있는가? 이미 알고 있다고? 훌륭하다. 이제 아보카도가 땅콩보다 몸에 좋은지 말해 보라. 아, 그것도 알고 있는가?

좋다, 당신은 잘 알고 있다고 인정하겠다. 하지만 내 경험상 내가 낸 음식 비교 문제에서 다섯 문제를 모두 맞히는 사람은 드물다. 그리고 내 주관적인 느낌으로는 정답을 모두 맞힌 사람들은 대부분 건강한 체중을 유지하고 있다. (입증되지는 않았지만) 이는 우연이 아니다. 음식에 대한 지식은 내가 본 것 중에 체중과 가장 강한 상관관계가 있었다. 다이어트 측면에서 지식은 의지력의 직접적인 대체물이다. 어차피 의지력은 실제로 존재하지 않지만 말이다. 이는 다음 리프레임으로 이어진다.

일반적인 프레임: 나는 체중 감량이란 목표가 있다.
리프레임: 나를 위한 체중 감량 시스템을 만들어야 한다.

체중 감량 목표를 세우는 것도 좋지만 감량에 성공하고 싶다면

건강을 지키는 리프레임

이를 위한 시스템에 집중하라. 나와 다른 시스템을 세워도 괜찮다. 우리는 서로 다르기 때문이다. 예를 들어 나는 다음과 같이 네 가지 주요 요소로 시스템을 구성했다.

1. 건강에 안 좋은 음식을 집에 두지 않는다.
2. 평생 음식에 대해 계속 배운다.
3. 건강에 좋고 맛도 좋은 음식을 조리하기 위해 계속 테스트한다.
4. 매일 체중을 재고 거울로 전신을 살펴본다.

나는 X 팔로워들에게 건강한 체중을 유지하는 데 어떤 리프레임이 유용했는지 물어봤다. 그중 다이어트에 효과적이었다는 리프레임들을 친숙해 보이는 것부터 살펴보자.

일반적인 프레임: 설탕은 맛있지만 과하게 섭취하면 안 된다.
리프레임: 설탕은 독이다.

'설탕은 독이다'라는 리프레임은 아마도 같은 제목의 책에서 왔을 것이다. 이 리프레임은 내 질문에 많은 사람이 달아 준 대답이었으므로 가치 있다고 할 만하다. 또한 이 리프레임은 '술은 독이다'라는 리프레임과 접근 방식이 동일하다. 맛있는 음식보다 독을 피하기가 더 쉬운 법이다.

다음 프레임으로 넘어가 보자. 습관과 충동을 관리하는 좋은 방법은 스스로를 충동적이지 않은 사람으로 정의하는 것이다. 이상하게 들리겠지만 효과적인 방법이다. 우리가 가진 가장 강력한 동기 중 하나는 타인과 자신에게 일관성 있는 사람으로 보이고 싶은 마음이다. 반복을 통해 자신을 특정 유형의 사람으로 정의하면 다른 모든 결정 과정이 더 간단해진다. 그 유형의 사람이 하듯이 행동하기만 하면 되니까 말이다.

우리가 내리는 결정 대부분은 우리가 어떤 사람인지에 따라 어느 정도 자동적이고 반사적으로 이루어진다. 채식주의자는 스테이크를 먹을지 고민할 필요가 없고, 소방관은 비번이더라도 화재 현장을 목격하면 망설이지 않고 뛰어들 것이다. 두 경우 모두 스스로 정의한 자신에 맞춰 행동한다.

당신이 내린 결정이 마음에 들지 않는다면 그런 실수를 하지 않는 사람으로 자신을 재정의하라. 이 방법이 얼마나 도움이 되는지 알면 깜짝 놀랄 것이다.

일반적인 프레임: 나는 나쁜 탄수화물에 유혹을 느낀다.
리프레임: 나는 나쁜 탄수화물을 먹는 사람이 아니다.

X 사용자가 유용했다고 답한 또 다른 리프레임은 리프레임의 비합리적인 면을 극한으로 끌어올렸다.

건강을 지키는 리프레임

일반적인 프레임: 디저트 배가 따로 있으니 더 먹을 수 있다.
리프레임: 충분히 먹었다.

충분히 먹었을 때 식사 마치기를 자주 반복하다 보면 충분히 먹었다는 말 자체가 열쇠가 된다. 즉 뇌가 촉발 문장과 반응을 연결지어 자연스레 식사를 마치도록 한다. 마법의 문장을 말하고 몸이 따라가는 것을 지켜보라.

다음은 다이어트에 유용한 또 다른 리프레임이다.

일반적인 프레임: 배고프니까 음식이 필요하다.
리프레임: 배고프니까 단백질이 필요하다.

건강한 식단에는 지방뿐만 아니라 단백질과 '좋은' 탄수화물도 필요하다. 좋은 탄수화물이든 나쁜 탄수화물이든 탄수화물은 어디든 널려 있어서 쉽게 얻을 수 있다. 지방도 마찬가지다. 하지만 단백질은 수고를 더 들여야 할 때가 많다. 따라서 단백질 우선이라는 리프레임은 올바른 식단을 유지하는 데 도움이 된다. 단백질 식품부터 먼저 생각하는 습관을 들이면 더 쉽게 구할 수 있는 '나쁜' 탄수화물을 쉽게 지나칠 수 있을 것이다.

운동 습관에
의지력이 필요할까?

★　모두 각자 올바른 운동 방법에 대한 의견이 있는 듯하다. 이를 주제로 한 책이 수천 권에 이르고 종류도 다양하니 말이다. 운동을 안 하는 사람들은 지레 겁먹을 수 있다. 그래서 복잡한 것은 전부 없애고 올바로 이해해야 할 것들에 집중하여 기초를 단단히 세우기를 바란다.

건강을 지키는 리프레임

일반적인 프레임: 운동하려면 의지력과 동기 부여가 필요하다.

리프레임: 운동 습관을 들이면 운동하는 게 안 하는 것보다 더 쉽다.

무리하지 않고, 지루한 운동을 피하고, 운동할 때마다 자신에게 보상을 주는 방법으로 운동에 푹 빠져들어 습관을 들일 수 있다. 예를 들어 저녁에 가볍게 걷고 맛있는 단백질 셰이크로 자신을 보상하는 것으로 시작할 수 있다. 계속 걷다 보면 나중에는 짧게 걷는 게 너무 쉽게 느껴져서 자연스레 거리를 늘리게 된다. 그 후 친구가 같이 자전거를 타러 가자고 했는데 당신은 몇 년간 자전거를 탄 적이 없다고 가정해 보자. 당신은 걷는 습관을 통해 페달도 잘 밟을 거란 자신감이 생겨서 승낙할 것이다.

적어도 처음에는 자신에게 '가장 적합한' 운동을 찾으려고 고민할 필요가 없다. 가장 좋은 운동은 당신이 기꺼이 할 수 있는 운동이라고 보면 된다. 고통스럽고 어려운 운동으로 시작한다면 오랫동안 꾸준히 할 수 있으리라 기대하지 마라. 뇌가 몸을 상하게 하는 행동을 하지 말라고 당신을 설득할 것이기 때문이다. 만약 어떤 행동이 자신을 벌주는 것처럼 느껴진다면 그 행동은 오래 지속되지 않는다. 이것은 최면 치료사의 진리다.

일단 '운동하는 사람'이 되고 나면 다양한 운동과 건강관리 방법을 자연스레 배우게 된다. 사람들은 자신의 운동 방식에 대해 떠들어대기를 좋아하니 말이다. 그 사람들을 피할 방법은 없으며 당신은 알고 싶었던 것 이상으로 운동에 대해 배우게 된다.

일반적인 프레임: 최상의 운동법을 배우는 게 중요하다.
리프레임: 최상의 운동법은 내가 기꺼이 할 수 있는 운동이다.

나는 평생 헬스장에 다녔고 내 운동 지식의 90퍼센트는 인터넷 기사를 클릭하고 올바른 운동법을 아는 사람들과 가까이 지내면서 얻은 것들이다. 당신도 똑같이 할 수 있다. 일단 건강관리를 일상적인 습관으로 만들면 그것을 자신의 필요에 맞게 계속 개선해나가는 선순환이 시작된다. 매일 신체 활동을 하는 게 가장 중요하다. 나머지는 시간이 흐르면서 저절로 따라온다. 당신도 할 수 있다.

관리하려면 규칙적으로 측정하라

─────

여기서 관리란 자신의 몸부터 소득, 직원을 두고 있다면 그 직원에 이르기까지 삶의 어떤 부분이든 관리하는 것을 의미한다. 하지만 어떤 상황에서 결정을 내릴 때 (설령 그 결정이 현명하더라도) 그 결과가 얼마나 효과적인지 측정(평가)할 수 없다면 그것은 관리가 아니다. 추측과 희망 섞인 생각일 뿐이다.

건강을 지키는 리프레임

일반적인 프레임: 관리자가 하는 모든 일이 관리다.

리프레임: 측정하지 않는다면 관리하는 게 아니다.

직장에서는 당신의 결정에 따라 수익이나 비용이 어떻게 변화할지 확인하기 위해 가능한 모든 것을 측정하고 있다. 그래야 상황을 가장 효과적으로 활용할 수 있기 때문이다. 개인 생활에서도 같은 원칙을 적용해야 한다.

체중을 유지하거나 감량하려고 하는가? 그렇다면 매일 같은 시간에 몸무게를 재라(그럴 필요 없다는 '전문가들'은 무시하라. 측정하지 않는다면 아무것도 관리할 수 없다). 더 건강해지려고 노력 중인가? 그렇다면 매주 헬스장에 가는 횟수를 세어 보라. 더 많은 사람을 만나려고 노력 중인가? 이번 주에는 몇 번이나 밖으로 나갔는가?

측정할 수 있다면 관리할 가능성도 생긴다. 물론 측정할 수 없는 상황에서도 많은 결정을 내려야 한다. 그래도 중요한 것들을 잘 측정하고 있다면 그 정도는 괜찮다.

잠이 잘 오지 않는다면

요즘 들어 수면 부족으로 힘들어하는 사람들이 그 어느 때보다 늘고 있다. 현대인의 생활 패턴에는 질 좋은 수면을 방해하는 요소들이 너무 많기 때문이다. 숙면을 위한 온갖 조언과 묘책을 알고 있을 수도 있고, 그런 조언이 필요하다면 인터넷에 '숙면 방법'을 검색하여 똑같이 유용한 조언들을 얻을 수 있을 테니 여기서는 잘 자는 방법은 다루지 않겠다. 다만 이 리프레임을 추가하겠다.

일반적인 프레임: 잠이 오지 않는다.
리프레임: 활동량을 충분히 채우지 않았다.

만화를 그렸던 처음 몇 년 동안 나는 지역 전화국 직원으로 계속 근무했다. 두 가지 일을 병행하면서 거의 항상 운동까지 하느라 매일 새벽 4시에 일어나 밤 10시쯤 침대에 쓰러져 잠들었다. 그 몇 년간 잠이 안 와서 문제였던 적이 없다. 나는 몇 분 안에 기절하듯 곯아떨어져 한 번도 깨지 않고 깊게 잤다.

그 후로 일하는 시간보다 여가가 더 많은 날을 경험하게 됐다. 그렇게 게으름을 피운 날에는 헬스장에 가지 않을 때도 있었는데 그런 날은 잠들기가 몹시 힘들었다.

패턴이 명확해지자 나는 수면의 질을 쉽게 잠들 만큼 열심히 활

건강을 지키는 리프레임

동하지 않아서 '낭비'한 에너지의 양으로 측정하기 시작했다. 이제 나는 일이나 운동을 충분히 하지 않았다면 초저녁에 여분의 에너지를 태워야 한다는 걸 알고 있다. 그래서 억지로 잠들려고 애쓰는 대신 쉽게 잠들 수 있는 하루를 사는 데 집중한다.

물론 이 리프레임이 모든 사람에게 효과적이진 않다. 나는 일반적으로 잠을 그다지 좋아하지 않고 천성적으로 야망이 커서 '최선을 다하지 않았다' 싶으면 도발적인 말을 들은 듯한 기분이 든다. 따라서 잠자는 걸 좋아하고 세상을 정복할 생각이 없는 사람에게는 이 리프레임이 적합하지 않을 수 있다.

열심히 활동해도 잠을 더 잘 잘 수 있다는 확신이 들지 않는다면 긴 산책이나 좋아하는 운동을 하고 머릿속으로 운동한 날과 운동하지 않은 날의 수면 상태를 비교해 보라. 분명 큰 차이를 느낄 테고, 그것으로 충분한 동기를 얻을 수 있다.

나 자신부터
알아라

★ 그게 무슨 뜻이든 간에 사람들은 '자신이 누구인지' 알아내려고 노력한다는 말을 자주 한다. 도움이 될지 모르겠지만 최소한 다음 네 가지를 생각해 보면 자신이 어떤 사람인지 설명할 수 있다.

무엇이 '나'인가?

1. 내면의 생각인가?

2. 취향인가?

3. 과거인가?

4. 현재 활동인가?

대부분의 사람은 자신을 내면의 생각과 떼려야 뗄 수 없는 존재로 여기는 것 같다. 세상의 어떤 것에 대해 부정적이거나 긍정적인 감정을 내심 품고 있다면 그것이 바로 '나'라고 생각하는 것이다. 그런데 내면의 은밀한 생각은 대부분 끔찍한 경우가 많다. 그러니 불행할 수밖에 없다. 왜 끔찍한 사람이 되려 하는가? 우리는 선택할 수 있다. 다음 리프레임이 그 선택권이다.

일반적인 프레임: 내면의 생각이 곧 나다.
리프레임: 내가 하는 행동이 곧 나다.

자기 자신을 찾아가고 있다거나 나답게 살려고 한다거나 아니면 존중하고 보호해야 할 핵심 '자아'를 찾고 있다는 사람들의 말을 들은 적이 있을 것이다. 하지만 핵심 자아란 없다. 살아가며 만들어 내는 것들, 즉 행동의 총합이 곧 자기 자신이다. 이런 사고방식을 보여 주는 리프레임은 다음과 같다.

일반적인 프레임: 나 자신을 찾아라.
리프레임: 나 자신을 써 내려가라.

당신은 빈 화폭이다. 행동을 바꿈으로써 인생을 그려 나갈 수 있다. 친절한 사람이 되고 싶다면 친절하게 행동하라. 유능하고 성공하고 싶다면 재능 스택을 쌓아라. 자기 자신을 이리저리 치이는 공으로 본다면 모든 일이 그렇게 벌어진다. 하지만 인생을 써 내려가는 작가가 되어 자아를 만들어 가고 핵심 영역에서 자기계발 시스템을 설계한다면 상상도 못한 방식으로 세상에 자신의 이름을 새길 수 있다.

남을 판단하려 하지 마라

사적으로 사람을 판단하는 것은 누구에게도 해가 되지 않는다고 생각할 수 있다. 인간은 반사적으로 판단을 내린다. 즉 머릿속에서 자연스럽게 그런 일이 일어난다. 때로는 자신의 판단을 친구와 공유할 수도 있다. 그건 별일이 아니지 않을까?

그런데 문제가 있다. 사람들을 판단하는 데 사용하는 프레임은 곧 자신을 보는 프레임일 가능성이 크다. 더 나쁘게는 남들이 자신을 그런 프레임으로 본다고 상상할 수 있다. 다시 말해 남들을 판단하다 보면 자기 내면부터 곪을 수 있다. 십 대 청소년에게 물어보라. 그들은 남들이 자기를 어떻게 평가할지 상상하고 거기에 목숨을 건다.

타인에게 평가받는 느낌에서 벗어나는 가장 좋은 방법은 남들을 판단하지 않는 것이다. 타인 평가 프레임을 버려라. 주관적인 좋고 나쁨의 척도로 타인을 평가하면 자멸하게 된다. 사람들을 좋거나 나쁘다고 판단할수록 그것이 도리어 자신을 옥죄는 프레임이 되어 사람들이 자신을 그렇게 판단하고 있다고 의심하게 된다. 이것이 당신의 기본 사고방식이 되면 남들이 자신을 어떻게 판단할까에 점점 집착할 수밖에 없다. 그러면 결국 치명적인 결과를 얻고 만다.

분명히 말하자면 당신의 상상과 상관없이 남들도 당신을 판단하고 있다. 하지만 당신에 대한 사람들의 판단은 (그들에게도) 그리 중요하지 않다. 다시 말해 스스로를 타인의 프레임에 맞춰 평가하지 않으면 당신에 대한 타인의 판단은 당신에게 아무런 영향을 미치지 않는다.

당신은 무언가에 능숙할 것이다. 그리고 당신을 판단하는 사람도 그들 나름의 능력을 가지고 있다. 하지만 거기까지다. 더 나아가 판단하려 들면 인생이 피곤해진다.

일반적인 프레임: 세상에는 훌륭한 사람과 그렇지 못한 사람이 있다.
리프레임: 모든 사람은 결점이 있고 각자 잘하는 일이 다르다.

판단하려는 마음가짐에서 벗어나는 건강한 습관은 감사하는 마음을 갖는 것이다. 가장 짜증스럽게 느껴지는 사람들의 능력과 자질을 인정하고 감사하는 태도를 가져 보라. 내 지인의 지인 중에 싫어할 만한 이유가 있는 사람이 하나 있다. 하지만 나는 그가 자기 일은 잘한다는 점에 감사하지 않을 수 없다.

누군가를 가혹하게 판단할 때마다 판단이 가치 있는 일이라는 생각에 빠져들게 된다. 그러나 그런 판단은 가치가 없다. 다른 사람들을 판단하는 일을 줄여 보라. 그러면 사람들에게 평가받는 것에 대한 걱정도 함께 줄어든다.

예술은 때로 위험할 수 있다

비극적인 예술을 단순히 오락으로 보는 사람들은 종종 큰 실수를 저지른다. 무심코 슬픔의 약을 자신에게 주입하듯, 상실과 비극을 다루며 불안감을 유발하는 영화, 책, 음악 등을 소비하고 즐기려 한다는 뜻이다. 예술을 오락으로 여기는 사람이라면 제대로 이해했을 것이다. 당신은 기분이 울적할 때 어떻게 하는가? 한 가지 좋은 아이디어는 즐길 거리를 찾는 것이다. 영화 〈쉰들러 리스트〉를 다시 보는 건 어떨까? 그것도 오락거리가 아닐까?

아니, 그렇지 않다. 오히려 평생 외상 후 스트레스 증후군을 앓게 하는 약물에 가깝다. 영화 속 메시지가 세상을 더 안전하게 만든다면 나도 그 영화를 지지한다. 다만 적절한 경고 문구가 있었으면 좋겠다. 내 생각에 스티븐 스필버그Steven Spielberg는 돈을 지불하고 나를 향정신성 영화의 실험동물로 썼어야 한다. 다음은 그에 관한 리프레임이다.

건강을 지키는 리프레임

일반적인 프레임: 예술은 오락이다.

리프레임: 예술은 정신에 영향을 주는 강력한 약물이다.

나는 해피엔딩으로 선회하는 작품이라도 슬프거나 불안하게 만드는 예술 작품을 삶에서 제거하길 추천한다. 불쾌한 부분 없이 웃음과 감동을 주는 예술 작품을 찾아라. 그런 작품도 얼마든지 있다.

헐뜯는 사람을 마스코트로 여겨라

소셜 미디어를 사용할 정도로 무모한 공인인 나는 하루에도 몇 번씩 악의적인 비난을 받는다. 1년에 몇 번은 아침에 일어나 보면 X에 내 이름이 인기 검색어가 되어 있다. 좋은 일일 때는 드물고 대개 악플러들이 내 타임라인을 공격하기 시작했다는 뜻이다. 그래도 나는 대체로 좋은 하루를 보낸다. 당신은 자신의 일과 성격, 정신, 외모에 대한 모욕이 매일 쏟아지는 지옥 같은 상황을 감당할 수 있을 것 같은가? 이 장을 읽고 나면 훨씬 쉬워진다. 내가 가장 좋아하는 헐뜯기에 대한 리프레임으로 시작해 보자.

일반적인 프레임: 나를 까는 사람들은 사악한 괴물이다.

리프레임: 나를 까는 사람들은 나의 마스코트다.

몇 년 전 내가 동네 식당의 공동 소유주일 때 한 직원이 손님이 가장 몰리는 시간에 식당 입구에서 1인 시위에 들어갔다. 어떤 불만이 있었는지는 잊었지만 다른 직원들은 시위자 때문에 팁이 줄겠다는 불평 외에는 문제가 없는 듯했다. 직원들과 공동 소유주인 스테이시의 긴장감이 커졌다. 처음에 나는 불만을 품은 직원이 며칠만 지나면 지칠 거라 여기며 직원들에게 기다려 보라고 했다. 그러나 그 직원은 완강했고 날마다 시위를 이어 갔다.

어느 날 나는 가만히 서서 그 직원의 쇼를 보았다. 우리는 뭐가 됐든 그 직원의 불만이 타당하다고 생각하지 않는데 혼자 쇼를 벌이고 있으니 우스꽝스럽게 보였다. 그래서 나는 그 직원을 바라보는 프레임을 재구성했다. 스테이시에게 당신의 새 마스코트가 마음에 든다고 말하자 스테이시가 웃었고 나도 따라 웃었다. 스테이시가 이 일을 서빙 담당 및 주방 직원들에게 말해 주자 그들도 웃었다.

그렇게 우리의 가장 큰 비방자는 새로운 마스코트가 되었다. 우리는 그 직원을 조롱한 게 아니라 우리의 경험을 재구성했을 뿐이다. 그 직원이 우리를 괴롭히게 놔두거나 우리의 마스코트로 삼는 것 중에 우리 모두 후자가 재밌었다. 쉬운 선택이었다. 며칠 후 그 직원은 시위를 포기했다.

나는 가장 열심히 나를 헐뜯는 사람과 악플러 몇 명을 마스코트로 리프레임하는 데 성공했다. 이 리프레임이 비방자들에게 어떤

건강을 지키는 리프레임

영향을 미쳤는지, 또 이 리프레임을 그들이 알아차렸는지 전혀 모른다. 내가 아는 건 마음속으로 비방자를 마스코트로 리프레임하는 순간 기분이 나아졌다는 것뿐이다. 오히려 기분이 좋을 때도 있다.

비난에 대한 감정을 재구성하라

당신의 자존감을 스피드 백(권투에서 스피드와 순발력을 높이기 위해 머리 높이쯤에 매달아 놓은 반동이 좋은 펀치백-옮긴이)으로 삼는 비난의 힘을 빼는 좋은 방법이 있다. 상황을 가장 기본적인 과학의 형태, 즉 입자와 화학, 물리학, 사물 간의 충돌로 상상하는 것이다. 그러한 상호작용은 대부분 당신이 알 길 없는 영역에서 일어난다. 남들의 뇌에서 발생하는 무작위적인 전기 신호는 당신의 문제가 아니니 신경 쓸 필요가 없다.

일반적인 프레임: 비난은 심장을 찌르는 비수처럼 느껴진다.
리프레임: 비난은 이 자리에 없는 누군가의 두개골 안에서 일어나는
화학 반응일 뿐이다.

비난은 쓰라리다. 누구도 이유 없는 비난에 면역이 생기지 않는다. 하지만 비난을 걷고 말하는 탄소 덩어리 속의 축축하고 주름진 뇌에서 일어나는 아주 작은 변화로 리프레임해 보면 그 비난이 자기 문제처럼 느껴지지 않을 것이다.

속으로 '꺼져'라고 말하라

다음은 내가 젊어서 들었던 인생철학의 '전체 이용가' 버전이다. 더 심한 말로 바꿔도 되며 그 역시 그만큼의 효과가 있다. 우선 다음 리프레임이 어떤 느낌인지 주목하라.

일반적인 프레임: 당신은 내가 생각하는 대로 해야 한다.
리프레임: 꺼져. (마음속으로만 말할 것)

나는 대학 1학년 때 이 리프레임을 배워서 지금까지 유용하게 쓰고 있다. 내 인생인데 무엇을 해야 하고 또 무엇을 하면 안 되는지 나를 통제하려는 사람이 있을 때마다 속으로 '꺼져'라고 외치며 무시했다(더 신랄한 단어로 대체했을 수도 있다).

이것은 리프레임이 얼마나 유용하면서도 터무니없는지 보여 주는 가장 좋은 예일 수 있다. 속으로 외치는 한마디가 도움이 될 것 같지 않아 보여도 실제로 도움이 되기도 한다. 나뿐만 아니라 이 방법을 시도한 대학 동창 여러 명에게도 도움이 되었다.

이 리프레임의 핵심은 당신의 삶을 만드는 주인은 남들이 아니라 당신이라는 것이다. 종종 마음에 들지 않는 사람들과 일해야 할 때는 최선을 다해 자신의 감정을 속여야 한다. 하지만 그 외의 사람들은 꺼지라고 하면 된다. 그들은 당신이 신경 쓸 바 아니다.

타인의 영화에서 나는 단역일 뿐이다

———

다음은 얼마 전에 들은 리프레임이다. 시도해 봤더니 바로 효과가 있었다.

일반적인 프레임: 모든 사람이 나에 대해 생각하고 있다.
리프레임: 나는 타인의 영화에서 단역에 불과하다.

가까운 친구와 가족, 친지를 포함해서 타인의 결점에 대해 얼마나 자주 생각하는가? 아마 10분도 생각하지 않을 것이다. 가끔 결점이 눈에 띄더라도 마음에 담아 두지 않는다. 남들도 마찬가지다. 대개는 당신에게 별로 신경 쓰지 않을 것이다.

우리의 자아는 우리가 하는 모든 일을 중요하게 여기도록 한다. 하지만 실제로는 그렇지 않다. 당신이 실수해도 친구, 가족, 친지는 이해해 줄 것이며, 세상의 나머지 사람들은 어차피 전혀 신경 쓰지 않는다.

다음에 사람들이 당신을 지켜본다거나 당신이 실수하기만 기다린다고 느껴진다면 사람들은 자신 외에 누구에게도 관심이 거의 없다는 사실을 기억하라. 이상하게도 그 사실이 위안을 준다.

결벽증에 대한 새로운 시각

───────

나는 세균, 박테리아 및 평소에 '불결한' 상태에 노출되면 면역 체계가 강화된다는 사실을 알기 전까지 결벽증이 약간 있었다. 그래 봐야 최악의 경우는 이런 것들을 피하다가 어느 날 세균에 감염되는 것일 텐데 말이다.

이제는 세균이 나를 더 강하게 만든다고 생각한다. 실제로도 그러니까. 그러나 이 리프레임이 나에게 효과적인 건 그 주장이 진실이어서가 아니다. 그 말에 내재된 프로그래밍 때문이다.

일반적인 프레임: 세균은 내게 해를 끼친다.
리프레임: 세균은 나를 더 강하게 한다.

이 리프레임은 즉각적인 효과를 불러오진 않는다. 사람마다 매우 다르므로 일부 사람에게 즉각 영향을 미칠 수도 있지만 그런 경

건강을 지키는 리프레임

우는 드물다. 대부분은 충분한 시간과 반복적인 연습이 필요하다. 처음에는 원래 하던 대로 청소하고 예방 조치를 할 것이다. 그러다 점차 시간이 지나면서 세균을 피하려는 강박적인 태도에서 조금 더 유연해진 자기 자신을 발견할 수 있다. 서두를 필요는 없다. 세균이 걱정될 때마다 이 리프레임을 반복해 보라. 이 방법이 효과적인지 확실히 알려면 몇 달 동안 지켜봐야 한다.

말의 힘만으로 나쁜 감정을 좋은 감정으로 재구성할 수 있다는 게 미친 소리처럼 들릴 수 있다. 하지만 생각보다 흔한 일이다. 가장 좋은 예가 이어서 소개할 리프레임이다.

추위를 느끼지 않는 방법

————

최근 한 친구가 그의 어머니 집에서 파티를 하는 동안 거의 영하의 날씨에 화덕을 조립하는 모습을 보았다. 뒷마당에서 고생하는 그를 본 사람들은 하나같이 재킷을 가져다줄까 물었다. 그는 반팔 티셔츠 차림이 딱 좋다며 손사래를 쳤다. 남극에서도 끄떡없을 옷차림의 나는 그에게 추위를 어떻게 견디느냐고 물어보았다.

그 친구는 환각을 겪은 적이 있는데 그때 춥다는 느낌은 몸이 뇌로 보내는 신호일 뿐이고 동상의 위험만 없다면 두려워할 게 없음을 깨달았다고 말했다. 이제는 원할 때마다 신호를 차단하면 춥다는 감각이 있어도 경각심이나 불편함을 느끼지는 않는다고 했다. 물론 나는 그의 말을 믿지 않았다. 장난처럼 들렸다.

그런데 시간이 흘러도 그 친구의 이야기가 계속 머릿속을 맴돌았다. 어느 날 그가 영하의 체임버에 잠깐 들어가 있으면 건강에 좋다고 주장하는 크라이오테라피cryotherapy를 함께해 보자고 했다. 나는 추위를 잘 견디지 못하기 때문에 거절했다. 몇 주 뒤 또 다른 친구가 크라이오테라피 사업을 시작했으니 한번 와보라고 문자를 보내왔다. 나는 같은 이유로 거절했다.

그것을 시도해 본 지인들이 모두 극찬하자 나는 크라이오테라피가 건강에 좋을 수 있다는 사실은 믿게 됐다. 하지만 이미 말했듯이 나와는 맞지 않는다. 나는 더위보다는 선선한 게 좋지만 그런 추위는 견디지 못한다.

시간이 흘러 어느 날, 나는 쓰레기통을 도로가에 내놓고 있었다. 정원 쓰레기와 재활용 쓰레기를 포함해 총 네 개였다. 네 개를 전부 내놓으려면 5분 정도 걸릴 텐데 재킷을 입고 와야 할지, 아니면 8도 이하의 기온에 티셔츠와 청바지 차림으로 후딱 해치울지 고민했다. 아플 일은 없겠지만 그간의 전력으로 보아 2분 후에는 총격전 속의 치와와처럼 벌벌 떨고 있을 것 같았다.

그러다 이 장의 이야기와 관련된 생각이 떠올랐다. 크라이오테라피가 건강에 좋다면 쌀쌀한 날씨에 노출되는 것도 어느 정도 이롭지 않을까? 내 이야기에서 타당성은 중요하지 않다. 리프레임은

건강을 지키는 리프레임

본래 사실이나 논리와 상관없기 때문이다.

쌀쌀한 날씨를 5분간 견디며 쓰레기통을 치우려고 차고 문을 열면서 나는 춥다는 감각을 도망치라는 신호가 아니라 더 건강하고 강해진다는 신호로 재구성한다면 어떻게 될지 궁금해졌다. 그래서 추위 리프레임을 설정했다. 차가운 바람이 크라이오테라피처럼 내게 좋을 거라고 나를 달랬다. 나를 더 강하게 만들어 줄 것이며 추울수록 더 좋다고 주문을 걸었다.

밖으로 나갔다. 추웠다. 그래 추웠을 것이다. 하지만 춥다는 느낌은 들지 않았다. 나는… 더 강해진… 느낌이었다. 뭐지?

이 리프레임이 당신에게도 효과가 있을 거라고 넌지시 말하는 건 아니다. 최면 치료사인 나에게도 너무 기이한 일이었다. 최면이라면 잘 아는데도 어안이 벙벙했다. 그때 이후로 나는 추위를 타지 않는다.

좋다, 상황도 고려하자. 나는 캘리포니아 북부에 살고 있으므로 '추운 날씨'에 대한 나의 정의와 당신의 정의가 꼭 일치하지는 않을 것이다. 하지만 나는 뉴욕주 북부에서 자랐기 때문에 추위를 잘 안다. 사람은 환경에 적응하는 법이다.

나는 이 리프레임이 섭씨 7도 이하일 때도 효과적이라고 주장하는 게 아니다. 그러나 평범하게 살아가는 사람이라면 너무 추워서 불편한 경우가 종종 있을 것이다. 다음에 그런 상황이 발생하면 이 리프레임을 고려하라.

일반적인 프레임: **추위는 고통이고 위험에 처했다는 신호다.**

리프레임: **추위는 나를 더 건강하고 강인하게 만들어 준다.**

만약 이 리프레임이 당신에게 효과적이라면 예상치 못한 방식으로 인생이 달라질 수 있다. 현실에 주관적인 요소가 있다는 걸 늘 알고 있어도 그것이 얼마나 깊게 우리의 삶에 영향을 미치는지는 파악하기 어렵다. 한 가지 리프레임으로 추위 같은 부정적인 경험을 긍정적인 경험으로 바꿀 수 있다면, 아마 처음으로 자신의 인생을 스스로 써나가는 힘을 이해하게 될 것이다.

건강을 지키는 리프레임

04

소셜 미디어로부터
나를 지키는 법

★　　내가 젊었을 때는 종종 삶이 스트레스를 주기도 했지만, 적어도 스트레스를 받았을 때 중간중간 휴식을 취하고 재충전할 수 있었다. 요즘은 스트레스를 받으면 휴대전화를 꺼내 소셜 미디어를 둘러보는데 그러면 더 화가 나고 불안해진다. 그러다 웃고 싶어서 영화를 틀고 수십 명이 죽어 나가는 장면을 본다. 당연히 긴장이 풀어지지 않는다.

　내가 소셜 미디어를 사용하는 이유는 업무에 필요해서다. 당신도 그럴 수 있다. 하지만 대다수에게 소셜 미디어 사용은 중독이다. 그들은 도파민 분비를 위해 소셜 미디어를 사용하며, 그것이 장기적으로는 해로운 영향을 미친다고 하더라도 그 영향이 충분히 명확하거나 크지 않기 때문에 중독을 멈출 수 없다. 사람들의 즉각적인 관심사는 다음 도파민 분비다. 중독자는 단기적으로 생각하도록 학습된다.

무언가를 재미있게 시간을 보내는 하나의 방식이라고 정의하면 많은 사람이 재미를 좋아하므로 자연스레 끌리게 된다. 하지만 같은 상황을 중독으로 부르면 누구도 원하지 않는다. 이는 습관을 끊는 데 도움이 된다.

일반적인 프레임: 소셜 미디어는 재미있게 시간을 보내는 하나의 방식이다.

리프레임: 소셜 미디어는 중독이다.

당신은 재미있게 시간을 보내는 게 아니라 소셜 미디어에 중독된 거다. 일단 이 리프레임을 받아들이면 중독에서 벗어날 기회가 생긴다. 소셜 미디어 '중독'은 마약 중독, 알코올 중독, 담배 중독과는 결이 다르다. 물질 중독은 정신적 통제 범위 밖에 있어서 리프레임으로 끊는다는 건 어림없는 생각이다. 그러나 나쁜 습관을 고치는 것은 그보다 훨씬 쉽다. 소셜 미디어는 중독이라기보다는 나쁜 습관에 가깝지만 중독으로 규정하면 뇌를 재설계하는 데 더 효과적이다. 나쁜 습관을 끊는 것은 중독을 끊는 것보다 더 가볍게 느껴지기 때문이다. 하지만 중독은 더 심각하게 느껴진다. 그 점을 유용하게 활용하라.

건강을 지키는 리프레임

악플에 대처하는 법

악플러와 비방자들은 매일 소셜 미디어에서 내 외모, 나이, 지능, 사생활, 그리고 재능에 대해 공격한다. 그러다 보니 나는 심한 모욕을 나만의 재밋거리로 재구성하는 데 전문가가 되었고, 최근에는 큰 도움이 되는 리프레임을 생각해 냈다.

일반적인 프레임: 모욕은 정신건강에 해롭다.
리프레임: 모욕은 내 의견에 반박할 수 없거나 정신건강에 문제가 있다는 비방자의 고백이다.

이 리프레임이 모든 상황에 맞지는 않겠지만 정신이 건강한 사람은 소셜 미디어 등에서 남을 모욕하는 데 시간을 쏟지 않는다. 마찬가지로 설득력 있는 주장을 하는 사람들은 사실에 집중한다. 즉 자신의 주장이 무너져서 행동에 나서야겠다고 느낄 때만 누군가를 모욕하기 시작한다.

X에서 나는 이런 식으로 이 리프레임을 사용한다.

악플러: 물론 그런 의견이 있을 수도 있지. 근데 그건 네가 아는 게 없고 멍청해서야.
나: 용기 내어 고백해 줘서 고마워.

그런 다음 '고백'이 무엇을 의미하는지 설명하지 않은 채 대화에서 나간다. 어떤 때는 인신공격에 의존한 악플러가 결국 논쟁에서 졌다는 의미가 된다. 그런 경우 나는 승리했다고 생각하고 행복한 일을 찾아 떠난다. 논쟁과 상관없이 인신공격을 해오는 사람도 있다. 그럴 때는 그 사람이 자신의 정신건강이 좋지 않다고 '고백'했다는 뜻이다. 나는 정신건강 전문가는 아니지만 모르는 사람을 모욕하는 행동이 정신건강이 양호하다는 신호일 때는 드물다.

소셜 미디어에서 당신에게 인식공격을 퍼부으며 '싸우자는 태세'에 돌입하는 악플러(멍청이)들은 당신이 자신과 똑같이 인신공격을 하거나 계정 차단을 하리라 예상한다. 수수께끼 같은 말은 그들 입장에서 예상 밖의 대응이다. 자신이 한 적도 없는 고백에 감사하다는 것은 대체 무슨 뜻일까? 당신만 무슨 뜻인지 알고 있어도 악플러는 모르지만 자신에 관한 이야기이니 알고 싶어 한다. 그 즉시 대화 분위기가 바뀌면서 당신에게 주도권이 넘어간다. 고백이 무엇인지 알려 주지 말고 그냥 대화에서 나와라. 그것이 당신이 이기는 방법이다.

다음은 X 팔로워에게서 빌려 온 것으로 내가 테스트 중인 리프레임이다.

일반적인 프레임: 모욕은 누군가 나를 싫어하거나 무시한다는 뜻이므로 상처가 된다.

건강을 지키는 리프레임

리프레임: 나에 대한 누군가의 의견은 설령 〈뉴욕 타임스〉에 실린다 해도 일기장에나 끄적일 말일 뿐이다.

아무도 일기에 무엇을 쓰든 신경 쓰지 않는다. 개인적인 문제라서다. 자기 의견을 공개한다고 해서 갑자기 그 내용이 중요해지는 것도 아니다. 당신 혼자만 간직하고 있는 온갖 어두운 생각들을 떠올려 보라. 그것들이 남들에게도 중요할까? 전혀 아니다. 어두운 의견을 드러내어 말했다고 해서 갑자기 중요해지지 않는다. 여전히 지루하고 대수롭지 않은 다른 형태의 일기장 내용일 뿐이다.

내 감정은
내가 선택한다

★   가까운 사람이 죽으면 큰 상실감을 느끼는 게 정상이다. 하지만 충분히 고통스러웠다는 생각이 들고 기분을 회복하고 싶다면 도움이 될 리프레임이 몇 가지 있다.

첫 번째 리프레임에서는 내가 느끼는 슬픔이 고인에 대한 것인지, 아니면 나 자신에 대한 것인지를 스스로에게 질문해 보길 바란다. 아마 당신의 마음속에서도 분명하지 않을 것이다.

일반적인 프레임: 죽음은 비극이니 나는 슬퍼해야 한다.

리프레임: 고인은 더 이상 고통이 없다. 어째서 나 때문에 슬퍼하지?

물론 말처럼 쉽지는 않다. 할아버지가 돌아가셨을 때와 자식이 세상을 떠났을 때 리프레임은 똑같은 효과를 내지 못한다. 이른바

건강을 지키는 리프레임

자연스러운 죽음은 예상치 못한 죽음에 비해 극복하기가 그나마 수월하다. 그러나 이 리프레임은 두 경우 모두에 도움이 된다.

이 리프레임을 시도해 보기로 했다면 논리를 따지지 마라. 이 말에 자신을 맡기고 말이 가진 힘을 그대로 받아들여라. 말은 때론 우리가 원하지 않더라도 영향을 미칠 수 있다. 의미 있는 모든 말에는 작은 프로그램이 담겨 있기 때문이다.

가족과 반려동물의 죽음을 필요 이상으로 많이 겪은 내게 도움이 된 또 다른 리프레임이 있다. 이 리프레임은 고인에 마지막 도리를 다하는 데 의의를 두면서 바꿀 수 없는 사실(죽음)을 받아들이게 한다. 내 방식은 다음과 같다.

일반적인 프레임: 죽음은 비극이다.
리프레임: 고인의 마지막 여정을 도울 수 있어 영광이다.

미국 군부대에서도 이 리프레임을 사용한다. 우리는 군인이 전사하면 최대한 정중하게 고인의 죽음을 기리도록 배웠다. 군의 장례 의식은 슬픔을 일부 덜어 내어 고인을 잘 떠나보낼 수 있게 한다.

사랑하는 사람의 죽음을 경험하면 본능적으로 비극과 상실감, 고통에 빠지게 된다. 그런 감정을 충분히 느낀 후 준비가 되었을 때 감사, 존경, 명예, 특전, 봉사라는 다섯 단어를 마음속으로 떠올리며 고통을 조금이나마 덜어 내라. 누군가를 존재의 다음 단계로 넘어가도록 돕는 것보다 더 영광스러운 일은 없다.

사랑하는 사람을 잘 떠나보내려면
———

종교에 따라 다르겠지만 죽은 친구나 사랑하는 사람이 다른 차원에서 편안히 영생을 누리는 상상을 하면서 위안을 찾을 수도 있다. 만약 이것이 당신의 세계관과 맞지 않는다면 도움이 될 만한 리프레임을 알려 주겠다. 불행히도 나는 이 리프레임을 테스트할 기회가 많았고 큰 도움을 받았다.

일반적인 프레임: (일부 사람들의 경우) 죽음은 이 사람의 끝이다.
리프레임: 에너지는 형태가 바뀔 수는 있으나 결코 소멸하지 않는다.

당신은 태어날 때 부모님이 지어 준 이름과 정체성을 가진 그 사람이 아니다. 시간이 지나면서 몸도 변했고, 성격도 바뀌고, 신체 세포 대부분이 죽고 교체되었다. 그럼에도 여전히 일관된 '당신'은 존재한다.

또한 당신은 사회적 존재여서 타인, 특히 가족과 친한 친구에게 미치는 당신의 영향력이 당신의 일부를 구성하고 있다. 시간이 지나면서 원래 모습이 희미해지고 완전히 새로운 신체를 가지게 된

건강을 지키는 리프레임

'당신'을 바라보는 한 가지 방법은 스스로를 부분적으로 DNA의 영향을 받으며 이어져 온 에너지의 연속체라고 보는 것이다. 부모로부터 시작된 인과의 사슬은 아기로 태어난 순간부터 이어지며, 평생 계속될 뿐 아니라 개념적·물리적 의미에서 이생을 넘어 계속된다.

예를 들어 돌아가신 내 어머니, 버지니아 애덤스는 세 자녀뿐 아니라 내 책에 가장 강력한 소재를 만들어 준 분이다. 어머니는 돌아가셨지만 내 안에 영원히 존재한다. 어머니의 삶은 나에게 계속 영향을 미치고 반향을 일으키고 있다.

내 어머니가 운이 좋았다고 생각한다면 그럴 만하다. 돌아가신 후에도 자신의 존재를 알려 줄 작가 아들을 두었으니까. 어머니가 내게 끼친 영향만큼 의붓아들의 죽음도 내게 큰 영향을 주었다. 나는 젊은이들만 보면 아들이 떠오른다. 그리고 요즘 드럼을 배우는 게 나의 큰 낙 중 하나인데, 이는 아들이 드럼 연주에 보인 관심의 연장선이라고 할 수 있다. 드럼을 칠 때면 녀석이 나와 함께하는 것만 같다.

사람들은 죽는다고 사라지지 않는다. 그들은 영원의 일부가 된다. 에너지는 형태가 변할 수는 있지만 결코 소멸하지 않는다. 이 리프레임을 제대로 실천한다면 당신의 특정 에너지는 릴레이처럼 이어질 테고, 그 덕분에 그날 기분이 좋아질 것이다.

누가 내 감정을 통제하는가?

———

우리 대부분은 감정이란 자신에게 일어나는 모든 일의 산물이라고 믿으며 성장한다. 정말 그런 것처럼 보인다. 우리는 일정을 조정하고, 어디로 가는지, 누구와 함께하는지를 통제할 수 있을 때 대체로 행복감을 느낀다. 반면 환경적 변수를 통제할 수 없을 때는 행복감을 느끼기 어렵다. 따라서 논리적으로 보면 우리의 환경과 처한 상황이 감정을 지배한다고 생각하기 쉽다. 그런 관점으로 보면 당신은 무작위적이고 때로는 잔인한 우주의 희생자일 뿐이다. 이런 프레임으로 인생을 살아가면 안 된다. 독특해 보이는 이 리프레임으로 그런 세계관을 뒤집기를 바란다.

일반적인 프레임: 감정은 내가 처한 상황의 결과다.
리프레임: 어떤 감정을 느낄지는 내 선택이다.

이 리프레임을 처음 들었을 때 말도 안 되는 것 같으면서도 강하게 다가왔다. 그 후로 나는 이 리프레임으로 마음속 감정 쓰레기들을 정리했다. 그저 특정 감정에 신경을 끌 수 있다고 되뇌었을 뿐인데 효과가 있었다. 적어도 완화는 됐다.

이 리프레임의 효과를 논리적으로 설명해 주고 싶지만 사실 그런 건 없다고 생각한다. 통제권을 쥐는 건 대체로 좋은 일이니 효

건 강 을 지 키 는 리 프 레 임

과적일 수도 있다. 아니면 긍정적인 감정을 받아들였거나 인지부조화를 유발해서 효과적일 수도 있다. 어쩌면 스스로 가둔 마음의 감옥에서 벗어나 현재로 돌아올 수 있기 때문일 수 있다. 음. 사실 나도 잘 모르겠다. 내가 아는 건 이 리프레임이 내게 위안을 주었다는 사실뿐이다. 당신에게도 효과가 있으리라 생각한다.

어느 날 효과 있던 리프레임이 다시는 작동하지 않거나 이전에는 별일 없던 리프레임이 심오하게 느껴지기 시작하더라도 놀라지 마라. 같은 주제의 여러 리프레임을 시도해 보고 그날 무엇이 효과적이었는지 확인하라. 리프레임은 빠르고 쉽게 쓸 수 있으면서 효과도 즉시 알아챌 수 있다. 효과가 느껴지지 않는다면 다른 리프레임을 시도하라.

증오와 분노는 초능력이 될 수 있다

최근 인스타그램에서 어떤 현명한 사람이 증오는 타인의 잘못에 대해 자신을 벌하는 것이니 무의미한 감정이라고 설명하는 것을 보았다. 와! 정말 심오했다.

그런데 실제로 그럴까? 처음 들으면 너무 현명한 말 같아서 우주가 어깨를 툭툭 두드리며 당신만을 위해 준비된 진실을 귀에 속삭여 주는 것만 같다. 게다가 효과도 바로 느낄 수 있다! 다시 말해 증오란 타인의 나쁜 행동에 대해 자신을 벌하는 어리석은 행위라고 알아채는 순간 증오를 쉽게 떨쳐 버릴 수 있다. 대단한 지혜가 아닌가?

정확히 지혜라고 볼 수도 있지만 내 생각에는 훌륭한 리프레임에 가깝다. 즉 논리적이지는 않지만 진실처럼 느껴져서 신통하게 효과가 있다. 증오를 느낀다는 게 말 그대로 타인의 악행에 대해 자신을 벌한다는 뜻은 아니다. 그럴 의도가 전혀 없기 때문이다. 하지만 다른 의도로 같은 결과에 도달했을 뿐이다. 그래서 리프레임의 '비법'이 사실처럼 보인다. 이만해도 리프레임으로 훌륭한 이득을 볼 수 있다.

일반적인 프레임: 나는 마땅히 증오할 만한 사람을 증오한다.
리프레임: 증오는 타인의 잘못에 대해 자신을 벌하는 것에 불과하다.

이 리프레임은 당신에게 증오나 분노를 없애야 한다고 말하려는 게 아니다. 나도 상황에 따라 그런 감정들이 힘이 된 적이 많았다. 괴롭힘을 당할 때는 약간의 증오와 분노가 상황에 대처하는 데 필요한 연료가 될 수 있다.

평상시에 나는 키 173센티미터, 몸무게 71킬로그램에 유머 넘치는 매력 덩어리로 살고 있다. 불량배가 나를 마주치면 허리춤을 잡아 올려도 그대로 당할 사람처럼 순해 보일 것이다. 하지만 그

건강을 지키는 리프레임

괴롭힘이 나를 극도로 분노하게 한다면 도시 한 블록도 날려 버릴 듯 성난 표정이 나온다. 사실 내가 얼마나 위협적일지는 나도 잘 모른다. 아무도 끝까지 확인해 본 적이 없기 때문이다.

내 이야기의 요지는 에너지를 제대로 활용하는 법을 배운다면 증오와 분노도 초능력이 될 수 있다는 것이다. 증오와 분노를 삶에 끌어들이라고 권하지는 않지만 흥미롭고 멋진 삶을 살아가는 데 있어 약간의 증오와 분노가 필요할 수도 있다.

증오하고 분노하고 싶을 때도 있을 테니 항상 리프레임으로 증오와 분노를 정리하려고만 하지 마라. 예를 들어 정리해야 할 관계를 끝내거나, 공포심을 준 사람에게 맞서거나, 심각한 도전을 받아들이거나, 최선을 다해 뭔가를 성취하는 데 분노를 이용할 수 있다. 나는 부정적인 에너지를 근육으로 바꾸는 걸 좋아한다. 기분이 좋을 때보다 화났을 때 더 멀리 달리고 더 무거운 것을 들 수 있다. 그리고 그 에너지가 근육으로 바뀌고 나면 편안하게 집으로 돌아간다.

일반적인 프레임: 증오와 분노는 사라졌으면 하는 해로운 감정이다.
리프레임: 증오와 분노는 이롭게 쓸 수 있는 초능력 같은 에너지다.

부정적인 마음에서 벗어나는 법

★   만약 당신이 처리 방법을 아는 문제라면 해결하라. 하지만 인생에는 이런저런 이유로 당장 '해결할 수 없는' 덜 바람직한 상황도 많다. 그럴 때 상황이 달라지기를 바라거나 이미 일어난 일을 자꾸 되뇌며 '다음번에는 바뀌지 않을까?' 하고 고민하면 정신적으로 더 힘들 수 있다. 절반은 현실 세계에, 나머지 절반은 가정, 후회, 자책으로 가득한 어두운 환상 속에 사는 것이나 다름없어서다. 다음은 그럴 때 도움이 되는 리프레임이다. 너무 미친 소리 같지만 효과가 있을지도 모른다.

일반적인 프레임: 내 문제들은 왜 사라지지 않을까?
리프레임: 이 문제를 포함해 모든 건 존재할 권리가 있다.

나는 아디야샨티Adyashanti의 공식 인스타그램 계정에서 이 리프레임을 처음 봤다. 약력을 보니 아디야샨티는 영적 스승이라고 한다. 이 리프레임을 처음 봤을 때 뉴 에이지 운동(무신론과 물질주의 같은 현대 서구의 가치를 거부하고 영적 변화를 추구하려는 움직임-옮긴이) 신봉자들의 헛소리 같았다. 하지만 즉시 마음이 평온해졌다. 강력한 리프레임이었다. 하지만 우리는 모두 조금씩 다르므로 당신이나 나에게 가장 효과적인 리프레임이 다른 사람에게는 그다지 효과가 없을 수도 있다. 이 리프레임은 나에게는 깜짝 놀랄 만큼 효과가 있었다. 마음속으로 되뇔 때 그 힘을 느낄 수 있었다.

나는 이 리프레임이 효과적인 건 '만약'이라는 상상의 세계에서 벗어나 자기 문제를 받아들일 수 있는 '가짜 이유'를 제공하기 때문이라고 생각한다. 어떤 문제든 존재할 권리가 있으며 '가짜 이유'는 그럴듯하게 들리지만 실제로는 아무런 근거가 없는 말을 뜻한다. 하지만 나에게는 효과가 있었다.

다음에 금방 해결되지 않을 문제가 생기면 그 문제도 당신만큼이나 존재할 권리가 있다는 사실을 떠올려라. 그리고 말도 안 되는 소리라고 걱정하지 말고 그렇게 생각할 때 기분이 어떤지 스스로에게 물어보라. 이 리프레임의 효과에 깜짝 놀랄 것이다.

불안을 빠르게 해소하는 법

———

행복과 건강에 가장 중요한 열쇠 중 하나는 스트레스와 불안을 관리하는 것이다. 살아가면서 많은 기술을 익히더라도 감정을 조절할 줄 모르면 행복이 찾아오기 어렵다. 스트레스와 불안을 느끼면 무척 괴롭다. 하지만 다행스럽게도 이에 도움이 되는 리프레임들로 빠르게 효과를 볼 수 있다. 나 역시 평소에 이러한 리프레임들을 활용해 효과를 보고 있다.

자존심을 죽여라

———

파트1에서 창피함을 극복하는 건 성공을 위한 초능력과 같다고 말한 바 있다. 이는 정신건강에도 직접적인 도움이 된다.

지금 생각해도 여전히 움찔하고 식은땀이 나도록 끔찍하게 창피했던 경험을 들려주겠다.

건강을 지키는 리프레임

미안하지만 농담이다. 나에게는 그런 경험이 없다. 어렸을 때 여러 번 창피했던 적이 있지만 지금 생각해 보면 모두 재미있던 일로 느껴진다. 청소년기에 끔찍이 '창피했던' 일도 먼지처럼 희미해지거나 가장 재미있던 이야기로 변했다. 그중 어떤 것도 오래가지 않았다.

창피함은 오래가지 않는다는 패턴은 너무나 분명해서 다음번 창피할 수 있는 상황도 쉽게 무시할 수 있었다. 최악의 경우라 해도 아주 잠깐 창피해질 뿐이다. 곧 여러 가지 일에 정신이 팔려 다른 생각을 하게 된다.

내가 마지막으로 창피함을 느꼈던 게 언제인지 기억도 잘 나지 않는다. 하지만 원래 이렇게 태어난 건 아니다. 학습된 행동이고 노력이 필요했다. 내가 마음속으로 자주 되풀이하는 이 리프레임이 많은 도움이 되었다.

일반적인 프레임: 내 자존심은 곧 나이므로 지켜야 한다.
리프레임: 자존심은 나의 적이다.

이 리프레임은 자존심을 죽이라고 알려 준다. 그러려면 실제로 창피한 일 또는 창피할 만한 일을 아무렇지 않게 넘길 수 있어야 한다. 그래 봐야 큰 문제는 없다. 하지만 무모하게 굴지 말고 전략적으로 접근하라. 창피함에 면역이 되는 법에 대해서는 파트1을 다시 참고하라.

나는 직업상 인터뷰, 강연, 게시글, 팟캐스트 등 수많은 공개적 상황에 놓인다. 그 모두가 영원히 따라다닐, 몹시 당혹스러운 일이 발생할 수 있는 상황들이다. 나는 일을 해오면서 평생 따라다닐 치욕스러울 상황에 꽤 부딪혔다고 생각한다. 몇 달에 한 번은 그러는 것 같다. 어떤 때는 정치적으로 편향된 미디어와 문화 테러리스트들이 나를 저격하는 글 형태로 불쑥 등장한다. 나는 그런 글을 보면 숨기지 않고 내 타임라인에 게시한다. 그들은 내 자존심을 공격하고 있지만 나는 수년 전에 그 쓸모없는 유령을 내 인생에서 추방했다. 어떤 비난도 나에 관한 것으로 느껴지지 않는다. 단지 소음일 뿐이다.

자존심 리프레임은 실제 경험을 통해 자존심을 통제할 수 있을 때 가장 효과적이다. 내가 유용하다고 확인한 전략은 다음과 같다.

잘하는 것을 만들어라

무엇이든 당신이 잘하는 것을 만들어라. 많은 사람을 괴롭히는 '나는 쓸모없는 사람'이라는 생각에 빠졌을 때 뭐라도 하나 잘하는 게 있으면 마음을 지탱하는 안식처로 삼을 수 있다. 무언가를 잘할 수 있다는 것은, 대부분 그것을 많이 연습했기 때문이다. 이

건강을 지키는 리프레임

를 깨달으면 사람마다 무엇을 연습했느냐에 따라 실력이 갈린다는 사실을 알게 된다. 하지만 그 연습의 결과로 인간의 본질적인 가치를 판단할 수는 없다.

창피함에 면역력을 키우는 법

파트1에서 창피함을 극복하는 방법을 이야기했다. 창피함에 대한 면역은 당신이 얻을 수 있는 가장 유용한 비즈니스 및 전문 기술 중 하나이기 때문이다. 운 좋게 의미 있는 일에 성공한다면 나쁜 사람들이 불쑥 나타나 아무 이유 없이 당신의 방식을 모욕하려 할 것이다. 이는 필연적이다. 창피함에 면역이 있는 사람은 삶에서 더 많은 선택권을 가지며 그것으로 종종 큰 보상을 얻기도 한다. 수치심과 창피함에 맞서 자신을 단련하면 정신건강에도 바로 도움이 된다. 수치심을 느낄 때 기분 좋은 사람은 아무도 없다. 그러므로 수치심을 삶에서 배제하도록 리프레임을 형성하는 것이 타당하다.

앞서 언급했듯이 창피함에 면역이 되는 확실한 방법은 의도적으로 당황스러운 상황에 들어가는 것이다. 예를 들어 자원해서 강연하거나, 행사 때 직장 동료들 앞에서 노래를 부르거나, 다른 옷차림과 머리 모양을 시도해 보거나, 매력적인 낯선 사람과 대화를 나누는 등의 행동을 해보라. 창피함을 피하려 하지 마라. 창피함을 끌어들여라. 좋은 이야깃거리를 얻을 수 있을 뿐만 아니라 약간 부끄러울 때마다 다음 부끄러움도 견딜 수 있도록 강해진다. 그러니 어느 정도 사회적 위험을 감수하며 사람들 앞에서 여러 번 기가 꺾이는 경험을 해보라. 비명 지르고 싶은 마음을 무시함으로써 자존심을 얼마나 빨리 죽일 수 있는지 놀라게 될 것이다.

일반적인 프레임: 창피할 일을 피하라.
리프레임: 창피함을 자청하여 자존심을 죽일 몽둥이로 사용하라.

누군가 매우 값비싼 예술 작품을 길 건너편으로 옮겨 달라고 부탁한다면 당신은 망설일 것이다. 미끄러지거나, 발을 헛디디거나, 강도를 만나기라도 한다면 귀중한 작품이 손상될 수 있을 테니까. 그것을 들고 옮기는 일이 얼마나 불안하게 느껴질까? 주변 경계를 늦추지 않으면서 귀중한 예술 작품을 보호하기 위해 신경을 곤두세울 것이다. 그로 인한 압박감은 불안감을 유발한다.

이번에는 평범한 감자를 길 건너편으로 옮겨 달라는 부탁을 받는다고 가정해 보자. 감자를 떨어뜨려 상처가 나도 큰 문제는 없다. 그냥 감자일 뿐이니까.

자신을 매우 값비싼 예술품이 아닌 그냥 감자라고 생각해 보자. 스스로를 보호할 가치가 있다고 느끼는 것은 자존심 때문이다. 자

건강을 지키는 리프레임

존심이 강할수록 자신을 보호해야 한다는 믿음이 강해지며, 그로 인해 불안감이 커진다. 당신에게 닥치는 모든 위해를 반드시 피해야 한다는 생각을 버린다면 좀 더 마음 편히 지낼 수 있다.

일반적인 프레임: 나는 보호받아야 할 귀중한 예술 작품이다.
리프레임: 나는 그냥 굴러다니는 감자다.

감자가 되라.

일진이 나쁜 날에는 근육을 만들어라

모든 사람에게는 일진이 나쁜 날이 있지만 나에게는 해당되지 않는다. 나는 단지 목적에 맞는 다양한 종류의 날이 있을 뿐이다. 나는 모든 일이 잘 풀리는 날에는 행복과 만족감을 느낀다. 하지만 모든 일이 엉망인 날에는 그 에너지를 하기 싫어 미뤄 왔던 골칫거리들을 처리하는 데 쓴다. 그리고 대개 잘 해결된다.

예를 들어 어차피 일진이 안 좋은 날이라면 처리하고 싶지 않았던 직원의 해고업무를 해치우는 게 좋다. 더 나빠질 것 없는 하루니까. 도전하고 싶었으나 선뜻 하지 못한 모험이 있는가? 스카이다이빙? 스쿠버다이빙 강습? 퇴사? 그것이 무엇이든 일진이 나쁜 날에는 어차피 잃을 게 없으니 덜 위험해 보인다. 운동량을 늘리고 싶었는데 도무지 기운이 나지 않았는가? 어차피 일진이 나쁜 날에 운동량을 늘려 보라. 부정적인 에너지가 근육으로 바뀐다.

일반적인 프레임: 일진이 좋은 날과 나쁜 날이 있다.
리프레임: 모든 날은 각기 다른 방식으로 유용하다.

내게 일진이 나쁜 날이 전혀 없다는 말은 과장이겠지만 똑똑한 당신이라면 내 말이 무슨 뜻인지 이해했을 것이다.

삶을 끝내고 싶은 마음이 든다면(하지 말 것)
————

1960년대 슈퍼스타 재니스 조플린^{Janice Joplin}은 "자유는 잃을 게 없다는 다른 말일 뿐"이라는 노래로 유명하다. 나는 이 노래를 처음 듣고서 충격을 받았다. 이 표현은 우리가 삶에서 더 이상 잃을 것이 없을 때 비로소 완전한 자유를 느낄 수 있다는 역설적 의미를 담고 있다. 또한 우리가 삶에서 소중하게 여기는 것들이 오히려 우리의 자유를 제한할 수 있다는 것을 내포한다. 어떻게 자유가 그렇게 슬프고 외로운 것일 수 있을까? 하지만 나이를 먹을수록 그게 사실임을 더 많이 깨닫게 됐다.

건강을 지키는 리프레임

일반적인 프레임: 자유란 원하는 것을 할 수 있는 능력이다.

리프레임: 자유란 잃을 것이 없을 때 비로소 얻는 또 다른 이름일 뿐이다.

이혼, 실직, 각종 비극은 거의 모든 것을 잃은 듯한 느낌을 줄 수 있다. 하지만 그 과정에서 얻는 자유는 결코 나쁜 보상이 아니다. 만약 당신이 어느 정도 재능을 갖추었고 건강하다면 좀 더 늘어난 자유는 온전한 삶을 사는 데 꼭 필요할 수 있다. 이 리프레임이 도움이 된다고 말할 수 있는 건 내가 이 리프레임 덕분에 두 번의 이혼을 견뎌 냈기 때문이다.

만약 당신의 재능 스택이 한정적이라면 당장 자유를 누릴 수는 없다. 하지만 적어도 훗날 성공에 필요한 기술을 개발할 자유는 생길 것이다. 그러니 유용한 기술을 배워라. 그게 항상 옳은 대처다.

이 리프레임이 가장 적합한 시기는 매우 슬프거나 극도의 우울감과 좌절감을 느낄 때다. 만약 생을 끝내고 싶다는 어두운 생각이 들기 시작한다면 마음을 돌릴 가장 빠른 길은 더는 잃을 게 없다, 즉 자유롭다고 암시하는 것이다. 낯선 사람에게 말을 걸 자유, 연봉 인상을 요구할 자유, 수줍음 없이 동호회에 가입할 자유, 오랫동안 미루어 온 전화를 걸 자유, 두려운 모험에 도전할 자유, 새로운 패션을 시도할 자유, 머리를 밀 자유, 악기 연주를 배울 자유, 문신을 새길 자유, 새로운 종교를 경험해 볼 자유가 이제 있다. 미친

듯이 해보라. 즐겨 보라. 사람들을 만나고 거절도 당해 보라. 웃어 넘기고 다시 시도하라. 당신은 자유롭다.

여기, 당신이 모든 것을 끝내고 싶다는 감정을 이겨 내고자 할 때 유용할 리프레임을 하나 더 소개한다.

일반적인 프레임: 앞으로 삶을 감당할 자신이 없다.
리프레임: 하루 정도는 뭐든 할 수 있다.

미래의 행복을 상상할 수 없다면 그 생각에 너무 머물지 마라. 그 대신 삶이 나아지리라 확신할 수 있다면 이 불완전한 삶을 하루 더 감당할 수 있겠냐고 스스로에게 물어보라. 당연히 감당할 수 있을 것이다. 그리고 상황이 나아질 가능성은 언제나 있다. 지금 이 순간에도 내가 그 확률을 높여 주고 있다.

어쩌면 내일 상황이 나아질 수도 있고, 아니면 그보다 시간이 좀 더 걸릴 수도 있다. 어느 쪽이든 남은 인생에 대해 고민하는 대신 당신이 감당할 수 있는 단위로 미래를 좁혀 보라. 자신을 속일 필요 없이 관점만 바꾸면 된다. 리프레임은 뇌를 논리적 기관이 아니라 프로그래밍 가능한 기관으로 여긴다. 미래를 알 수 없으니 장기적인 미래가 지금보다 나을 것이라고 논리적으로 설득하기는 어렵다. 따라서 이 문제에는 논리와 무관한 해결책이 필요하며 '하루만 더'에 집중하는 것이 도움이 된다. 이제 그 하루를 다음과 같은

건강을 지키는 리프레임

두뇌 해킹에 써보자.

누군가에게 중요한 존재 되기

———

인생의 목적을 느끼지 못한다면 대부분의 사람이 그렇듯이 타인, 반려동물, 집단에 중요한 존재가 됨으로써 목적을 찾을 수 있다. 자기 자신이 타인의 안전과 행복에 중요한 존재라고 느끼는 순간 자연스럽게 삶의 목적을 느끼게 된다. 간단하게 시작하고 싶다면 동물보호소에서 자원봉사를 하라. 곧바로 유대감이 형성된다. 그리고 시간이 더 걸릴 수도 있지만 사회생활을 더욱 풍요롭게 할 계획도 세워라. 운동 루틴을 한 단계 끌어올리는 것도 좋은 출발점이다. 정신건강에도 좋고 사회생활이나 연애에서 선택권이 많이 늘어난다.

스트레스는 선택할 수 있다

———

일상의 스트레스로 우울한 사람이라면 내 이야기가 도움이 될 수도 있겠다. 1990년대 중반, 나는 지역 전화국에서 일하고 있었고, 부업으로 그리던 만화가 서서히 주된 수입이 되어 가고 있었다. 돈 때문에 본업을 유지하지 않아도 된다고 깨닫는 순간 일로 인한 스트레스는 전부 사라졌다. 도저히 이해할 수 없던 동료들이 더 이상 짜증스럽지 않고 오히려 재미있어 보이기까지 했다. 업무 마감일이 더는 마음을 짓누르지도 않았다. 전문가 같은 인상을 심어 주거나 상사의 호감을 사려고 신경 쓰지도 않았다. 전화국 업무는 언제나 그렇듯 소소한 공포와 광기의 연속이었지만 그 무렵에는 내 선택에 따라 출근한다는 생각이 들자 그 일이 오락에 가까운 것으로 바뀌었다.

이 현상이 당신에게는 어떻게 작용할지 알아보자. 만약 (그런 일이 결코 없기를 바라지만) 삶을 끝내기로 결심했다면 그 결정이 오늘의 스트레스를 몰아낼 수 있을지 상상해 보라. 당신이 삶과 죽음의 선택권을 완전히 통제하고 있음을 알게 되면 살아 있다는 것이 내가 직장에 다닐 필요가 없지만 다녔을 때처럼 느껴질 수도 있다. 또한 이 사소한 좌절감들이 선택 사항에 불과하다는 것을 알아차리면 그다지 신경 쓰지 않게 된다. 심지어 빙긋 웃음이 날 수도 있다.

리프레임만으로 상황을 완전히 바꾸기에 충분하지 않을 수 있다. 그러니 이러한 상황에 놓인 사람들을 위한 전문적인 지원책도 알고 있어야 한다. 자살 예방 상담전화나 심리치료 제공 기관을 인터넷으로 검색하면 도움이 될 것이다.

건강을 지키는 리프레임

괴로움이 사라지는
9가지 리프레임

★　　많은 사람에게 걱정은 풀타임 직업처럼 느껴져서 나중에 일이 어떻게 풀리든 현재 삶의 질을 희생하게 만든다. 그리고 대부분의 경우에 상황이 어떻게 흘러가든 우리가 할 수 있는 일이 별로 없다는 점에서 문제가 된다. 예를 들어 평소 잘하는 과목의 시험공부를 하려 한다고 해보자. 잘못될 이유가 딱히 없어도 인간은 뜬금없이 머릿속을 맴도는 소소한 위험을 반복해서 떠올리다 생각이 꼬일 수 있다. 이럴 때 리프레임이 그 생각의 고리를 끊는 데 도움이 된다.

다음은 내가 성공적으로 사용하고 있는 리프레임이다. 이 책에 나오는 다른 리프레임들과 마찬가지로 이것도 너무 쉬워 보여서 믿기 어려울 수 있다. 사람마다 리프레임이 효과적일지 예측할 수 없어서 어떤 리프레임도 마법 같다는 식으로 이야기할 의도는 없다. 하지만 걱정과 관련해서 뇌의 신경 회로가 나와 비슷한 드문 경우라면 이 리프레임의 엄청난 효과에 놀랄 것이다.

일반적인 프레임: 뭔가 잘못될까 봐 걱정이다.
리프레임: 무슨 일이 일어날지 기대된다.

과거의 반추에서 미래의 상상으로 생각을 전환해도 앞으로의 일이 어떻게 펼쳐질지 불안할 수 있다. 긍정적인 결과만 상상하라는 조언을 들어도 인간이기에 미래를 걱정할 수밖에 없다. 하지만 일이 잘못 풀릴 수 있다는 것에 집중하는 대신, 종종 세상에서는 일이 잘못되기도 한다는 사실을 받아들이고 미래를 호기심으로 대하는 것이 좋다. '이걸 하면 어떤 일이 벌어질까? 저걸 하면 또 어떻게 될까?'와 같이 생각하면서 미래의 불확실성을 흥미로운 게임처럼 받아들이자. 미래가 흥미로울 거라고 자신에게 계속 말하라. 그러면 무슨 일이 일어날지 얼른 알고 싶어질 것이다.

그런 의지만으로 무언가를 정말 게임처럼 여길 수 있을까? 그렇다, 실제로 가능한 일이다. 예를 들어 스트리밍 TV 앱이 등장하면서 나는 무언가를 보고 싶을 때마다 화가 나고 짜증도 났다. 선택한 앱의 업데이트가 필요하거나, 사용하려는 기기에서 작동하지 않거나, 이미 로그인되어 있다는 문구가 뜨거나, 비밀번호가 틀린 경우도 있었다. 몇 년간 그런 악몽을 겪은 후 나는 TV 시청을 '내

건강을 지키는 리프레임

계정 해킹하기'란 리프레임으로 바꿨다. 이제 나는 여러 스트리밍 앱의 나쁜 사용자 경험에 짜증을 내는 소비자가 아니라 로그인하기 위해 모든 자원을 동원하는 숙련된 해커가 된 것이다. 성공적으로 앱을 열고 사용할 때 도파민이 솟구친다. 대개는 앱을 열고도 볼 만한 프로그램이 없어 잠자리에 든다. 하지만 해킹만으로도 도파민을 맛본다.

이 호기심 리프레임이 당신에게도 효과적일지 궁금하지 않은가?

미래에 대한 걱정을 통제하라

인간은 본래 걱정하도록 만들어졌다. 우리가 미래에 대해 걱정하지 않는다면 오늘을 더 나은 날로 만들기 위해 열심히 일하지 않을 테니까 말이다.

미래에 대한 걱정을 완전히 없앨 수는 없다. 하지만 "할 수 있는 것은 다 하고 있다"고 스스로를 다독이면서 리프레임할 수 있다. 이 리프레임은 충분한 위안을 준다. 미래에 대한 막연한 걱정만으로도 괴로운데, 거기다 자신이 충분히 노력하고 있지 않다는 자책까지 더하면 그 고통은 두 배가 된다. 하지만 상황을 '두 배로 나쁜' 상태에서 '그냥 나쁜' 상태로 리프레임하는 것만으로도 위로가 될 수 있다. 즉 자신이 '충분히 노력하지 않고 있다'는 걱정을 덜어 내는 것이다. 여기서 제안하는 리프레임은 이렇다.

일반적인 프레임: 가능한 나쁜 결과를 전부 걱정한다.
리프레임: 가능한 것들을 통제하되 모든 결과를 받아들인다.

내가 당신에게 문제 해결을 위해 '할 수 있는 건 다 하면' 기분이 얼마나 나아지는지 이야기한다 해도 소용없을 것이다. 이건 직접 경험해 봐야 알 수 있으니까. 생활 속에서 상황을 개선하기 위해 '할 수 있는 건 다 하는' 것들을 찾아보라. 그리고 그 순간부터 일이 잘되든 잘되지 않든 상관없이 당신의 기분이 얼마나 나아지는지 주목하라.

'할 수 있는 건 다 하는' 가장 정확한 예로는 건강관리가 있다. 당신이 이성에게 매력적으로 보일지, 취업이 잘 될지, 건강을 유지할 수 있을지 걱정된다고 가정해 보자. 건강을 진지하게 생각하고 있고 합당한 수준에서 최선을 다한다면 힘든 시기가 와도 기분이 훨씬 나을 것이다. 건강은 계속 주어지는 선물이며 삶의 모든 면에 영향을 미친다. 그리고 통제 가능한 영역이기도 하다. 그러니 건강을 철저히 관리해 보고 기분이 얼마나 나아지는지 확인하라. 다이어트도 마찬가지다. 올바른 식습관 유지와 운동은 쉽지 않다. 하지만 관심 있는 사람이라면 누구나 시도해 볼 수 있는 선택지다. 식

건강을 지키는 리프레임

단 관리와 운동을 병행하면서 그 덕택에 다른 문제들까지 어떻게 해결되는지 지켜보라.

과거의 일은 상상에만 존재한다

과거의 일들로 괴로운가? 대부분의 사람이 어느 정도는 그럴 것이다. 마음속 어두운 구석에 도사리고 있는 추악한 기억은 제멋대로 불쑥 나타나 삶에 불안감을 불어넣는다. 만약 당신에게도 해당되는 이야기라면 내가 기꺼이 도와주겠다.

과거의 일은 물질적으로 존재하지 않으며 한 줌도 움켜쥘 수 없다. 또한 먹어 버리거나 주먹으로 때리거나 발로 차거나 사진으로 찍을 수도 없다. 과거가 자신을 불안하게 만든다면 과거를 그 자리에 두어라. 과거는 존재하지 않는다. 앞으로도 영영 존재하지 않을 것이다. 과거는 당신을 건드릴 수 없다.

일반적인 프레임: 과거의 일은 중요하다.
리프레임: 과거의 일은 존재하지 않는다.

나는 이 리프레임을 자주 사용하고 즉시 효과를 본다. 지속성은 낮지만 부정적인 순환에서 바로 벗어날 수 있다. 어쨌든 존재하지 않는 것에 대해 어찌 괴로워할 수 있겠는가?

현실을 가상현실처럼 보라

———

지금 당장 이 리프레임을 시도해 보라. 주변에 있는 사물들을 관찰하고 그것들을 AI가 현실과 똑같이 보이도록 만든 창작물이라고 생각하면 된다. 비디오 게임이나 애니메이션 영화처럼 말이다. 이 리프레임의 핵심은 자신을 현재의 순간으로 데려오는 것이다. 필요한 건 그뿐이다. 그러고 나서 현재 순간으로 돌아와 마음속에 맴도는 생각의 고리를 끊기만 하면 된다. 기분 전환을 하는 활동도 도움이 되겠지만 이 리프레임은 언제 어디서나 사용할 수 있다.

일반적인 프레임: 내가 보고 느끼는 그대로가 현실이다.
리프레임: 주변을 가상현실이라고 상상해 보자.

주변 환경을 AI가 만들어 낸 가상현실처럼 다시 상상하는 데는 상당한 정신적 노력이 필요하다. 그것이 이 리프레임이 효과적인 또 다른 이유다. 당신의 뇌를 이런 도전 과제로 분산하면 기본적으로 반복되는 부정적인 생각의 늪으로 다시 빠져들지 않을 수 있다.
주로 시각적 정보에 의존하는 사람이 아니라면 부정적인 정신 상태에서 벗어나는 데 다른 종류의 주의 분산이 더 효과적이다. 다양한 방법을 실험해 보라. 당신의 흥미를 끌고 뇌를 사로잡는 주의 분산 방법을 고르고 확실히 마음 상태가 달라지는지 직접 확인해 보자. 나는 최근에 드럼 연주를 배우고 있다. 서툴지만 드럼 연주가 나를 완전히 몰입하게 만든다는 걸 알게 됐다. 나의 뇌는 팔다리를 각각 따로 움직이면서 조율해야 하고 박자도 맞추고 필인(흥미로운 장식음을 뜻하는 드럼 용어)도 예상해야 한다. 그러기에 뇌의 모든 에너지가 사용되고 그 결과 어떤 문제에 대해 생각할 여력이 없어진다. 그래서 드럼 연주를 끝내면 대부분 기분이 좋다.

당신의 마음을 완전히 사로잡는 활동을 찾아보라. 그것이 당신의 탈출구가 될 것이다.

현재 문제를 대하는 다른 시각

───────

이 임종 리프레임은 다음과 같다.

일반적인 프레임: 살면서 겪은 사건들 때문에 스트레스와 불안이 생긴다.

리프레임: 죽음을 앞둔 순간에는 이 모든 일이 아무것도 아닐 것이다.

만약 어떤 문제가 마지막 순간에도 기억되지 않을 만큼 사소한 일이라면, 지금 그 문제가 당신에게 정말로 중요할까? 인간은 지금 여기 일어나는 일에 가장 관심을 두도록 진화했다. 하지만 이는 문제를 더 악화할 수 있다. '지금'에는 그 문제가 (보통) 해결되거나 적어도 희미해질 미래가 보이지 않기 때문이다.

임종 리프레임을 사용하면 현재 문제로 가려진 인생을 더 넓은 시야로 바라보게 된다. 이로 인해 오늘의 문제가 작아 보일 수 있고, 적어도 마음속에서 그 문제를 처리하는 방식이 달라질 수 있다.

나는 어린 의붓아들이 다치거나 상처를 입었을 때 아이에게 통증이 얼마나 오래갈지 말해 주면 아이의 태도가 즉시 나아진다는 것을 알게 됐다. 그 후로 나는 아이의 베이거나 긁힌 상처를 바라보며 확신에 찬 표정으로 "이건 4분쯤 가겠네"라고 말해 주곤 했다. 이 방법은 항상 도움이 됐다.

고통을 처리하는 방식은 어른이나 아이나 크게 다르지 않다고 생각한다. 고통의 강도도 중요하지만 그 고통이 얼마나 지속될지 아는 것도 중요하다. 고통이 얼마나 갈지 모른다면 고통과 더불어 정신적 부담까지 가중된다. 하지만 그 고통이 곧 없어지리란 걸 안다면 훨씬 덜 괴로워하며 고통을 견딜 수 있다.

일반적인 프레임: 나는 고통스럽다.

리프레임: 나는 잠시 고통스러울 것이다.

건강을 지키는 리프레임

지금 겪고 있는 고통이나 문제에서 벗어나, 그 고통이 사라지거나 잊힌 미래를 상상해 보라. 그 미래가 가깝든 멀든 현재 겪고 있는 불편함이 약해진다. 얼마나 효과적인지 한번 시도해 보길 바란다.

우주에서 바라본다고 상상하기

이 리프레임은 논리적으로 말이 안 되지만 어쨌든 내게는 효과가 있다.

일반적인 프레임: 나는 우주의 중심이자 최우선 순위다.
리프레임: 우주에서 바라보면 모든 게 작아 보인다. 내 문제도 포함해서.

우주에서 지구의 자기 모습을 바라보는 상상을 하는데 어째서 태도가 개선될 수 있을까? 어떠한 방식이든 바라보는 관점을 바꾸면 부정적인 생각이 반복되는 것을 방해할 수 있다. 숲속을 산책하거나 휴가를 가는 것이 고민을 잊고 스트레스를 줄이는 데 도움이 되는 것과 똑같은 이치다. 시각 정보를 처리하는 뇌 영역이 활성화되면 동시에 다른 생각을 붙들고 있기가 어려워진다. 바깥 경치를 보거나 우주에서 바라본 지구를 상상하면 적어도 일시적이지만 주의력을 관장하는 모든 뇌 영역이 활성화된다. 이 정도면 걱정을 덜어 내기에 충분하다.

부정적인 생각을 마음 공간에서 밀어내기
————

다음 리프레임은 이 책에서 가장 우수한 리프레임이다. 인생을 즉시 개선해 줄 잠재력이 가장 크다는 뜻이다. 이 리프레임은 이렇게 시작된다.

일반적인 프레임: 부정적인 생각을 멈춰야 한다.
리프레임: 부정적인 생각을 뽑아내지는 못하지만 다른 생각들로 밀어낼 수 있다.

나는 이를 '마음 채움 전략'이라고 부른다. 인생에 나쁜 일만 있다면 자연히 그 일을 많이 생각하게 된다. 그러나 부정적인 생각에만 매달리다 보면 자신을 좀먹고 정신적 휴식이 필요한 때가 온다. 머릿속에서 맴도는 부정적인 생각을 떨쳐야 한다.

안타깝게도 생각을 뽑아낼 수는 없다. 뇌는 그런 식으로 작동하지 않으니까. 하지만 뇌가 너무 바빠 온갖 나쁜 생각을 곱씹을 시간이 없도록 만들 수는 있다. 그러면 점차 나쁜 일에 대한 기억이 희미해질 것이다. 다른 생각이 별로 나지 않을 정도로 짜릿한 새로운 경험으로 채우는 것도 좋은 방법이다. 어쨌든 그 자체로도 꽤나 즐거운 일이 아닐까?

우리 뇌는 문제를 해결하도록 진화했다. 대다수 사람은 문제가 생기면 뇌에서 절대 놓지 않고 물고 늘어진다. 해결할 수 있는 문제라면 뇌가 저절로 문제를 공격하고 해결책을 찾으려 한다. 하지만 현실은 그렇게 간단하지 않다. 가장 골치 아픈 문제의 상당수는 전적으로 우리 머릿속에만 존재한다. 예를 들면 '내가 한 말 때문에 친구들이 혹시 나를 싫어할까?' 같은 문제다. 대체로 이런 비합리적인 걱정은 새로운 생각과 경험으로 덮어 버리는 것이 가장 좋다. 마음 공간을 새롭게 채우면서 바쁘게 지내보라. 효과가 있다.

예를 들어 앞서 언급한 대로 나는 악기 연주를 배울 때 두뇌 활동이 아주 활발해지므로 연습하는 동안은 다른 생각들을 몰아낸다는 사실을 발견했다. 연주에 비하면 산책이나 달리기는 잡념을 불러일으킨다. 그러니 온전한 주의력을 요구하는 취미, 과제, 사회적 활동을 선택하라. 다리만 사용하는 걷기 같은 활동으로는 부족하다. 머리도 사용하게 해야 한다.

나는 잠자리에 들 때 최근에 일어난 멋진 일들뿐 아니라 앞으로 일어나리라 상상하는 굉장한 일들로 생각을 집중한다. 슬그머니 나쁜 생각이 드는 건 막지 못하지만 더 강력하고 매력적인 생각들로 나쁜 생각을 밀어낼 수는 있다.

마음 채움 전략은 앞서 설명한 우주에서 바라보는 자신 상상하기, 임종 상상하기, 현실을 가상현실이라고 상상하기 등의 정신 훈련과는 다르다. 그런 방법들도 부정적인 생각을 밀어내지만 모두 전적으로 정신적 훈련이다. 마음 채움 전략은 걱정거리를 생각할 겨를도 없이 현실의 다양한 활동으로 바쁘게 움직이는 게 핵심이다.

인생은 짧다

인생은 짧다는 사실을 떠올리면 사람들은 자신도 모르게 더 유연해진다. 말도 안 되는 일로 화를 내는 것에 소중한 시간을 낭비하고 싶지 않기 때문이다. 자신이 이 세상에 영원히 존재하지 않는다는 사실을 떠올릴 때도 이 리프레임은 효과가 있다.

위험한 일을 하도록 자신을 설득하는 데 이 리프레임을 사용하는 건 권하지 않는다. 그 대신 하고 싶었지만 두려워서 망설인 일을 시작할 때 이 리프레임을 활용하라.

일반적인 프레임: 해야 할 일인 건 알지만 시작하기가 두렵다.
리프레임: 인생은 짧다.

건강을 지키는 리프레임

인생은 짧다는 리프레임은 소파에서 일어나 이런저런 걱정 때문에 미루고 있던 결정을 내리도록 도와준다. 이 리프레임을 성공을 다룬 파트1이 아닌 정신건강을 다룬 파트2에 넣은 이유가 있다. 기분을 좋게 만든다는 큰 장점이 있어서다.

인생을 제한된 기회라고 보면 매 순간에 더 많은 가치를 부여하게 되고 자연스레 다양성, 모험, 호기심이 더 가치 있게 느껴진다. 이는 휴가를 대하는 방식과 비슷하다. 휴가 일수는 한정되어 있으므로 본능적으로 매우 알찬 휴가를 누리고 싶어진다. 인생을 한정된 시간으로 리프레임하면 무의식적으로 세상을 떠나기 전에 최대한 많은 것을 얻으려 더 과감한 행동을 하게 된다. 이는 정신건강에도 매우 좋다.

스트레스
피하는 법

★　　대개 스트레스는 원인이 분명하지만 불안은 그날 있었던 일과 상관없는 일반적인 감정이다. 따라서 나는 스트레스와 불안을 구분해서 다룬다.

때때로 스트레스는 잘못된 결정을 내릴까 봐 걱정하는 데서 온다. 그래도 어떤 결정이 최선일지 걱정하지 않아도 되는 문제가 하나 있는데, 바로 '쉽게 테스트해 볼 수 있는 문제'가 그것이다.

중요하거나 큰 결정을 내리기 전에 작게 테스트해 볼 방법이 있다면 필요한 건 다 갖춘 셈이다. 이 아이디어가 좋은지 다른 사람의 의견을 들을 필요는 없고, 스스로 테스트해서 결과를 확인하면 된다.

잘못된 결정을 내릴까 봐 고민하다 보면 스트레스를 받을 수 있다. 하지만 실행하기 전에 아이디어를 테스트해 볼 수 있다고 생각하면 스트레스를 받지 않는다.

일반적인 프레임: 잘한 결정일까?

리프레임: 작게 테스트해 볼 수 있을까?

회사에 다녔거나 사업을 해본 사람이라면 큰 결정을 내리기 전에 테스트하는 것은 당연한 일인데 굳이 또 설명을 들어야 하나 싶을 것이다. 가능하다면 이는 당연히 현명한 방법이다. 그러나 그런 업무 경험이 없는 사람들은 작게 테스트할 수 있는지 반사적으로 떠올리기 어렵다. 테스트해 보라는 리프레임을 기억하고 마음 습관으로 들여 보라.

아무도 신경 쓰지 않는다

무얼 하든 사람들이 당신을 평가하리란 생각은 스트레스가 된다. 나도 업무상 타인의 평가를 많이 받는 편이라 그것을 무시하는 리프레임을 오랜 경험을 통해 터득해 왔다. 그 방법을 알려 주겠다.

먼저 세상에는 크게 두 종류의 사람들이 있음을 깨닫는 것부터 시작하라. 당신에게 전혀 관심없는 보통의 사람들과 당신의 인격을 배려해 판단하려 들지 않는 좋은 사람들이다. 그 중간에 특이한 사람들이 있지만 예외는 무시해도 된다. 예를 들어 전 배우자나 연인이 당신의 행동을 신경 쓰고 판단할 수 있다. 하지만 그 문제는 이미 이별로 해결했을 것이다.

세상 사람 대부분은 당신에게 전혀 관심이 없거나 당신을 좋아해서 판단하지 않는다. 후자에 속하는 사람들은 당신이 실수했을 때 기분을 풀어 주기까지 한다. 그러니까 당신의 행동이 타인의 눈에 어떻게 보일지 걱정하는 건 사람들이 당신에게 관심을 가지면서 동시에 판단까지 한다는 가상 세계에 사는 것과 같다. 즉 현실과는 거리가 멀다. 이 리프레임이 진실을 알려 준다.

일반적인 프레임: 사람들은 나를 판단하므로 실수하면 기분이 나쁘다.
리프레임: 사람들은 오직 자기 자신에만 관심이 있다. 내가 최근에 어떤 멍청한 짓을 했는지 언급해도 별로 관심 없다.

내가 사람들에게 해주는 조언의 대부분은 실패와 타인의 의견에 면역을 가질 것을 강조하고 있다. 이는 매우 유용한 기술이다. 몇 년 전 나는 얼굴의 잡티를 없애기 위해 레이저 시술을 받았고 자주색 멍이 가라앉을 때까지 괴이해 보일 테니 몇 주 동안 집에 있으라는 권유를 들었다. 아니나 다를까 나는 격투기 시합에서 전 UFC 챔피언인 코너 맥그레거Conor McGregor에게 얻어맞은 사람처럼 보였

건강을 지키는 리프레임

다. 그래서 집에 머물면서 상처가 아물기를 기다렸다.

하지만 나는 참을성이 없는 사람이다. 집에만 있자니 너무 갑갑해서 동네 쇼핑몰에 가서 사람들의 시선과 비웃음을 견디며 쇼핑하기로 했다. 하지만 그와 같은 일은 전혀 일어나지 않았다. 쳐다보는 사람도, 무슨 일이 있었는지 묻는 사람도, 동정을 표하는 사람도 없었다. 아무도 신경 쓰지 않았다. 그렇다면 그 사람들은 나 대신 무엇을 생각하고 있었을까?

그들은 자기 자신을 생각하고 있었을 것이다. 실제로 사람들은 자신에게 신경 쓰지, 주변 쇼핑객에게는 아무런 관심이 없다. 물론 그들의 마음을 읽을 수는 없지만 그들이 내 얼굴을 어떻게 생각했든 나에게는 전혀 영향을 미치지 않았다. 나는 그냥 쇼핑을 했고, 집으로 돌아왔다. 평범한 하루였다.

그전에도 이미 나는 남들의 의견에 그리 신경 쓰지 않았다. 하지만 그날 쇼핑몰에 다녀온 이후 남들의 의견에 아예 신경을 끄게 되었다. 타인의 평가를 걱정하는 마음이 다시는 떠오르지 않았다. 내 주문을 빌려 가겠다면 대환영이다.

남들은 자신에게만 신경 쓴다.
남들은 자신에게만 관심 있다.
남들은 자신에게만 집중한다.

스트레스 완화를 본업으로 삼아라

———

이 책 서두에서 왜 리프레임이 사실이거나 논리적이지 않아도 효과적인지 설명했다. 다음 리프레임은 이미 다룬 '나의 일은 더 나은 일자리를 찾는 것이다'라는 리프레임과 논리적으로 상충된다. 명백한 모순이 신경 쓰인다면 둘 중 더 좋은 리프레임을 선택하라. 둘 다 효과적이라면 모두 사용해도 좋다. 나도 그렇게 한다.

다음은 이 책에서 가장 가치 있는 리프레임 중 하나다.

일반적인 프레임: 스트레스는 일의 일부다.
리프레임: 스트레스를 줄이는 게 바로 나의 본업이다.

우리는 다양한 이유로 일을 하지만 일은 스트레스를 줄이기 위한 더 큰 시스템의 한 부분일 뿐이다. 나는 그저 돈을 벌기 위해 일하지 않는다. 더 즐거운 삶을 위해 돈을 번다. 여기에는 생존에 대한 스트레스를 줄이는 것도 포함된다.

나는 십 대 중반에 스트레스와 불안이 나의 내면부터 갉아먹을 것이라는 사실을 깨달았다. 그래서 스스로에게 스트레스를 다루는 방법을 가르쳐야겠다고 결심했다. 그때부터 나는 스트레스 줄이기를 본업처럼 대하기 시작했고, 지금은 그 결정을 정말 다행이라고 생각한다. 요즘 나는 큰 스트레스나 불안을 겪는 경우가 거의

건강을 지키는 리프레임

없다. 스트레스를 주는 요인은 언제나 존재하지만 마음을 진정시키는 법을 배운 덕분이다.

이 책의 주제가 스트레스 완화는 아니지만 내가 그동안 시도해 본 방법들을 간단히 나열해 보겠다. 내가 스트레스 줄이기를 내 직업 또는 최소한 부업처럼 대하고 있다는 점을 강조하기 위해서다. 많은 노력이 필요하지만 그만큼 보상도 큰 방법들이다. 다음 목록은 당신에게 권하려고 적은 게 아니라 내가 이 문제를 얼마나 진지하게 대하는지 보여 주기 위함이다.

나의 스트레스 완화 시스템

———

다음은 내가 쓰는 방법들이다.

- **명상**(중·고등학교와 대학 시절)
- **요가**
- **자기최면**
- **신체적 친밀감**(특히 타인과의 교감)
- **매일 운동하기**
- **일정한 시간에 자고 일어나기**
- **침실에 암막 커튼 설치하기**

- 건강한 식단
- 자주 야외 산책하기
- 계획된 혼자만의 시간
- 보이는 풍경 바꾸기
- 재능 스택 쌓기

　마지막 항목은 약간의 설명이 필요하다. 유용한 연관 기술들을 익혀 두면 고용될 가능성이 높아진다는 것은 이미 알고 있을 것이다. 나는 어려서부터 기술을 익히면 마음에 큰 위안이 된다는 점을 깨달았다. 돈이 될 만한 기술을 많이 익힐수록 미래에 대한 걱정이 줄어들었다. 어디서 살든지 간에 최소한 굶어 죽진 않을 거라는 확신이 생겼기 때문이다.

생존자의 죄책감에서
벗어나기

★　　당신이 어떤 재난에서 살아남은 유일한 생존자라고 가정해
보자. 내게 그런 일이 일어났다면 나는 운이 좋았다고 여길 뿐 해
석을 덧붙이지 않을 것이다. 하지만 반사적으로 그 사건의 의미를
찾으려 하고 "왜 나만 살고 그들은 죽었을까?" 의문을 갖는 사람
이 많다. 이것이 바로 생존자의 죄책감이다.

기계적 세계에 산다고 생각하라

생존자의 죄책감을 재구성하는 가장 좋은 방법은 현실에 대한 철학적 관점에 달려 있다. 우리가 정확한 물리 법칙에 따라 전개되는 기계적 세계에 살고 있다고 믿는다면 이 리프레임을 사용하라.

일반적인 프레임: 왜 다른 사람들은 죽고 나만 살아남았을까?
리프레임: 시계가 하루에 한 번 오후 2시를 가리키는 것과 다르지 않다. 그저 하나의 현상일 뿐 아무런 의미가 없다.

대부분의 재난에는 생존자가 있으며 그 모든 생존에 의미가 있다고 할 수는 없다. 하지만 일부 생존자는 틀림없이 그 의미를 찾으려 애쓸 것이다. 하지만 찾아낼 의미 같은 건 없다. 그저 참사에서 살아남는 사람들이 종종 있을 뿐이고, 이번에는 당신이었던 것이다. 그게 전부다.

통계적 관점으로 세상을 바라본다면 이 리프레임이 가장 적합할 수 있다.

일반적인 프레임: 왜 다른 사람들은 죽고 나만 살아남았을까?
리프레임: 태어난 이후로 내가 겪은 일들은 모두 희박한 확률로 일어났다. 이번에는 특히 더 그랬을 뿐이다.

혹시 불운을 겪은 적이 있는가? 믿기 힘든 우연의 연속으로 겪게 된 불운 말이다. 물론 있을 것이다. 누구나 그런 적이 있을 테니까. 운은 자연스럽게 분포되기 마련이다. 대부분의 상황에서는 보통의 운이 작용하지만, 가끔은 엄청난 불운이나 행운이 찾아오기도 한다.

살아남은 목적이 있을까?

당신은 희박한 확률을 뚫고 이 행성에 존재한다. 당신이 정확히 이 장소와 이 시간에 존재하기까지 130억 년이 넘는 인류의 진화 과정이 있었다. 게다가 당신은 수많은 경쟁자를 물리치고 선택된 정자와 난자의 결합으로 탄생했다. 그날 경쟁했던 다른 정자는 전부 실패했고 최종 승자인 정자만이 수정에 성공했다. 그 순간부터 당신의 삶은 위기일발의 상황이 끝없이 이어지는 바다와 같았다. 다른 사람들이 모두 목숨을 잃은 사고에서 당신은 살아남았다고 해도 그 순간까지 이어진 모든 일보다 대단할 게 없는 우연에 불과하다. 우리는 우연의 바다에 살고 있다.

만약 당신이 신을 믿는 사람이라면 이런 상황에서 가장 강력한 리프레임이 있다.

일반적인 프레임: **왜 나일까?**

리프레임: **신은 중요한 일을 위해 당신을 필요로 한다.**

정말 그럴까? 잘 모르겠다. 하지만 신을 믿는 사람에게는 위로가 된다. 이 리프레임을 잘 활용하는 사람들을 봐왔지만 나는 종교가 없어서 개인적인 경험으로 이 문제에 대해 말해 줄 수는 없다. 하지만 신의 뜻이든 아니든 어떤 목적이 있다고 상상하는 건 그 자체로 가치가 있다.

죄책감에서 벗어나도 괜찮다

좀 이상하게 들리겠지만 가끔 죄책감을 내려놓기 위해 누군가의 '허락'이 필요할 때가 있다. 내가 그 허락을 해주겠다. 여기까지 읽을 만큼 재미있었던 이 책 저자의 권한으로 생존자의 죄책감에서 벗어날 것을 허락한다. 당신에게 일어난 일은 불운이었을 수도 있고, 어쩌면 신의 뜻이었을 수도 있다. 하지만 그것은 결코 당신 탓이 아니다.

어떤 종류건 죄책감은 사회적 현상이다. 이는 다른 사람들이 존재하지 않는다면 죄책감이 있을 수 없다는 뜻이다. 죄책감은 타인의 눈을 통해 자신을 바라보는 방식이다. 만약 세상에 다른 사람이

건강을 지키는 리프레임

없다면 죄책감을 느낄 대상도, 자신을 바라볼 시선도 없을 것이다.

죄책감은 미래에 현명하지 못한 결정을 내릴 가능성을 줄여 주는 역할을 한다. 하지만 당신을 괴롭히고 있는 비극이 다시 일어날 가능성이 희박하다면 그 죄책감은 생물학적으로나 사회적으로나 도움이 되지 않는다. 그런 상황이 다시는 발생하지 않을 테니 같은 실수를 하지 말라는 경고를 받을 필요가 없다. 죄책감의 유용한 기능을 존중하되 그 목적이 다하면 내려놓아라.

일반적인 프레임: 이 죄책감을 안고 가야 할 의무감을 느낀다.
리프레임: 죄책감에서 벗어나도 좋다고 당신에게 허락하겠다.

때로는 그 문제와 무관한 외부의 조언이 죄책감을 내려놓는 데 도움이 된다. 내가 그 역할을 해주겠다.

죽은 사람들은 생존자의 죄책감을 원할까?

죽은 사람들은 생존자인 당신이 고통받기를 원할까? 그렇지 않다. 당신은 죽은 자들에 대한 죄책감에 사로잡혀 있겠지만 그들은 당신을 원망하지 않을 것이다. 그리고 당신이 자책하기보다 행복하기를 바랄 것이다. 죽은 자들의 뜻에 따르라. 그것이 죽은 사람들에 대한 최소한의 도리이자 그들을 존중하는 최상의 방법이다.

> **일반적인 프레임: 나만 살아남아 죄책감을 느낀다.**
> **리프레임: 죽은 사람들은 내가 고통받았으면 할까, 아니면 행복했으면 할까?**

과거는 상상이다

──────

과거는 상상일 뿐이라는 이야기는 이미 했으니 여기서는 자세한 설명을 생략하겠다. 간단히 설명하자면 당신이라는 존재가 이제 막 시작되어 살아가게 되었다고 상상해 보라. 이 리프레임을 통해 나는 과거를 놓을 수 있었다. 당신에게도 효과가 있으리라 생각한다.

숨을 깊이 들이마시고 주변을 둘러보라. 비디오 게임 속 캐릭터처럼 당신이 방금 등장하면서 게임이 막 시작되었다고 상상하라. 이전의 모든 게임은 초기화되었고, 이제 막 새로운 게임이 시작되었다. 그럼 시작하자!

뭔가 더 했어야 한다는 생각은 하지 마라

우리는 누군가 비극을 피할 수 있게 '뭔가 더 해야 했는데'라는 생각을 할 때가 많다. 그런 생각이 맞을 수도 있다. 더 할 수 있는 일은 항상 있기 때문이다. 그래서 뭔가 더 할 수 있었으리라는 말은 너무나 맞는 말이라 무의미하다. 물론 당신이 할 수 있는 일이 더 있었겠지만 누구나 그럴 것이기 때문에 아무런 의미가 없는 것이다. 그러니 그 생각에서 벗어나라.

일반적인 프레임: 내가 할 수 있는 일이 더 있었다.
리프레임: 누구나 할 수 있는 일이 더 있으므로 무의미한 생각이다.

중독에 대한
색다른 관점

★　　실리콘밸리의 기업가이자 철학자인 나발 라비칸트Naval Ravikant는 현대인의 가장 큰 도전은 중독을 피하거나 관리하는 것이라고 말한다. 만약 중독 문제가 없는 사람이라면 이 리프레임이 필요할까 싶겠지만 장담하건대 당신은 소셜 미디어, 매일 운동하기, 도박, 섹스, 술, 담배 등 무언가에 중독되어 있을 것이다. 내 경험으로 볼 때 누구나 무언가에 중독되어 있다. 하지만 모든 중독이 해롭지는 않으므로 이 리프레임을 생각하게 되었다.

일반적인 프레임: 중독을 피하라.
리프레임: 무엇에 중독될지 현명하게 선택하라.

이 리프레임은 인간은 본래 쉽게 중독되는 현실을 인정하면서도

건강을 지키는 리프레임

모든 사람이 같은 방식으로 동일한 것에 중독되지 않는다는 점을 강조한다. 윤리적인 이유로 더 위험한 중독을 덜 위험한 중독으로 대체하라고 권할 수는 없지만 그런 관점에서 생각해 봤으면 한다. 별로 도움이 되지 않는 충동을 몰아내기 위해 의식적으로 긍정적인 중독을 삶에 추가해 보라.

최근에 나는 드럼 연주 배우기에 중독되고 있는데 정말 재미있다. 또한 일찍 일어나기, 글쓰기, 규칙적으로 운동하기에도 중독되고 있다. 내가 중독된 것들 가운데 가장 나쁜 것은 X(옛 트위터)이지만 내 일의 일부라고 판단한다. 다른 중독도 있지만 그중에 아편 중독이나 불법 행위와 관련한 중독은 없다. 나는 긍정적인 중독으로 일정을 채워 해로운 중독이 들어설 자리를 없앤다.

나는 때때로 이 리프레임을 '쾌락 총량 이론'이라고 부른다. 인간은 매일 최소한의 즐거움이 필요하고 그렇지 못한 삶은 살 가치가 없다는 생각에서다. 이 이론에 따르면 사람들이 위험한 불법 약물을 투약하는 이유는 쾌락을 충분히 줄 만한 것이 없어서다. 이로써 간접적인 중독 치료 방법을 제시할 수 있다. 다양한 쾌락 대안을 찾아보라. 타인에게 도움이 되는 것처럼 삶의 의미를 주는 활동도 일정에 포함한다면 가장 좋다. 쾌락만으로는 좋은 상태를 유지할 수 없다.

나는 중독자들과의 많은 경험을 통해 단순히 대체할 취미를 갖는다고 해서 중독이 치료되지 않는다는 것을 알고 있다. 다만 중독

치료와 더불어 대체한 취미가 많은 즐거움을 주면 치료가 훨씬 쉬워진다. 리프레임으로 만들면 다음과 같다.

> **일반적인 프레임: 주로 판단력이 나쁜 사람들이 위험하고 헛된 쾌락을 추구한다.**
> **리프레임: 살 만한 가치가 있는 삶에는 최소한의 쾌락이 필요하며 사람들은 안전하게 쾌락을 얻지 못하면 위험한 방법으로라도 얻고자 한다.**

이 리프레임은 일반적인 프레임과 미묘하게 다르다. 언뜻 보기에는 둘 다 인간은 쾌락을 추구한다는 점에서 비슷할 수 있다. 하지만 리프레임에는 그보다 깊은 의미가 있다. 사람에게는 매일 최소한의 쾌락이 필요하다는 사실을 깨닫고 나면 그들이 왜 쾌락을 얻기 위해 법을 어기고, 속임수를 쓰고, 거짓말을 하는지 이해하게 된다. 또한 나쁜 행동을 줄이는 가장 좋은 방법은 불법적인 행동을 대체할 수 있는 안전하고 합법적인 선택권들을 늘리는 것임을 알게 된다.

이 리프레임의 유용성은 어떤 악습이나 중독 문제와 싸우는 사람은 다른 쾌락의 원천을 찾지 못하면 중독을 끊을 가능성이 별로 없음을 알게 해주는 데 있다. 이는 중독자들이 '바닥을 쳐야만' 인생을 돌이킬 수 있다는 생각과 크게 다르지 않다. 바닥을 치는 것

건강을 지키는 리프레임

은 일반적으로 중독의 쾌락 부분이 무너졌다는 신호다. 이 시점이 되면 약물을 제외한 다른 쾌락을 찾는 것이 유일한 합리적인 선택이다.

대부분의 중독재활 기관에서는 첫 번째 단계로 중독 환자에게서 쾌락의 원천을 완전히 제거한다. 솔직히 말해 이런 기존의 재활 치료가 누군가에게 효과적이었다는 사실이 나로서는 놀랍지만 분명히 몇몇 사람은 이를 통해 성공적으로 중독을 극복하기도 한다. 나는 환자들이 주된 쾌락의 원천을 끊으려 할 때 건강하고 허용 가능한 대안을 쉽게 접한다면 성공률이 더 높아지리라 믿는다. 예를 들어 즐거움을 주는 다른 아무것도 없이 악습을 끊으려는 것과 강아지들로 가득한 방에서 안마의자에 앉아 좋아하는 음악을 듣는 것을 비교해 보라. 두 조건 중 하나는 다른 조건보다 약물을 더 원하게 만든다.

한때 나도 의지력이라는 개념을 믿었다. 특정한 사람들이 불편함과 고통을 견뎌 목표를 이루는 놀라운 능력을 가지고 있다고 생각했다. 반면에 또 다른 사람들은 의지력이 전혀 없어서 작은 쾌락을 좇아 나쁜 선택을 연달아 하는 것처럼 보였다.

하지만 결국 나는 의지력이란 우리 인간이 소유할 수 있는 것이 아님을 깨달았다. 의지력은 누군가의 뇌에서 무슨 일이 일어나는지 모른 채 그 사람의 행동을 관찰자가 설명하는 방식일 뿐이다. 여기서 잠시 자유의지의 본질에 대해 나와 토론하고 싶을 수도 있겠지만, 리프레임은 사실이거나 논리적일 필요가 없으므로 그 토론은 보류해 주었으면 한다.

의지력에 관한 리프레임을 소개하겠다.

일반적인 프레임: 어떤 사람들은 의지력이 없고 나약해서 부정적인 행동을 계속한다.

리프레임: 어떤 사람들은 특정한 부정적 행동에서 나보다 더 큰 쾌락을 느낀다.

나는 이제 과식하는 사람들을 판단하지 않는다. 예전에는 내가 건강한 적정 체중을 유지할 수 있다면 남들도 그럴 수 있을 거라 생각했다. 이제는 내가 틀렸다는 것을 안다. 사람마다 음식을 즐기는 정도가 다르다는 것을 깨닫고 나면 세상이 훨씬 더 이해되기 시작한다.

1에서 10까지 점수로 매긴다면 내가 음식을 즐기는 정도는 7이다. 나는 음식을 좋아할 뿐 사랑하지는 않는다. 음식을 사랑했다면 몸무게가 180킬로그램은 됐을 것이다. 그리고 이는 의지력이 부족해서가 아니라 음식을 사랑했기 때문이다.

나는 오래전에 최면 강사에게서 이 리프레임을 배웠다. 과체중이었던 그 최면 강사는 "먹는 것을 좋아해서요"라고 말했다. 최면이 체중 감량에 딱히 효과적이지 않은 이유를 설명하면서 나온 말

건강을 지키는 리프레임

이었다. 최면은 피험자가 체중 변화를 원할 때만 효과적이다. 그런데 '먹는 것을 좋아하는' 사람들은 가장 사랑하는 일 중 하나를 잃고 싶어 하지 않는다.

과식 치료를 비행 공포증 치료와 비교해 보자. 누구도 비행 공포증을 원하지 않으니 최면은 이 문제에 잠재적으로 도움이 될 수 있다. 하지만 설탕, 담배, 술을 줄이는 것은 사랑하는 것을 포기해야 하므로 더 어렵다. 이때 최면은 이상적인 방법이 아닐 수 있다.

과거 트라우마
극복하기

★　다음은 당신이 접하게 될 가장 강력한 리프레임 중 하나다. 라이브 스트리밍 시청자들에게 이 리프레임을 알려 주자마자 "책에도 꼭 넣으세요!"라는 피드백이 곧바로 올라왔다. 수많은 시청자가 증상이 바로 완화되었다고 알려 주었다. 당신도 이 리프레임의 효과를 바로 느낄 수 있다. 하지만 모든 리프레임과 마찬가지로 마음속으로 더 많이 반복할수록 효과는 더욱 강해진다.

일반적인 프레임: 나는 과거 트라우마의 피해자다.
리프레임: 과거의 일은 상상에만 존재한다.

이 리프레임은 이 책의 맥락과 함께 사용할 때 가장 잘 작동한다. 당신이 다른 사람에게 이 리프레임을 설명한다면 그들에게 일종

건강을 지키는 리프레임

의 '대화 최면'을 하는 셈이 된다. '당신은 이제 잠이 듭니다'라는 식으로 유도하지는 않지만 상대방의 사고를 유용한 방향으로 이끌어 주는 것을 나는 '대화 최면'이라고 부른다.

과거는 여전히 존재하지 않는다

앞서 말했듯이 물리적 의미에서 과거는 존재하지 않는다. 그저 개념일 뿐이다. 과거가 보이지 않는 손으로 당신을 통제한다는 상상을 멈춰라. 당신의 과거는 지금 존재하지 않는다. 과거는 단지 뇌에 남겨진 화학적·전기적 반응의 흔적일 뿐이다. 또한 과거는 그것이 일어났을 때는 현실이었지만 오늘날에는 100퍼센트 상상 속의 일이다. 그 진실을 마음속에 받아들이면 당신은 자유로워지고 현재를 통제하게 된다.

나와 같은 공간에 있는 것만 진짜다

현재 공간에 있는 물건들을 보라. 그것들은 당신의 주관적인 현실에 존재한다. 중요한 건 그것들이다. 이제 당신의 팔이나 어깨, 턱을 만져 보라. 당신도 실재한다. 다른 사람이 그 공간에 있는가?

그들도 거기 존재하므로 실재한다. 하지만 그 사람들의 과거와 당신의 과거는 그 공간에 없다. 그 기억들은 뇌에 있는 느슨한 전선과 음료수 얼룩 같은 것이다. 그러므로 중요하지 않다.

지금을 생각하라

———

이 리프레임이 내 사고방식을 완전히 바꿔 놓았다. 최근에야 알게 된 고전인데 노자老子가 했던 말로 다음과 같다.

우울하다면 과거에 사는 것이다.
불안하다면 미래에 사는 것이다.
그러나 평안하다면 현재에 사는 것이다.

이 시대에 더 잘 맞는 듯한 다른 버전도 들었다.

화가 난다면 과거에 사는 것이다.
불안하다면 미래에 사는 것이다.

리프레임으로는 이렇게 표현할 수 있다.

건강을 지키는 리프레임

일반적인 프레임: 어떤 일이 생겨서 화가 난다.

리프레임: 나는 과거에 살고 있다.

그리고

일반적인 프레임: 나는 불안하다.

리프레임: 나는 미래에 살고 있다(좋지 않은 방향으로).

과거에 얽매이거나 미래를 걱정하며 생긴 부정적인 감정을 덜어내고 싶다면 현재에 집중하는 것이 좋다. 이어서 소개할 팁은 당신이 '현재'에 집중할 수 있도록 도와줄 것이다.

지금 태어났다고 상상해 보라

역사도, 어린 시절도, 과거도 없이 지금 이 세상에 태어났다고 상상해 보라. 그러면 뇌의 신경 회로들이 의미가 있을까? 여전히 기억이 있을지 모르지만 꿈을 기억하는 것과 같아서 별 의미가 없다.

과거와 꿈은 둘 다 현재 세계에 존재하지 않는다는 점에서 공통점이 많다. 과거는 실제로 일어났고 꿈은 그렇지 않다고 해도 아무런 차이가 없다. 지금 관점에서 보면 과거도 꿈도 존재하지 않는다. 둘 다 무無에 가까워진다. 아마 꿈은 중요하지 않다고 이미 믿고 있을 테지만 과거도 마찬가지라고 하면 작은 발걸음을 내디딜 수 있다. 과거는 한때 현재 사건으로 존재했지만 지금은 존재하지 않는다. 그리고 존재하지 않기 때문에 당신에게 아무런 영향을 주지 않는다.

긍정적인 미래를 상상하라

———

현재에 집중하기 어렵고 부정적인 생각을 피하고 싶다면, 먼저 생각이 떠오르는 것을 막을 수 없다는 사실부터 알아야 한다. 만약 어두운 과거를 덜 생각하는 데 성공한다면 새로운 생각들이 들어와 그 빈자리를 채우려 할 것이다. 이때 그 새로운 생각들이 과거에 대한 부정적인 감정을 미래에 대한 부정적인 감정으로 바꾸지 않도록 주의해야 한다. 의식적으로 당신에게 엄청난 성공이 찾아오는 미래를 상상해 보라. 마음속으로 원하는 결과를 그려라. 모든 것이 뜻대로 진행되고 늘 긍정적인 놀라운 일들이 일어나는 미래를 상상해 보자.

나는 거의 평생 과거에 대한 부정적인 생각을 피하기 위해 아주 유명한 만화가가 되어 미국 대통령이 나를 백악관으로 초청하는 미래를 상상하곤 했다. 2018년에 실제로 백악관을 방문하며 상상이 현실이 되자 그 시스템은 해체됐다. 새로운 환상이 필요해져서

건강을 지키는 리프레임

이제는 노벨상 수상이라는 업그레이드된 미래를 상상한다. 어느 부문 수상이든 상관없지만 과학이나 평화 부문이면 좋을 것 같다.

당신도 노벨상 수상을 상상할 수 있다! 상상은 자유니까! 그리고 이런 긍정적인 상상들은 지금 당신이 생각하고 있는 것보다 훨씬 더 낫다. 스포츠 경기에서 우승하거나 새로운 청정 에너지원을 발명하는 상상을 하고 싶다면 그것도 좋다. 다만 당신의 상상이 과거의 부정적인 기억보다 더 매력적이고 몰입할 수 있는 것이어야 한다는 점을 기억하라. 그래야 에너지가 당신을 그 방향으로 끌어당길 것이다.

어설프게 인과관계를 추정하지 마라

———

나는 한때 내가 겪은 어린 시절의 트라우마가 지금의 나를 만들었다고 믿었다. 다양한 나쁜 경험에서 오늘날의 나에게 이르기까지 일직선을 그을 수 있을 만큼 모든 것이 너무나도 명백해 보였다. 하지만 나만 그런 게 아니었다. 심리치료를 받아 본 적 있는 사람이라면 나만큼이나 과거의 사건들과 자신을 손쉽게 연결하는 듯했다. 과학 연구도 이를 뒷받침해 준다. 과거가 현재의 나를 형성하는 데 큰 영향을 미친다고 말이다.

다만 한 가지 문제가 있다. 최면 치료사로서 나는 현재 당신의 정신적 문제가 뭐든 여섯 살 때 벌에 쏘인 탓이라고 설득할 수 있다. 비록 벌에 쏘인 적이 없더라도 말이다.

미안하지만 당신을 특정한 것은 아니다. 모두 알다시피 당신은 그런 조작에 넘어가기엔 너무 똑똑할 테니까. 이건 다른 사람들의 이야기다. 대중의 약 20퍼센트는 최면으로 깊은 영향을 받을 수 있으며 나머지 사람들도 다양한 효과를 볼 수 있다. 흥미롭게도 자신이 20퍼센트에 속한다고 믿는 사람은 나를 포함하여 거의 없다.

내 말의 요지는 인간은 반사적으로 아무 의미도 없는 것들에 의미를 부여한다는 것이다. 어떤 트라우마가 지금의 모습을 만들었다는 말이 맞을 수도 있다. 하지만 그것은 운 좋게 들어맞은 추측일 뿐이다. 인간의 본성을 고려하면 당신이 현재 개인적인 문제를 겪고 있고 과거에 트라우마도 있으니 그중 하나를 골라 현재 고민의 원인으로 상상했을 가능성이 훨씬 더 크다.

어렸을 때 나는 익사에 대한 비이성적인 공포가 있었다. 왜 그런 공포심을 갖게 되었냐고 묻는다면 어린 시절 가족과 함께 다리를 건너다가 마침 그 아래로 큰 배가 지나갔던 때가 생각난다. 내게 배를 보여 주고 싶었던 아버지는 어린 내 몸을 난간 위로 들어 올려 내려다보게 했다. 무슨 이유에선지 나는 아버지가 나를 난간 너머로 던져 물에 빠뜨려 죽이려고 한다고 해석했고 그로 인해 트라우마를 겪게 되었다.

그렇다면 그것이 내가 물에 대해 비이성적인 공포심을 갖게 된

건강을 지키는 리프레임

이유일까? 아마 아닐 것이다. 돌이켜 생각해 보면 이미 익사에 대한 두려움이 있었기 때문에 그 사건이 트라우마가 되었을 가능성이 더 클 것 같다. 인과관계를 뒤집어 해석하기는 쉽다.

인간은 현재의 나쁜 행동 대부분이 과거의 트라우마로 인해 생겼다고 합리화할 수 있다. 과식하고 있는가? 과거의 그 나쁜 경험 때문으로 생각할 수 있다. 생활이 문란한가? 과거의 그 일 때문일 것이다. 우리는 무엇이든 서로 연결 지어 스스로에게 그렇게 믿도록 할 수 있다. 가끔은 우리의 생각이 맞을 수도 있다. 하지만 어떤 경우에도 우리가 맞는지 틀린지는 중요하지 않다. 중요한 것은 현재 문제를 과거와 연결하면 문제 해결에 쓸 수 있는 선택이 제한된다는 사실이다. 현재 문제와 과거 트라우마를 연관 짓지 않으면 문제를 더 빨리 그리고 영구적으로 해결할 수 있다.

현재의 자신은 과거의 자신으로 인해 영원히 묶여 있어서 과거를 바꿀 수 없다고 믿는다면 문제 해결에 대한 부정적인 사고방식에 갇히게 된다. 그럴 때 다음 리프레임이 도움이 된다. 이 리프레임은 과거의 무언가에 속박된다는 고정된 믿음과 결별하도록 설계되었다.

일반적인 프레임: 나는 트라우마의 산물이다.
리프레임: 나는 무작위적인 느슨한 신경 회로 다발이다.

당신이 트라우마의 결과물이라면 다음 트라우마를 기다리는 것 외에는 단기적으로 할 수 있는 일이 많지 않다. 그러나 과거를 털어 버리고 뇌를 아무 이유 없이 헐거워진 신경 회로 다발로 생각한다면 무엇을 해야 할지 알게 된다. 바로 각각의 회로를 테스트해 보고 적절하다면 다시 연결하는 것이다. 그렇다면 느슨해진 신경 회로로 이를 어떻게 할 수 있을까? 그 방법은 다음과 같다.

트라우마를 무기로 쓰자

내가 가진 초능력 중 하나는 끔찍했던 어린 시절이다. 자세한 이야기는 생략하겠지만 나는 건강 문제로 날마다 상당한 신체적 고통에 시달렸다. 대학에 진학할 무렵에는 다행히 건강 문제가 해결되었다. 그런데 당시 끔찍했던 경험 덕분에 놀라운 능력이 생겼다. 목표 달성을 위해 어려운 일을 해야 할 때 힘들다고 느낀 적이 별로 없다. 주말 내내 일하기? 괜찮았다. 형편이 나아질 때까지 창문도 없고 공용 화장실을 써야 하는 방에 월세 살기? 쉬웠다. 온종일 일하고 야간에 수업 듣기? 얼마든지. 몸이 불편한 날에도 운동하기? 그냥 시작하면 된다.

극도로 힘든 날이 어떤 것인지 제대로 알게 되면 다른 일들은 해변의 산책처럼 느껴진다. 나는 그 느낌이 사라진 적이 없다. 나는

건강을 지키는 리프레임

어린 시절을 순조롭게 보낸 사람보다 대체로 더 오래 일하고 더 끈질기게 견딜 수 있다. 내가 틀렸을지도 모르지만 그렇게 생각하며 삶을 바라볼 때 스스로에 만족감을 느낄 수 있다. 그리고 바로 그 만족감이 중요하다.

어쩌면 당신은 그런대로 괜찮은 어린 시절을 보냈지만 개인 생활이나 직업에서 다른 트라우마를 겪었을 수도 있다. 이제 그 트라우마를 무기로 쓸 수 있게 만들어 주겠다. 새로운 힘을 좋은 일에 쓰기 바란다.

일반적인 프레임: 트라우마로 나는 무력해졌다.
리프레임: 트라우마는 누군가를 이기는 힘이 된다.

당신에게 상처를 주는 것들은 한편으로 당신을 주변 사람들과 다르게 만든다. 그것은 당신을 더 현명하고, 위험을 더 잘 예측하고, 당혹스러운 상황을 덜 두려워하며, 더 성숙해지고, (좋은 의미에서) 더 분노하고, 더 결단력 있으며, 더 집중하게 해주고 때로는 위험을 기꺼이 감수하도록 용기를 준다. 심지어 그 트라우마가 당신에게 삶의 목적을 부여한다는 사실도 발견할 수 있다. 다른 사람들이 비슷한 운명을 겪지 않게 돕는 것처럼 말이다.

트라우마는 우리에게서 많은 것을 앗아 가지만 결코 팁을 주지 않고 떠나지는 않는다. 트라우마가 자신에게 준 힘을 찾아내서 그

것을 긍정적인 방향으로 집중시켜라. 트라우마가 있어도 누구나
행복할 권리가 있다.

건강을 지키는 리프레임

안전해 보이는 것이
때로는 가장 위험하다

★　　현재를 사는 것이 정신건강에 좋을 수 있지만 어떤 사람들은 현재에 너무 몰두한 나머지 미래를 계획하지 못하기도 한다. 그런 사람들에게는 다음 리프레임이 필요하다.

　　일반적인 프레임: 지금 이 순간에 충실하라.
　　리프레임: 아주 사소한 행동도 미래에 영향을 미친다고 상상하라.

　　나는 오늘 오전에 타이어 가게에서 차를 찾아오기 위해 5킬로미터 가까이 천천히 걸어갔다. 걸으면서 지금의 운동 습관을 유지하면 내 몸이 어떻게 달라질지 상상했다. 그리고 내가 큰 일이든 작은 일이든 거의 모두 그런 식으로 머릿속에 그려 본다는 것을 깨달았다.

- 뭔가를 먹으면 미래의 몸무게를 상상한다.
- 운동을 하면 미래의 근육을 상상한다.
- 뭔가를 배우면 앞으로 열릴 기회를 상상한다.
- 낮에 모자를 쓰지 않고 주차장을 가로질러 가면 햇빛으로 인한 손상을 치료하러 피부과에 가는 모습을 상상한다.

어떤 식인지 이해했을 것이다. 나는 온종일 아주 사소한 행동들이 미래에 어떤 영향을 미칠지 끊임없이 판단하고, 적어도 내가 떠올릴 수 있는 만큼은 최대한 구체적이고 생생하게 그 미래를 그려 본다.

이런 계획적인 성향이 타고난 것인지, 아니면 부모님에게 배운 것인지는 잘 모르겠다. 어머니가 어릴 때부터 나에게 올바른 방향으로 가야 미래를 잘 준비할 수 있다고 말씀하시던 기억이 난다. 내가 열두 살쯤이었을 때 어머니는 변호사에게 서류를 제출할 때 나도 데려가셨다. 소득이 높은 직업이란 무엇인지 직접 보게 하려는 의도였던 것 같다. 몇 년 후, 내가 법학 준비 과정이 있는 대학을 선택한 데는 그런 영향이 있었을 것이다.

다행히 나는 내 의뢰인의 승소는 곧 상대방의 패소를 의미하는 미래 또한 상상했다. 거의 모든 의뢰인이 불행하고, 그중 절반은 어느 쪽이 승소하는가에 따라 더 불행해지는 직업에 인생을 바치고 싶지 않았다. 그래서 나는 계획을 바꿔 은행원으로 한참 근무하면서 내 사업을 시작하는 법을 배우기로 했다. 그렇게 큰 방향을 정한 후로는 모든 행동이 그 길을 가는 데 적합하고, 적어도 방해되지는 않도록 했다. 내가 먹는 모든 음식, 유산소 운동을 위해 뛰었던 모든 걸음, 습득한 모든 기술은 직간접으로 사업가라는 미래를 위한 것이었다.

미래를 계획하고 시각화하는 데 내가 유별났을 수도 있다. 하지만 나는 최면 경험을 통해 누구나 현재의 행동을 미래의 결과와 연결하는 습관을 기를 수 있음을 알게 됐다. 파블로프의 개 실험처럼 특정 자극에 대해 특정 반응을 보이도록 모든 포유류의 뇌를 프로그래밍할 수 있다. 이 방법은 개에게도, 사람에게도 적용된다.

며칠 동안 휴대전화에 무작위로 알람을 설정해 놓고 현재 행동이 미래의 자신에게 어떻게 도움이 될지 고민한다고 상상해 보자. 정크 푸드를 먹고 있을 때 알람이 울린다면 미래에 건강이 나빠질 자신을 상상하면서 행동을 고치게 된다. 재능 스택을 현명하게 업그레이드하기 위해 강의를 검색하는 도중에 알람이 울린다면 완벽하다. 아주 사소한 결정도 머릿속으로 미래를 예상해 보고 내릴 수 있게 스스로 가르칠 수 있다. 충분히 반복한다면 파블로프의 종소리에 개가 먹이를 보기도 전에 침을 흘리게 된 것처럼 그 과정이 저절로 이루어진다.

이런 습관을 기르기 위해 당신에게는 무작위로 알람을 설정하는 게 맞는지, 아니면 알람 없이 기억해 두었다가 미래를 위해 잘 행동하나 파악하는 게 맞을지는 잘 모르겠다. 사람마다 다르므로 현재 행동이 미래에 어떤 파급 효과를 불러올지 상상해 볼 수 있도록 자신만의 시스템을 테스트해 보라.

비합리적 공포 극복하기

비행기를 타는 건 무서워하지만 자전거를 타는 건 무서워하지 않는 사람을 알고 있을 것이다. 이는 위험을 잘못 읽는 전형적인 예다. 비행기를 타는 것은 자전거를 타는 것보다 훨씬 안전하다. 단지 더 위험할 것처럼 보이거나 느껴질 뿐이다.

이런 사실을 당신도, 내가 예시로 든 가상의 인물도 알고 있다. 하지만 지식만으로는 비행에 대한 두려움을 극복하기에 충분하지 않다. 지식으로 충분하다면 아무도 비행기 타는 걸 두려워하지 않았을 것이다. 비합리적 공포를 해결하기 위해 마음을 바꾸고 싶다면 논리로는 부족하고 맞불 작전을 써야 한다. 몰아내려는 비합리적인 공포만큼 비합리적이고 마음에 강력하게 남는 무언가가 필요하다.

비합리적이지만 생각을 효과적으로 고치는 도구는 무엇일까? 정답은 리프레임이다.

방금 예로 든 사례에서 유일한 문제가 비행 공포라고 해도 이를

건강을 지키는 리프레임

직접적으로 다루지 않을 것이다. 그 대신 상황을 보고 상식적으로 위험을 평가할 수 있다는 일반적인 생각을 목표로 삼을 것이다. 이 리프레임은 약간의 설명이 필요하니 잘 들어 주기 바란다.

일반적인 프레임: 안전한 것은 안전하고, 위험한 것은 위험하다.
리프레임: 안전해 보이는 것이 위험할 수도 있고, 위험해 보이는 것이 안전할 수도 있다.

다음 장면을 상상해 보자. 내가 이 글을 쓰는 동안 떠올린 한 장면이다. 젊은이들이 바다로 뛰어내릴 지점을 찾기 위해 거친 바위를 타고 위험하게 오르고 있다. 그들이 오르려는 바위 꼭대기는 이층집 지붕 정도의 높이로 보인다. 바위 아래 바다에서는 몇몇 사람이 수영하며 그들을 지켜보고 있고, 스노클링을 즐기는 사람들은 바위 옆을 지나가며 거북이를 찾느라 바쁘다. 수면 아래에서는 절벽을 따라 원하는 목적지까지 다녀오는 스쿠버다이빙 투어도 거의 매일 같이 진행된다. 그렇다면 이들 중에서 어떤 그룹이 가장 위험할까?

내가 미리 언질을 주지 않았다면 당신은 절벽 꼭대기까지 위험한 길을 올라가는 젊은이들이 가장 큰 위험을 감수하고 있다고 말했을 것이다. 또는 수중에서 장비가 고장 날 위험이 있는 스쿠버다이버가 가장 위험하다고 말했을지도 모른다. 또는 바위에서 뛰어

내리는 사람들에게 부딪칠 수 있으므로 바다에서 수영하고 있는 사람들이 위험하다고 말했을 수도 있다.

하지만 알고 보면 이 상황에서 가장 위험한 활동은 (아마도) 스노클링이다. 가장 안전해 보인다는 바로 그 이유 탓이다. 수영을 그리 잘하지 못하는 사람들이 스노클링 장비를 착용하면 돌아올 때 얼마나 힘들지 깨닫지 못하고 절벽을 지나쳐 멀리까지 가려는 유혹에 빠진다. 그래서 안전해 보이는 활동이지만 위험할 수 있다. 나는 개인적인 경험을 통해 이 사실을 알고 있다. 제법 체력이 좋은 편인 나도 있는 힘껏 수영해서 돌아와야 했다.

수영하는 사람들은 파도가 바위에 세차게 부서지는 위험한 곳까지 가지 않고 절벽 아래서 느긋하게 헤엄치며 구경하고 있다. 또한 스쿠버다이버와 절벽에서 뛰어내리는 사람들은 가장 위험해 보이는 활동을 하고 있지만 위험성을 분명히 인지하고 있어서 각별한 주의를 기울인다. 대단히 신중을 기하는 까닭에 오히려 해변에서 이루어지는 활동 중 가장 안전한 활동이라 볼 수 있다.

항공 여행도 이와 비슷하다. 왜 위험해 보인다고 생각하는지는 이해된다. 사람을 가득 태운 거대한 금속 튜브가 하늘을 날고 있고, 조종간을 잡은 기장이 방금 여자친구와 싸웠으며 그 여자친구가 부기장일 수도 있으니 말이다. 또는 그 비슷한 상황일 수 있으니까. 요점은 전체 비행 상황이 대단히 불확실하게 느껴진다는 것이다.

그리고 바로 그 때문에 안전하다. 만약 엔지니어들과 관리자들

건강을 지키는 리프레임

이 그 위험을 철저히 제거하지 않았다면 항공 여행은 존재하지 못했다. 다시 말해 항공 여행이야말로 당신이 할 수 있는 가장 안전한 활동 중 하나다.

내가 제안한 리프레임은 위험을 평가할 때마다 스스로 반복할 수 있는 간단한 문구다. "안전해 보이는 것이 위험할 수도 있고, 위험해 보이는 것이 안전할 수도 있다"에서 '~할 수도 있다'가 키워드다.

위험을 평가할 때마다 이 리프레임을 반복하는 습관을 들이면 시간이 지남에 따라 이 생각부터 하게 될 것이다. 뇌를 재설계하는 데 필요한 것은 집중과 반복뿐이다. 진실이나 논리가 필요하지 않다. 그냥 생각날 때마다 이 문구를 반복하면 나머지는 저절로 이루어진다.

단순한 문구를 반복한다 해서 뇌를 프로그래밍할 수 있다는 생각에 동의하지 않는다면 당신과 정치적 입장이 반대인 사람을 생각해 보라. 당신 눈에 그들은 사실이나 논리에 전혀 근거하지 않은 무분별한 구호들로 프로그래밍된 것처럼 보이지 않는가? 물론 그들도 당신의 정치적 입장에 대해 똑같이 생각한다. 그리고 양측 모두 옳다. 정치적 사고의 90퍼센트는 구호 반복이다. 좋은 소식은 이 책을 읽으면 이런 사실을 아는 10퍼센트에 속할 수 있다는 것이다.

그러므로 앞으로 뉴스에서 정치 관련 기사를 볼 때 누군가 안전한 것을 위험하다고 말하려는지 또는 위험한 것을 안전하다고 말하려는지 관찰해 보라. 거의 모든 정치적 견해가 그렇다. 정치인과 평론가들은 자신의 지지층이 위험을 잘못 평가하도록 반복적인 문구로 그들을 프로그래밍한다. 그것만으로도 충분하다. 정치적 설득력은 대중이 생각하는 것보다 훨씬 강력하다.

그 힘을 자신을 위해 활용하라. 뇌가 다르게 행동하기를 바란다면 착 달라붙는, 반복 가능한 문구를 사용해 뇌에 암시 효과를 주어라. 시간이 지나면서 그 문구들이 머릿속에 영구적으로 자리 잡는다. 당신은 이제 자신의 경험을 써 내려갈 수 있다.

건강을 지키는 리프레임

행복은
어디에서 오는가?

★ 　최근 몇 년 동안 사람들이 덜 행복해 보인다는 사실을 눈치 챘는가? 과학 연구에 따르면 소셜 미디어가 우리를 더 우울하게 만든다고 하는데, 일반적인 뉴스도 마찬가지라고 생각한다. 하지만 이 원리를 깨달으면 행복을 경험하는 방식도 더 유용하게 재구성할 수 있다는, 유일한 긍정적인 점을 얻게 된다.

일반적인 프레임: 행복은 내면에서 온다.
리프레임: 외부 세계를 이용해 행복을 느끼도록 뇌를 프로그래밍하라.

행복이 그저 머릿속에서 일어나는 일이라고 여긴다면 옳은 생각이긴 하지만 해결책을 찾기에는 적합하지 않다. 뇌를 재설계하려면 주변 환경을 뇌의 UI(사용자 인터페이스)로 취급할 줄 알아야 한다.

요즘 식사를 못 하면 짜증이 나는가? 뭐든 먹어 보라. 갑자기 기분이 좋아진다. 이것이 바로 물리적 환경을 이용하여 뇌를 프로그래밍하는 예다.

당신은 이미 외부 환경을 조작하여 기분을 개선하는 확실한 방법들을 알고 있다.

- 배고프면 먹는다.
- 피곤하면 잔다.
- 스트레스를 받으면 운동한다.
- 기분이 나면 섹스를 한다.
- (생산적인) 일을 한다.

이 중요한 다섯 가지, 즉 '빅5'를 제대로 실천한다면 그러지 않는 사람보다 더 행복할 것이다. 개인적으로 나는 잠자는 것을 좋아하지 않고 온종일 건강에 좋은 음식과 간식을 먹으므로 내가 행복한지 살필 때 이 두 가지 변수는 고려하지 않는다. 하지만 하루에 운동, 섹스, 일 세 가지를 실천하는 횟수와 내 행복감 사이에 직접적인 상관관계가 있음을 발견했다.

뭐가 됐든 이 세 가지 중 둘만 해도 '좋은' 하루를 보낸 것이다. 세 가지를 모두 하면 아주 훌륭한 하루가 된다. 하지만 재밌는 것이라도 하나만 하고 잠자리에 들 때면 허전한 기분이 든다. 다행스러운

건강을 지키는 리프레임

사실은 평범한 날이면 세 가지 중 둘을 실행한다는 내 행복 공식을 거의 달성한다는 것이다.

내 공식에서 더하거나 빼서 당신만의 행복 공식을 만들어 보라. 테스트해 보고 결과를 살피며 당신만의 '빅3'를 찾는다면 기분 나쁜 날도 기분 좋은 날로 쉽게 바꿀 수 있다. 빅3 중에 무엇을 빠뜨렸는지 확인하고 실행에 옮기면 된다. 나는 100퍼센트 기분 좋은 날이 아닐 때 운동을 해서 나쁜 하루를 좋은 하루로 바꾼 적이 매우 많다. 운동이 나의 중요한 욕구 세 가지 중 하나라는 사실과 그것을 충족할 방법을 알고 있었던 덕택이다.

외부에서 행복을 유도하는 요소에 아름다움도 추가해 보자. 나는 호텔에서 이 글을 쓰고 있다. 체크인할 때 같은 가격에 두 가지 유형의 객실 중에서 고를 수 있었다. 사무실 같은 분위기의 객실과 천국에 온 듯한 느낌의 객실이었다. 같은 가격인데 배치와 디자인이 달랐다(나는 당연히 천국 같은 객실을 선택했다). 대체로 나는 아름다운 장소에 있으면 기분이 좋고, 삭막해 보이는 장소에 있으면 기분이 나빠진다. 아름다운 공간을 접하다 보면 행복감을 간단하게 높일 수 있다.

나의 빅3 또는 빅5 변수가 왜 행복감을 만들어 내는지 알고 싶다면 내 가설은 이렇다. 생명 유지에 필수적인 일과 양립하는 행동을 할 때 보상으로 행복감이 들기 때문이다. 나는 인간이 짝짓기에서 의미와 행복을 찾도록 진화했다고 믿는다. 짝짓기는 모든 종의 생존에 가장 필요하기 때문이다. 종은 자기 복제본을 만드는 데 성공하기만 하면 된다. 짝짓기는 다른 어떤 것보다 더 중요하다.

따라서 짝짓기 본능과 관련된 어떤 행동을 할 때 의미와 행복을 느끼는 게 당연하다. 데이트를 하거나, 섹스를 하거나, 이성에게 호감을 표현하거나, 아이를 키울 때면 생물학적 본능을 따르는 것이다. 그러한 예들은 명백하다. 하지만 나는 이 본능의 범위를 넓혀 현대판 수렵과 채집, 즉 출근해서 일하고 식료품을 사는 것까지 확장해서 생각한다. 나는 여기에 운동도 포함하는데, 건강은 성공적인 짝짓기에 필수적이기 때문이다. 그래서 내 행복은 그날 생산적으로 일했는지, 운동했는지 또는 섹스를 했는지와 직접적으로 관련 있는 듯하다. 비록 생물학적 자녀는 없지만 나의 이 본능은 여전히 강하게 작용하고 있다. 나는 또한 유용한 것을 배우는 것도 짝짓기 본능과 관련 있다고 보는데, 더 능력 있는 상대임을 보여 준다고 생각하기 때문이다.

나는 과시 행위까지 짝짓기 본능에 근접한 행동으로 포함한다. 과시 행위 또한 짝짓기와 관련 있어 보이기 때문이다. 중요한 경쟁에서 이기면 대개 온종일 기분이 좋다. 경쟁 상황에서 이김으로써 지금 막 자기 유전자의 우수성을 세상에 알린 셈이므로 이는 짝짓기 본능과 관련된다.

이런 패턴을 이해하기 위해 예시를 끝없이 들을 필요는 없을 것이다. 우리가 매일 하는 많은 행동이 짝짓기 본능과 직간접적으로

건강을 지키는 리프레임

관련된다. 그러므로 일상적인 경험이 짝짓기 본능과 얼마나 밀접한지 스스로에게 물어보라. 만약 온종일 컴퓨터 오류를 해결하는 데만 시간을 보냈다면 행복하지 않을 것이다. 아이를 가지는 것이 당신의 목표가 아니라면 굳이 자녀를 갖지 않더라도 짝짓기 본능에 가까이 다가갈 방법을 찾아보라. 그럴 때 기분이 얼마나 좋아지는지 알면 놀랄 것이다. 한편 자녀를 원한다면 이 글을 쓰는 지금 저출산이 문제이므로 국가가 당신에게 감사할 것이다.

주변 환경을 이용해 마음을 프로그래밍하라는 내 리프레임은 어디서부터 상황을 개선해야 할지 모를 때 '방 청소부터 하라'는 전 하버드대학교 심리학과 교수 조던 피터슨Jordan Peterson 박사의 권유와 비슷하다. 이 아이디어를 처음 접했다면 성공 과정이라기엔 너무 시시하게 들릴 수도 있다. 물론 성공한 사람들 중에는 다람쥐처럼 업무 공간에 물건을 잔뜩 쌓아 둔 이들도 있다. 만약 당신이 아직 성공의 길을 걷고 있지 않다면 방 청소는 작은 규모로 환경을 통제해 보는 아주 훌륭한 연습이다. 올바른 방향으로 조금이라도 나아간다면 더 많은 진전을 위한 에너지를 얻을 수 있다. 이것이 바로 방 청소가 성공에 직접적인 도움이 되는 이유다(성공은 또 다른 성공을 낳는다). 아무리 작은 시작이라도 성공을 발판으로 또 성공할 수 있다.

방 청소를 다르게 재구성할 수 있는 또 다른 방법이 있는데, 어쩌면 이 방법을 더 선호할지도 모르겠다. 바로 뇌와 실제로 연결되어 있지 않아도 물리적 환경을 마음의 일부로 인식하는 방법이다. 쾌적하고 정돈된 환경에 있을 때 마음도 그 분위기를 느낀다. 방이나 작업 공간이 쏟아져 내릴 것 같은 쓰레기차처럼 보인다면 어수선해서 정신이 산만해진다. 다음은 내가 사용하는 리프레임이다.

일반적인 프레임: 마음은 뇌 속에 있다.

리프레임: 마음에는 뇌, 신체, 물리적 환경이 포함된다. 하나가 달라지면 다른 것들에도 변화가 생긴다.

만약 당신의 마음이 원하는 대로 움직이지 않는다면 몸에 변화를 주거나(식단, 운동, 장소, 조명 등) 물리적 환경에 변화를 주어(방청소, 야외 활동 등) 마음을 재설계하라. 마음을 바꾸려면 더 많은 것이 필요하겠지만 이 방법은 항상 좋은 출발점이 된다.

우리 집에는 각각 다른 뇌 영역을 자극할 수 있는 방들이 있다. 차고에 있는 남자의 공간은 창의력을 위해 설계됐다. 그곳에는 창의력을 자극하도록 내가 선택한 물건들이 있다. 예를 들어 깨끗이 닦아 둔 화이트보드 근처에 있으면 아이디어를 떠올리는 뇌 영역이 저절로 자극된다. 이를 최면 용어로는 '열쇠'라고 한다. 특정 정신 상태와 물리적 대상을 연결시켜 자주 반복하면 물리적 대상(열쇠)이 그것과 연관된 정신 상태를 촉발한다. 그래서 당신이 목줄로 손만 뻗어도 개가 흥분한다. 목줄이 바로 그 '열쇠'다. 자신도 마찬

건강을 지키는 리프레임

가지로 훈련하되 목줄 대신 다른 것을 활용해 보라.

행복은 생각만으로 얻을 수 없다. 마음을 고치고 싶다면 어디론가 움직이거나, 무언가를 하거나 배우거나 바꿔야 한다. 어디서부터 시작해야 할지 모르겠다면 뭐든 가능한 것부터 시작하라. 일단 행동하는 게 중요하다. 나머지는 그 과정에서 저절로 알게 된다. 시행착오를 겪으면서 어떻게 하면 더 잘할 수 있을지 깨닫는 것이다. 인생의 대부분이 그런 식으로 작동한다.

우주에서 바라보면 모든 게 작아 보인다.

내 문제도 포함해서.

PART

3

관계를 위한 리프레임

나는 뉴욕 북부의 작은 마을에서 자랐고

어째서인지 성인이 될 때까지 사회생활을 전혀 배우지 못했다.

그 후 수십 년간 건강한 사회적 소통의 규칙을

알아내느라 꽤나 고생했다.

내가 사회생활에 통달했다고 주장하지는 않겠지만

내가 배운 내용들을 리프레임으로 요약하여

40년간 겪을지 모를 당혹스러움을 피하게 도와주겠다.

이번 파트는 내가 젊어서 들었으면 좋았을

리프레임을 전부 담고 있다.

✴

궁극적으로 인간관계는
장기적인 행복에 필요하다.
세상에 당신 혼자뿐이라면
자존감이 높아도 행복하지 않을 것이다.

나다운 것의
함정

★ 흔히들 인간은 모두 어떤 천성을 지니고 있으며, 나답게 행동하면 타인이 언젠가 그 가치를 알아볼 것이라고 생각한다. 현명한 사람들도 '나답게 행동하라'고 말한다. 그리고 그런 모습을 좋아하지 않는 사람이 있다면 그건 그들의 문제라고 한다. 역대 최악의 조언을 하나만 고르기는 어렵지만 '나답게 행동하라'가 상위 5위 안에 든다. 더 나은 사람이 되기 위해 노력한다고 죽기라도 할까?

1990년대에 〈딜버트〉를 연재하며 부자가 되었을 때 사람들은 내게 부자가 되면 자신이 변할 것 같냐고 물었다. 나는 보통 웃으면서 "그랬으면 좋겠다. 그게 목적이었으니까"라고 답했다. 나는 부가 성공감, 성취감, 행복감을 더 느끼게 해주면서 스트레스를 덜 받게 해주고, 심지어 건강도 좋아지게 해주기를 바랐다. 그리고 이기적인 마음은 줄어들고 어려운 사람들을 돕고 싶은 마음은 더 커지게 해줬으면 했다. 나는 그 모두가 예정대로 이루어졌다고 생각한다.

나는 한때 서른 살쯤부터 시작되는 '노화'가 나쁘기만 하다고 믿었다. 지금 예순다섯 살에 이 글을 쓰면서 내가 35년 내내 틀렸다고 말할 수 있다. 시간이 지나도 내 천성은 바뀌지 않는 듯했지만 나는 분명히 다른 사람으로 진화했고 그 변화가 마음에 든다. 나는 결코 젊은 시절로 돌아가고 싶지 않다. 내가 젊어서 '나답게 행동하기'를 좋은 인생 전략으로 생각했다고 상상해 보자. 결과가 어땠을지 짐작할 수조차 없다. 그 대신 나는 얼마든지 자기계발이 가능하다는 태도를 선택했고 그럴 기회를 최대한 자주 잡았다.

일반적인 프레임: 나답게 행동하라.
리프레임: 더 나은 내가 되어라.

사람들이 남들에게 잘 보이기 위해서가 아니라 '자신을 위해 옷을 차려입는다'라고 말할 때 나는 그들이 거짓말을 하고 있거나 인간의 본성을 잘 모른다고 생각한다. 자신을 위해 옷을 입는 건 최악의 패션 전략 같다. 그 대신 남들에게 미칠 영향을 고려하여 옷을 입어라. 그게 무엇이든.

다음 두 가지 중 어느 쪽이 더 기분이 좋을까?

1. 잠재적인 배우자를 매료시켜 결혼하고, 아이를 낳아 함께 멋진 삶을 사는 것
2. 거울 앞을 지나가며 '흥, 나한테만 근사하면 되지'라고 생각하기

선택지에 내 편견이 좀 들어갔을 수도 있다. 하지만 내 말의 요지를 이해했으리라 본다. 자신을 어떻게 보여 주느냐에 따라 남들이 당신을 대하는 태도가 크게 달라질 수 있다. 사람들은 얄팍하고 겉모습에 좌우된다. 그러므로 자신이 아닌 타인을 위해 옷을 입으면 더 나은 사회적 소통을 할 수 있다. 그리고 궁극적으로 인간관계는 장기적인 행복에 필요하다. 그러니 신중하게 관리하라.

자존감도 중요하다. 하지만 자존감은 더 나은 인간관계에 필요한 요소 중 하나일 뿐이다. 세상에 당신 혼자뿐이라면 아무리 자존감이 높아도 행복하지 않을 것이다. 행복해지려면 결국 다른 사람들이 필요하다.

자존감을 높여 줄 확실한 방법을 원하는가? 하나 제안하자면 사람들이 당신을 존중하게 하라. 당신은 그 방법을 이미 알고 있다. 건강, 돈, 가족을 돌보고 남들에게 친절하면 된다. 그게 전부다. 기본을 지키면 존중은 쉽게 따라온다. 그리고 존중받는 느낌은 건강한 자존감의 80퍼센트를 차지한다.

나머지 20퍼센트의 자존감을 위해 더 나은 자신이 되도록 스스

로를 독려하라. 이는 원하는 방향으로 나아가는 데 긍정적인 긴장감을 준다. 인간은 모든 문제가 해결된 상태에서는 발전하지 못하는 경향이 있다. 당신을 일어서게 하고 더 열심히 노력하게 만드는 유용한 자극에 감사하라. 이를 놓치지 마라.

일반적인 프레임: 있는 그대로의 나를 사랑하는 법을 배워라.
리프레임: 더 나은 내가 되라고 자극하는 뇌에 감사하라.

머릿속의 자기비판적인 목소리가 당신의 다른 부분들과 대화하고 있다고 상상하라. 그리고 자신을 너무 심각하게 생각하지 마라. 적당한 자기비판적 태도는 최고의 성과를 낼 수 있다. 스스로 자존감을 공격한다는 건 당신이 완벽하게 작동하고 있다는 증거이며 다른 방법은 필요하지 않을 것이다. 자기비판은 원하는 변화를 이루기 위해 힘을 얻는 방법이다.

사회 불안 장애와
강박 장애를 극복하는 힘

✦   이 책에서 말하는 사회 불안 장애란 낯선 사람이나 어색한 사람들로 가득한 공간에 들어갈 때 느끼는 불편함을 가리킨다. 여기서 사회 불안 장애의 대부분 또는 전부를 제거해 줄 리프레임들을 제시하겠다. 다음 첫 번째 리프레임이 가장 중요하다.

일반적인 프레임: 자신감은 타고나는 것이다.
리프레임: 자신감은 학습하는 것이다.

이 책을 다 읽을 때쯤이면 자신감 있게 행동하는 요령들을 깨치게 될 것이다. 하지만 자신감을 키우는 방법은 이뿐만이 아니다. 많은 사람이 무술을 배우거나 스포츠나 취미 활동을 뛰어나게 잘하게 되면서 자신감을 키웠다고 말한다. 나와 마찬가지로 워런 버핏Warren Buffett은 젊었을 때 데일 카네기 수업을 들었던 것으로 유명하다. 청중 앞에 서거나 사교적인 대화를 나눌 때 자신감을 갖도록 가르쳐 준 수업이었다. 신체 단련, 수면 개선, 호흡 훈련을 통해서도 자신감을 키울 수 있다. 이처럼 자신감을 키우는 방법은 다양하며 아마 당신도 속으로 자신만의 방법을 열거하고 있을 것이다. 여기에 하나 덧붙이자면 노력하기에 따라 자신감을 쉽게 관리할 수 있다. 자신감은 누구나 받을 수 있는 선물이다.

사람들과 만나면 아마 속으로 두 가지 질문을 할 것이다.

1. 어떻게 행동해야 할까?
2. 사람들은 나를 어떻게 판단할까?

모든 사회적 상황에서 무엇을 해야 할지 정확히 알고 있다면 모든 것이 얼마나 쉽게 풀릴지 상상해 보라. 아마도 당신은 어떤 종류의 사업 또는 행사에서 일하거나 자원봉사를 하면서, 정해진 규칙에 따라 사람들과 소통했던 경험이 있을 것이다. 일하는 방법을 알고 있었다면 사회 불안 장애가 별로 없었을 것이다. 무엇을 해야 하는지 알고 그대로 행동했을 테니까 말이다. 이어서 직장에서처럼 규칙을 활용해 어떤 상황이든 자신감을 갖는 방법을 알려 주겠다.

두 번째 질문은 사람들이 당신을 판단하는 것에 관한 내용이다. 좋은 소식은 사회적 교류의 규칙을 배운다면(이건 몇 분 안에 가능하

관계를 위한 리프레임

다) 사람들은 당신의 차분함에 감명받고 호의적으로 판단할 것이다. 해야 할 일을 제대로 알고 있다면 평가받는 것에 연연할 필요가 없다. 당신은 모임에서 스타가 될 것이고, 조용한 편이라도 사람들은 당신을 주목할 것이다.

이 주제의 첫 번째 리프레임은 당신을 제외하고 사회성이 부족한 사람들만 선정한 행사에 간다고 상상하는 것이다. 당신은 사회성이 뛰어나고 남들도 그 사실을 알고 있다. 이 가상 시나리오에서 당신은 불안감을 많이 느낄까? 아마도 그 순간에 가장 필요한 사회적 기술이 다른 참석자들보다 낫다고 느낄 테니 평소만큼 불안하지 않을 것이다.

이 장에서 가르쳐 줄 간단한 기술들은 당신을 사회성이 뛰어난 상위 10퍼센트에 들도록 해 줄 거의 확실한 방법이다. 즉 이 방법을 알면 따로 상상할 필요 없이 대부분의 사람보다 능숙하게 모임을 주도할 수 있다.

일반적인 프레임: 남들은 나보다 사회성이 좋다.
리프레임: (이 장을 읽고 나면) 나는 사회성이 좋은 상위 10퍼센트에 속하게 된다.

또 다른 유용한 리프레임은 모임에서 사람들을 바라보는 방식이다. 그 사람들이 잠재적으로 당신을 당혹스럽게 할 것 같은가? 쓸

모없는 생각이다. 그 대신 참가자들을 당신이 해결할 수 있는 각자 고유한 문제를 가진 사람들이라고 재구성해 보자. 그들은 공통적으로 낯가림이 심하다.

대부분의 사람은 낯선 사람을 만나는 것을 불편해한다. 만약 당신이 사회 불안 장애를 겪고 있다면, 예외가 아니라 보편적인 현상에 가깝다. 조금만 연습하면 낯선 사람들로 가득한 장소를 그들과의 대화를 통해 해결할 수 있는 문제로 볼 수 있다. 당신이 먼저 관심을 보이며 친절하게 말을 건네면 그 불안감은 곧 사라진다.

일반적인 프레임: 모임 참석자들은 나를 당혹스럽게 할 수 있다.

리프레임: 모임 참석자들은 내가 지금 당장 해결해 줄 수 있는 문제 (낯가림)를 안고 있다.

대화에 적합한 상대를 선택하는 방법

모임 장소에 갔는데 사람들이 이미 둘씩 또는 삼삼오오 대화를 나누고 있다면 진행 중인 대화에 끼어들어야 한다는 부담까지 더해진다. 다음은 그럴 때를 위한 몇 가지 조언이다.

1. 기운 넘치게 대화를 주도하는 남성들은 대화에 참여하려는 의

관계를 위한 리프레임

도를 분명히 드러내며 다가가도 끼워 주려는 몸짓을 보이지 않는 경우가 많다. 그런 식으로 행동하는 남성은 사회성이 부족하거나 서열을 주장하는 것이다. 그런 남성과의 대화에 끼려다가 거부당하면 방금 메시지가 온 척 휴대전화를 꺼내면서 자리를 떠나라. 더 쉬운 상대를 찾으면 된다.

2. 반면에 여성들은 대화에 끼겠다는 의도를 분명히 하면 대화에 넣어 줄 가능성이 더 크다. 우두머리인 여성이 대화를 주도하는 소집단이 보인다면 가장 좋다. 그 여성이 당신을 초대하고 소개를 시작할 것이다.

3. 남녀 상관없이 가장 사교적인 사람을 찾아서 먼저 다가가라. 대개 그런 사람들을 발견할 수 있다. 그들은 소그룹 사이를 쉽게 오가며 대화를 지배한다. 붙임성 좋은 사람들은 새로운 사람을 만나고 사람들을 서로 연결해 주는 것을 즐긴다. 사교적인 인물 중 하나가 소그룹을 떠나 술을 다시 가지러 간다면 급히 다가가 보라. 사회성이 뛰어난 사람들은 사람 대할 줄 알기 때문에 만나면 어색함이 사라진다. 이제 당신도 사회성이 뛰어난 사람이니 그러한 점을 확실히 알고 싶다면 자신을 소개하라. 사람들과 만날 때는 그것만으로도 사회성이 좋다는 걸 알릴 수 있다.

4. 당신과 같이 곤경에 처한 어색한 외톨이들을 찾아보라. 그들은 누군가 다가와 인사해 주기를 간절히 바라고 있다. 난이도가 0에 가까운 방법이다.

자기소개하는 방법
————

다음과 같이 하면 된다.

시선을 맞추고 미소 짓는다.
손을 내밀어 악수를 청한다.
"안녕하세요, 스콧이라고 합니다"라고 말한다(내 이름이 아닌 당신의 이름을 대라).

이렇게 하면 대부분은 악수를 하며 자기 이름을 알려 줄 테지만 사회성이 떨어지는 사람은 그러지 않는다. 필요하다면 "성함이 어떻게 되시죠?"라고 물어보라. 잘 기억할 수 있게 적어도 한 번은 상대방의 이름을 소리 내어 말하고 가능하면 문장으로 바로 이어가라. 사람들은 자기 이름을 불러 주는 것을 좋아해서 바로 쉽게 유대감을 형성할 수 있다.

이름을 기억하고 불러 주는 사람이 되어라. 이 요령 하나만으로도 사교적인 대화에 능한 상위 50퍼센트의 사람이 될 수 있다. 이름을 기억하는 것을 당신의 초능력으로 만들어라. 집중과 노력만 들이면 된다. 사람들의 이름을 기억하고 불러 주는 것이 얼마나 중요한지 이제 알았으니 앞으로 이름을 들을 때마다 더 주의를 기울이게 될 것이다.

관 계 를 위 한 리프레임

흥미로운 사람이 되는 방법

스스로가 흥미로운 사람이 아니어서 걱정되는가? 당신의 걱정이 맞을 수도 있다. 대부분의 사람은 대화에 능하지 않다. 그건 드문 능력이다. 하지만 낯선 사람을 만났을 때 최악의 행동은 흥미를 끌기 위해 자기 이야기를 너무 오래 하는 것이지, 대화 기술이 부족한 건 큰 문제가 안 된다. 자기 이야기만 하기보다는 상대에게 질문을 던지고 관심을 보이는 것이 좋다. 둘 다 좋아하는 주제를 찾을 때까지 몇 가지 질문에 관심 있는 척해야 할 수도 있다. 하지만 곧 공통으로 좋아하는 대화 주제를 찾게 될 것이다. 대략 다음 순서로 질문해 보라.

이 자리에는 어떻게 오셨어요?(또는 '오늘 어떤 역할을 맡으셨나요?' 같은 말을 하라.)
어디 사세요?
혹시 자녀가 있으신가요?
어떤 일을 하세요?

이런 질문을 제일 먼저 하는 이유는 대답하기 쉬워서다. 따로 생각해야 하거나 재치를 부릴 필요가 없다. 후속 질문도 자연스럽게 떠오를 것이다. 예를 들어 상대에게 자녀가 있다면 자녀의 나이나 다니는 학교를 물어 볼 수 있다.

방금 만난 사람에게 하기에는 너무 개인적인 질문 같다면 그건 착각이다. 사람들은 어색한 상황에서 자신에 대한 쉬운 질문에 답하는 것을 좋아한다. 어떻게 대답해야 할지 정확히 알고 있어서다. 당신이 그들의 문제를 해결해 주는 것이다. 나에게 어디 사는지 묻는다면 어떻게 대답해야 할지 정확히 알고 있고 혼자 서서 휴대전화 메시지를 보는 척하지 않아도 되므로 정말 반가울 것이다.

낯선 사람에게 먼저 자신을 소개하고 질문하면 '지금 뭘 해야 하나?'라는 그 사람의 가장 큰 고민을 해결해 주게 된다. 사교 모임에 참석한 사람 대부분이 사회성 좋은 사람으로 보이기 위해 고군분투하고 있다고 보면 정확하다. 당신은 그들이 수월하게 제 역할을 하게 만들 수 있다. 또한 그렇게 해준다면 그들은 밤새도록 당신과 대화를 나누고 싶어 할 것이다.

일반적인 프레임: 아무도 나와 대화하고 싶어 하지 않는다. 나는 지루한 사람이다.

리프레임: 모든 사람은 자신에게 관심을 보이는 사람과 대화하는 걸 즐긴다.

이 장을 읽기 시작한 지 몇 분 되지 않았는데 당신의 사회성은 어떤 모임에서든 상위 10퍼센트에 속하게 됐다. 정말이다. 농담이

관계를 위한 리프레임

아니다. 당신은 더욱더 발전하게 될 것이다.

좋은 의미의 '연기'를 하라

———

우리는 자기 자신을 '있는 그대로' 유지하려는 만큼 함께 있는 사람에 따라 성격이 달라진다는 사실을 잘 알고 있다. 예를 들어 경찰에게 말하듯이 아기에게 말하지 않는다. 동료들과 대화하는 식으로 상사와 이야기하지도 않을 것이다. 그리고 연인이나 배우자와 대화하는 방식으로 다른 사람들과 이야기하지도 않는다.

사회성이 부족한 사람들은 '있는 그대로의 나를 유지하면서 진실하게 행동하는' 것이 좋은 전략이라는 착각에 빠져 있다. 나는 그 대신 효과가 있는 전략을 선택하라고 말하고 싶다. 가장 효과적인 전략은 각 상황에 맞게 자신의 의사소통 방식을 조정하는 것이다.

일반적인 프레임: 있는 그대로 진실하게 행동하라.
리프레임: 상황에 맞게 의사소통 방식을 조정하라.

모든 사람이 대화할 때 어느 정도 '연기'를 하고 있다는 사실을 받아들이면 이를 하나의 기술로 완전히 활용할 수 있다. 나는 이 비법을 연기 수업을 수강하던 대학 동기에게 배웠다. 그는 더 어른인 대학 행정실 직원들과 이야기할 때 그들과 동년배인 것처럼 그야말로 연기를 했다. 그의 연기는 친구들에게는 너무 빤해 보여서 웃음이 났다. 행정실 직원들은 그 친구를 어떻게 받아들였을까? 그들은 시선을 맞추고 유능한 젊은이처럼 행동하는 이 예의 바른 친구를 매우 좋아했다. 그들에게는 친구의 행동이 억지스럽거나 과장된 것으로 보이지 않았다. 친구들에게나 우스워 보였을 뿐이다.

그가 사용한 '요령'(말 그대로 연기)은 목표 청중인 연장자들에게는 완벽히 받아들여졌다. 짐작하건대 어른들도 그가 '연기'하고 있음을 알고 있었지만 자신들도 연기하고 있었으므로 정상으로 보였을 것이다. 당시 나는 어른들이 서로 펼치는 '쇼'를 이제 막 이해하기 시작했던 터라 그가 연기에 들어갈 때 마음이 불편했다. 당신은 그런 쇼를 거부하지 마라. 할 수 있다면 연기력을 발휘해 거짓이 아닌 재미있는 당신의 모습을 만들어 보라.

대화를 마치는 방법

———

인맥을 쌓거나 새로운 사람을 만나기 위해 행사에 참석한다면 한 사람에게 붙들려 밤새 대화하고 싶지는 않을 것이다. 대화를 우아하게 마치려면 몇 가지 요령이 필요하다. 언제든 효과가 있는 고

전적인 방법 세 가지는 다음과 같다.

음료가 떨어졌네요. 바에서 뭐 좀 갖다 드릴까요?

실례지만 화장실에 다녀올게요.

다른 사람과도 이야기를 나눠야 할 것 같아요. 만나서 반가웠습니다(또는 '나중에 또 봬요'라고 한다).

외모에 신경 써라

알다시피 인간은 외모에 크게 영향을 받는다. 사회 불안 장애를 낮추는 한 가지 방법은 어떤 공공장소에 가도 자신감을 느낄 때까지 식단관리와 운동에 힘쓰는 것이다. 외모에 자신이 생기면 어색함을 덜 느끼게 된다.

나는 키도 작고 대머리에 눈이 나빠 안경을 끼고 있다. 그게 나의 전부라면 낯선 사람들과 그리 편하게 대화를 나눌 수 없을 것이다. 하지만 나는 평생 운동을 즐겨 해서 웬만한 사람보다 건강한 몸매를 가졌다. 이는 사회적인 상황에서 자신감을 가지는 데 도움이 된다.

식단관리와 운동은 인생에 가장 중요한 지렛대다. 과학계에서는 이에 대해 뭐라고 말하는지 모르겠지만 음식과 운동을 잘 조절한 다면 건강과 활력이 좋아져 사람들을 만날 때 자신감이 높아지리라 생각한다. 또한 기분이 좋아지면 행동도 더 나아진다.

이야기를 준비하라

———

사회적 소통은 질문과 경청을 중심으로 이루어져야 하지만 대화를 이어 가기 위해 자기 이야기를 해야 할 때도 있다. 만약 무언가 재미난 경험을 하게 되면 그것을 나중에 사람들에게 들려줄 이야기로 구성해 보기를 추천한다.

다시 말해 흥미로운 일이 일어나고 있다면 그것을 어떻게 이야기해 줄지 상상해 보라. 그런 다음 필요할 때 들려줄 수 있게 준비해 두는 것이다. "오늘 하루 어땠어요?"라는 질문에 대한 답변으로 준비한 이야기를 해줄 수 있다. 이야기를 만드는 요령은 다음과 같다.

- 좋은 이야기는 이해하기 쉽고, 호기심을 불러일으키고, 흥미로운 결말이나 인상적인 부분이 있어야 한다.
- 이야기 하나에 세 명 이상의 이름을 대지 마라. 밥이 이야기의 주인공이고 그에게 네 명의 친구가 있다면 어떻게든 이야기와 관련되지 않은 사람의 이름은 밝히지 마라. 이름은 이야기의 흐름을 막는다. 그러므로 최소한으로 언급하라.

관계를 위한 리프레임

- 이야기의 배경 설정은 한 문장으로 끝내라. 예를 들어 "어제 재활용 센터에 갔는데, 큰 버스가 들어오더라고요"와 같이 간결하게 시작하라. 또한 "생수를 사기 시작했더니 재활용 통이 평소보다 빨리 차더라고요"와 같이 이야기에 중요하지 않다면 생략하고 서두가 길어지지 않도록 주의하라.
- 핵심 내용, 주요 경위, 충격적 결말 등을 깔끔하게 한 문장으로 말하는 연습을 하라. 이야기의 중간 부분은 말할 때마다 달라질 수 있지만 '결말'은 간결하고 단순해야 한다.
- 연습하라! 이야기하기는 기술이다. 이야기를 많이 해볼수록 몸짓과 연기력까지 늘 것이다. 사람들은 이야기의 디테일만큼이나 당신의 감정 상태에 반응한다. 당신이 즐겁게 이야기를 들려준다면 듣는 사람도 그 즐거움을 느낀다. 그리고 당신이 편안한 상태여야 가장 즐겁게 이야기해 줄 수 있다. 그러니 연습하라.

강박 장애와 가짜 이유

강박 장애는 원치 않지만 멈출 수 없는 생각과 행동을 보이는 질환이다. 예를 들면 집을 나서기 전에 다리미 플러그를 뽑았는지 열 번은 확인해야 한다거나 신발을 잘못 신으면 큰일이 날 거라 생각하는 경우를 들 수 있다. 여기에 든 예시는 기본적인 것에 불과하며, 강박 장애의 양상은 무궁무진하지만 비합리적인 생각과 행동이라는 공통점이 있다. 강박 장애는 당사자가 멈추기 어려운 상태로 이어지기도 한다.

나는 최근에 로컬스 커뮤니티와 함께 비과학적인 실험을 해봤다. 본인이 강박 장애를 앓고 있거나 지인 중에 그러한 사람이 있다면 잠시 후 제시할 리프레임을 시도해 보라고 했다. 기쁘게도 여러 명이 성공했다고 알려 주었다. 어느 리프레임이든 매한가지지만 이 리프레임도 모든 사람에게 효과적일지는 알 수 없다.

나는 로컬스 구독자들에게 최면 치료사와 심리학자들에 따르면 아무리 터무니없는 말이어도 이유처럼 느껴지면 설득될 수 있고 그에 따라 뇌의 신경 회로가 재구성될 수 있다고 설명했다. 최면 치료사인 나는 말도 안 되는 '이유'가 얼마나 강력한 힘을 발휘하는지 잘 안다. 이 책에서는 말도 안 되는 이유를 '가짜 이유'라 부르겠다. 가짜 이유는 당사자가 바꾸고 싶어 하는 것과 관련될 때 효과가 가장 크다.

예를 들어 서로 밥값을 계산하겠다고 '실랑이'가 있을 게 뻔한 상황에서 내가 꼭 내고 싶다면 방법이 있다. 계산서를 가져오기 전에 마음속으로 '가짜 이유'를 준비한다. 동석자와 내가 동시에 계산서를 집으려 할 때 나는 결정타를 내민다. "점심을 먹으러 여기까지 와줬으니 계산은 내가 할게."

과연 좋은 이유일까? 아니다. 그럴듯한 이유로 들릴 뿐이다. 그

관계를 위한 리프레임

에 못지않게 중요한 변수가 몇 가지 더 있을 수 있다. 내가 얼마나 많은 가짜 이유를 만들어 내는지 들어 보라. 이런 가짜 이유는 계산서를 먼저 잡을 수 있을 때 가장 잘 먹힌다.

"네 생일에 못 볼 수 있으니 이건 내가 살게."

"다음에는 네가 사줘." (그 사람을 다시 보고 싶다는 간접적인 표현이다.)

(두 달 전에 이직했더라도) **"이직한 거 축하해 주려고 그래."**

무슨 말인지 이해했을 것이다. 설득력이 떨어지거나 말도 안 되는 이유는 언제든 만들어 낼 수 있다. 나는 몇 년 동안 이 방법을 써 왔고 90퍼센트 정도 효과를 봤다. 이 방법이 효과적인 건 상대방도 나만큼이나 어색한 상황에서 해결책을 바라기 때문이다. 그래서 말도 안 되는 이유를 포함해서 어떤 이유라도 통한다. 내 가짜 이유에 맞서서 돈을 내겠다고 고집을 부린 극소수 사람에게는 확실한 이유가 있었다. 그런 경우도 계산하려고 했다는 공을 인정받을 수 있으니 둘 다 이긴 상황이다.

이제 강박 장애를 살펴보자. 누구도 강박 장애를 원하지 않는다. 최면 치료사 입장에서 이 사실은 가짜 이유가 즉각적이지는 않더라도 반복할수록 시간이 지나면 효과를 보일 거라는 점을 시사한다. 강박 장애가 있고 여기서 설명한 방법을 테스트해 보고 싶다면 원치 않는 생각과 행동을 중단할 수 있는 가짜 이유를 하나 만들어 내라. 그리고 필요할 때마다 그 가짜 이유를 자신에게 반복해서 말해 주어라.

> **일반적인 프레임: 이 행동을 꼭 해야 나쁜 일이 생기지 않는다.**
> **리프레임: 뭐든 과하면 안 좋은 법이니까 그 행동을 이제 하지 않아도 된다.**

여기서 '뭐든 과하면 안 좋다'는 건 말도 안 되는 이유다. 하지만 이 말이 그럴듯한 이유처럼 들리는 것은 대부분의 사람이 타당한 상황에서 그 말을 들어 본 적이 있어서다. 나는 업무 회의에서 뭐든 과하면 안 좋다는 말이 부처님이 할 법한 말로 들려서인지 회의실에 있던 모두가 조용히 고개를 끄덕이는 것을 본 적이 있다. '뭐든 과하면 안 좋다'는 말은 지칭하는 모든 것을 설득력 있어 보이게 하는 강력한 프로그래밍 코드다. 그 이점을 잘 활용하라.

'뭐든 과하면 안 좋다'라는 말보다 설득력 있게 들리는 다른 가짜 이유가 있다면 대체해도 된다. 하지만 이 표현은 내가 '범퍼 스티커 지혜'(짧고 간결하게 삶의 진리를 전달하는 문구-옮긴이)라고 부르는 것 중 하나로, 진리처럼 들리기 때문에 다른 이유로 대체하기 쉽지 않다. 똑똑한 사람이나 똑똑해 보이는 사람이 한 번쯤은 말했을 법한 말이기 때문이다.

관계를 위한 리프레임

혹시 모를까 봐 하는 말인데 나는 의사가 아니다. 이 리프레임에 대해 우려되는 점이 있다면 전문가와 상담하여 다른 의견도 들어 보라. 하지만 터무니없는 이유를 시도해 보고 그 효과가 어떤지 지켜봐도 잃은 건 없다고 본다. 행운을 빈다!

센스 있게
조언하는 방법

★　　　살다 보면 당신에게 조언을 구하거나 딱히 원하지 않는데 조언해 줘야 할 것 같은 사람들을 만나게 된다. 하지만 조언해 주고 싶은 충동을 참아라. 그 대신 이 리프레임을 사용하라.

일반적인 프레임: 이 사람에게는 내 조언이 필요하다.

리프레임: 이 사람은 정보, 공감, 생각을 정리하는 데 도움이 필요할 수 있다.

내 성격을 봤을 때 당신에 나에게 조언을 해준다면 나는 방어적으로 대응할 수도 있다. 첫 번째 본능적 대응은 그 조언이 내가 이미 하고 있던 것보다 더 나쁘다고 이야기하는 것이다. 만약 그 조언을 받아들이면 스스로 문제를 해결하지 못한 내가 바보처럼 느꺼질 것 같아서다. 사회적 지위가 한 단계 내려간 것처럼 느껴질 수도 있다. 만화가 경력이 달린 문제라도 나는 조언을 듣는 게 정말 싫다. 나는 성격에 결점이 많은 흔한 사람이다. 사람들은 대체로 조언에 좋은 반응을 보이지 않으며 때로는 조언을 구해 놓고도 듣지 않는다. 사람들은 보통 그렇다.

이번에는 당신이 나에게 조언 대신 결정을 바꿀 수 있는 새로운 연구를 알고 있는지 물어봤다고 가정해 보겠다. 나는 새로운 사실, 특히 내 삶과 관련된 것들을 배우기를 좋아한다. 그래서 나는 당신이 언급한 연구가 도움이 된다고 생각하고 새로운 정보를 직접 조사하여 확인해 볼 것이다. 그 과정에서 당신의 조언을 내가 나 자신에게 하는 조언으로 바꿀 것이다. 다시 말해 당신이 조언을 단순한 정보 제공이란 형태로 구성해 주면 나는 기꺼이 받아들일 수 있다. 당신의 정보 덕분에 나중에는 내가 스스로 결정을 내린 것처럼 느낄지도 모른다.

조언 대신 나는 상대의 사고 과정과 우선순위를 물어보는 방법을 사용한다. 즉 상대에게 자신의 계획이 얼마나 합리적인지 설명하도록 유도하는 것이다. 만약 계획을 말하다 머뭇댄다면 성가신 조언 없이도 상대는 알아서 수정할 것이다. 자신의 아이디어가 일관되지 않으면서 논리적 빈틈이 분명히 드러난다는 점을 깨달았기 때문이다.

사람들은 조언을 청했더라도 조언을 듣는 것보다 자신의 불평을 들어 주는 것을 더 좋아한다는 점도 기억하라. 언제 경청이 가장 좋은 전략인지 분위기로 읽을 수 있다.

불만 처리하기

나는 십 대 때 뉴욕주 북부에 있는 한 리조트에서 일하면서 상사에게 소중한 교훈을 하나 배웠다. 내 업무 중 하나는 프런트 데스크에서 투숙객의 객실에 대한 불만을 접수하는 일이었다. 상사는 내게 고객이 보는 앞에서 '작업 지시서'라는 양식에 불만 사항을 적으라고 했다. 그래야 고객들이 불만 사항을 '들어 주었다'라고 느낀다는 것이다. 고객의 반응을 보니 상사가 알려 준 방법이 효과가 있었다. 항상 고객들은 임무를 성공적으로 완수한 듯이 만족스러운 기색으로 프런트 데스크를 떠났다.

그러나 문제가 있었다. 고객의 불만 중 논리적으로나 현실적으로 해결할 수 없는 것들이 많았다. 상사의 설명에 따르면 그건 중요하지 않았다. 어떤 고객은 불평하기를 즐겨서 귀 기울여 주는 것만으로도 만족한다고 했다. 문제를 해결할 필요조차 없었다. 이처럼 일부 고객에게는 해결하는 것보다 '들어 주는' 것이 더 중요했다.

우리는 가능한 건 전부 해결해 주었지만, 그건 불만 사항의 절반

관계를 위한 리프레임

정도에 불과했다. 시간이 지나면서 나와 동료들은 고객이 프런트 데스크에서 멀어지기 전에 누가 가장 빨리 작업 지시서를 구겨서 쓰레기통에 던지는지 경쟁하기 시작했다. 종이를 구기는 소리를 듣고 동료에게 이의를 제기한 고객은 단 한 명뿐이었다. 아마 동료는 다른 걸 버렸다고 말했던 것 같다.

일반적인 프레임: 불만을 제기하는 사람은 해결책을 원한다.

리프레임: 불만을 제기하는 사람 중에는 불평 자체를 즐기는 사람도 있다.

이 리프레임의 실질적인 시사점은 사람들이 무엇을 요구하는지가 아니라 그들이 진정으로 무엇을 원하는지 알아야 한다는 것이다. 불만을 제기하는 고객을 여럿 상대하다 보면 재미나 권력을 느끼기 위해 불평하는지, 아니면 해결해 줘야 할 타당한 문제를 지적하는지 곧 알게 된다. 그들의 불만 뒤에 있는 숨은 동기를 미리 알아내는 확실한 방법은 없다. 하지만 그들의 목적이 해결책인지 아니면 불평 그 자체인지는 살펴보면 알아챌 수 있다.

유해한 사람에 대처하는 법

당신 주변에도 소위 '성격이 강한' 사람이 있을 것이다. 그런 식으로 표현할 수도 있겠지만 그 프레임을 받아들인다면 당신은 이미 피해자이거나 곧 피해자가 된다. '성격이 강한' 사람이 잘못된 행동으로 당신에게 영향을 미친다면 그의 강한 성격 탓으로 돌리고 싶을 수 있다. 하지만 그러지 마라.

'강한 성격'은 보통 그 사람이 유해하다는 사실을 좋게 표현한 것이다. 그리고 내 경험상 유해한 사람은 변하지 않는다. 그들은 우리와는 다른 보상 체계에 따라 그들 나름대로 합리적으로 행동하고 있기 때문이다. 예를 들어 당신의 보상 체계에는 누군가를 도와주면 기분이 좋아진다는 게 포함되어 있을 것이다. 하지만 유해한 사람들은 당신이 실패하는 모습을 보면서 우월감이라는 보상을 얻는다.

유해한 사람들을 처리하는 유일한 길은 그들을 당신 삶에서 몰아내고 모든 소셜 미디어에서 차단하는 것이다. 그들의 현재 문제만 해결해 주면 모든 게 순탄해지리라고 생각하는 함정에 빠지지 마라. 유해한 사람들은 항상 새로운 문제를 만들기 때문에 절대로 끝나지 않는다.

> **일반적인 프레임: 이 사람은 성격이 강하니 동등한 입장에서 상대하려면 내가 더 강해져야 한다.**
> **리프레임: 이 사람은 유해한 존재다. 지금 당장 벗어나야 한다.**

우주의 역사는 대단히 길다. 그 장구한 세월 동안 유해한 사람을 자기 삶에서 몰아내고 후회한 사람은 아무도 없다. 당신이 최초가 아니니 걱정하지 마라. 이는 삶에서 언제나 효과적인 몇 안 되는 일 중 하나다.

매력 어필도
전략적으로 하라

★　　누구에게나 매력적으로 보이는 사람에게는 이 리프레임이 필요하지 않을 것이다. 하지만 우리 대부분은 약간의 도움이 필요할 수 있다.

일반적인 프레임: 아무도 나를 매력적이라고 생각하지 않는 듯하다.
리프레임: 나는 아직 충분히 많은 사람을 만나지 않았다.

당신 같은 유형에 매력을 느끼지 못하는 90퍼센트(그냥 고른 숫자다)의 사람들을 생각하는 대신에 당신에게 매력을 느끼는 10퍼센트의 사람들을 생각해 보라. 나 같은 경우에는 NBA(미국 프로농구)에서 뛸 가능성이 없는 똑똑한 남자를 선호하는 여성들이 여기에 해당한다. 100명의 여성을 만난다면 10명 정도는 나의 외모나 나이보다 지적인 매력에 더 관심을 가질지도 모른다. 많지 않은가?

만약 당신에게 관심 있는 사람이 10퍼센트는 있다는 말이 미약한 위로 같다면 이건 어떤가? 세계에서 가장 인기 있는 뮤지컬 공연도 전 세계 대중의 10퍼센트 이하가 즐긴다는 사실을 생각해 보라. 어떤 이유로든 대중의 10퍼센트가 당신을 좋아하게 만든다면 당신은 부자가 될 것이다. 내가 〈딜버트〉 만화로 큰돈을 벌게 된 것도 그런 연유에서다. 대중의 10퍼센트 정도가 내 만화를 좋아한다. 그것이 역사상 가장 성공한 만화가 중 한 명이 되는 데 필요한 전부였다.

매력적인 연애 상대가 되는 가장 좋은 전략 중 하나는 운동과 식단관리를 열심히 하는 것이다. 이 두 가지를 제대로 해내면 주변에서 가장 매력적인 사람 중 한 명이 될 수 있다. 특히 30세 이후에는 더욱더 그렇다. 한 여성이 내게 이렇게 말했다. "직업과 헬스장 회원권을 가진 남성은 이미 상위 20퍼센트에 드는 매력적인 남성에 속한다"고 말이다. 여기에 몸매와 패션에 신경 쓰고 헤어스타일까지 손보면 상위 10퍼센트에 들 수 있다.

10퍼센트 전략은 연애 방면으로 잘 안 풀릴 때 어떻게 해야 하는지 정확히 알려 준다. 더 많은 사람들을 만나라는 것이다. 그게 전략의 전부다. 어떻게 만나든 상관없다. 스포츠를 즐기든, 동호회에 가입하든, 직장을 옮기든 필요한 것은 다 해보길 바란다. 아는 사람들을 늘리면 짝을 찾을 확률이 훨씬 높아진다. 그러니 모든 사람에게 매력적인 사람이 되겠다는 생각은 버려라. 단순히 수학적 접근으로 문제를 해결하라. 가능한 모든 방법으로 더 많은 사람을 만나라.

내가 이해하기로 데이트 앱은 일부 유형의 사람, 즉 외모가 더 뛰어난 사람에게만 효과가 있다. 나는 그리 잘생긴 편이 아니라서 외모를 보고 나를 만나려는 사람이 전혀 없었다. 하지만 직접 만나면 더 나은 내 매력을 보여 줄 수 있다. 이 책을 읽은 사람들 대부분은 나와 한배를 타고 있을 것이다. 그 배에 사람을 더 태워서 자연스럽게 누군가를 만날 가능성을 높이면 해결할 수 있다.

그렇지만 새로운 사람들을 만나는 것만으로는 충분하지 않다. 데이트까지 가려면 당신이 유전적 우위를 가진 사람이라는 신호를 보내야 한다.

일반적인 프레임: 연애 상대가 될 사람을 찾아야 한다.
리프레임: 연애 상대를 얻으려면 나의 유전적 장점을 알려야 한다.

위의 리프레임 두 개를 결합해 보면 가장 좋은 전략은 유전적 장점으로 여겨질 만한 능력을 보여 주는 방식으로 새로운 사람을 만나는 것이다. 유전적 장점은 사람들이 당신과 짝이 되고 싶어 하도록 만든다. 예를 들어 당신이 스포츠에 능하다면 남녀 혼성 스포츠

관계를 위한 리프레임

팀에 가입하라. 훌륭한 음악가라면 파티에서 피아노를 연주하는 등 대중 앞에서 공연할 방법을 찾아보라.

배우자 감을 유혹하기 위해 명백한 유전적 장점을 전부 지니고 있을 필요는 없다. 음악적 능력은 있지만 다른 면에서 무능한 록스타를 떠올려 보라. 타고난 재능은 보통이고 연습으로 키웠을 뿐이라도 음악적 재능이 유전적 장점으로 인식되어 짝을 찾을 기회가 많다.

쉽게 새로운 사람을 만날 수 있는 출발점을 찾고 있다면 헬스장에 등록하여 몸매 관리에 힘써라. 근육을 만들고 체지방을 줄여 많은 사람이 당신의 명백한 유전적 장점을 알아보게 한다면 연애 상대가 생길 가능성이 훨씬 높아진다.

칭찬도 타이밍이 중요하다

———

칭찬은 삶의 경험을 개선해 주는 쉬운 방법이다. 청하지도 않았는데 당신이 진심 어린 칭찬을 해주면 사람들은 이를 기억한다. 그리고 당신에게 더 좋은 감정을 갖게 되어 당신을 고용하거나, 당신과 친구가 되거나, 당신과 결혼하거나, 당신을 신뢰하거나, 당신에게서 물건을 사는 등 당신과 함께할 가능성이 커진다. 대다수는 평소에 아무런 칭찬도 받지 못하고 하루를 보낸다. 당신이 이를 깨뜨

려 준다면 긍정적으로 기억될 것이다. 그렇다면 칭찬의 단점은 무엇일까?

이 글을 쓰는 현재 미국에서는 12세 이상의 남성이 하는 칭찬은 의심스러운 행동으로 받아들여질 수 있다. 특히 직장이라면 더욱 그렇다. 당신이 사는 곳의 문화는 다를 수 있지만 칭찬 타이밍을 잘 판단할 수 있을 거라 믿는다. 직장 밖에서는 칭찬해 줘도 덜 위험하다. 나는 평생 사람들을 칭찬해 왔지만 부정적인 결과를 초래했던 적이 거의 없다. 칭찬은 현실이 제공하는 '공돈'을 얻을 수 있는 가장 덜 위험한 방법의 하나다. 여기서 공돈은 사람들의 호감을 의미한다.

일반적인 프레임: 칭찬하는 건 어색하거나 소름 돋거나 잔퇴 같다.
리프레임: 칭찬을 보류하는 건 거의 부도덕한 행동이다.

아주 운 좋은 사람에게도 인생은 힘들 수 있다. 예상치 못한 칭찬

관계를 위한 리프레임

한마디는 누군가의 하루를 바꾸기도 한다. 그리고 칭찬이란 작은 친절 꽃다발을 건네는 데는 돈 한 푼 들지 않는다. 누군가를 긍정적으로 생각한다면 표현하라.

하지만 이상하게 칭찬하지는 마라. 나는 칭찬을 던지고 빠지는 방식을 선호하는데 당신도 이 방법을 써보길 권한다. 크게 칭찬한 다음 상대방이 어색해하거나 반응하기 전에 주제를 바꾸면 된다. 칭찬을 길게 하면 상대방은 어색해하거나 별것 아니라고 겸손을 떨 것이다. 칭찬을 던지고 빠지는 방법을 쓰면 칭찬을 전달하면서도 아무도 어색해질 시간이 없다. 그렇게 임수 완수다. 잘 알지 못하는 사이여서 칭찬을 어떻게 받아들일지 모르는 사람에게만 칭찬을 던지고 빠지는 방법을 써라. 배우자처럼 잘 아는 사람이라면 당신이 더 자세하고 다양하게 칭찬을 이어 갔으면 하고 바랄 수 있다. 언제 칭찬을 이어 가야 할지 잘 알 거라고 믿는다.

무얼 먹을지 결정하는 게
어려운 이유

★　　성소수자들 사이에서는 상황이 다른지 모르겠지만 간단히 설명하기 위해 일반적인 이성애자 커플이 식사 장소를 의논할 때 얼마나 지루한지 묘사해 보겠다.

여자가 남자에게 원하는 것은 두 가지다. 의논을 주도하는 결단력 있는 남자와 식당 결정에 대한 완전한 지배권. 짐작 가듯이 매일 반복되는 이 악몽으로 배고픈 남자에게 문제가 생긴다. 남자는 주도적으로 식당을 의논하면서도 그런 티를 내지 말아야 한다. 만약 남자가 이 함정을 자발적인 두 당사자 사이에 내려야 할 결정으로 접근한다면 좌절할 수밖에 없다. 하지만 다음 리프레임으로 상황을 재구성하는 영리한 사람은 이를 쉽게 헤쳐 나갈 수 있다.

일반적인 프레임: 미친 사람과 식당을 결정해야 한다니, 살려 줘.

리프레임: 음식이 문제가 아니라 통제권에 대한 착각이 문제다.

이런 상황에서 남자가 의논을 주도하는 동시에 앞서가지 않으려면 여러 식당 중에서 두 개의 선택지를 주고 상대방에게 하나를 고르라고 하면 된다. 선택지를 둘로 좁히면 상대방에게 과하지 않게 선택지를 주는 동시에 주도적인 모습을 보임으로써 '주도성' 문제가 해결된다.《선택의 패러독스》의 저자 배리 슈워츠**Barry Schwartz**는 선택권이 너무 많으면 사람들이 불행해진다고 말한다. 선택권이 많을수록 자신이 올바르게 선택했는지 의심할 가능성이 커지기 때문이다. 실제로 나는 그런 현상을 본 적이 있다. 너무 많은 선택권이 주어지면 사람들은 스트레스를 받는다. 내 말을 못 믿겠다면 치즈케이크 팩토리를 처음 방문한 사람들의 표정을 보라. 메뉴가 사전만큼 두꺼운데, 그것을 들여다보는 사람들 중 행복해 보이는 이는 거의 없다.

그렇다. 내가 예로 든 가상의 여성은 두 식당 모두 선택하지 않을 것이다. 하지만 그 시점에서 여성 스스로 선호하는 식당을 제안할 테고 영리한 남성은 즉시 그 제안을 받아들일 것이다. 그렇게 문제가 해결된다. 여자는 남자가 주도적으로 선택지를 둘로 좁히며 유용한 역할을 하는 모습을 보았다. 그런 다음 두 선택지를 거부하고 원하는 식당을 대신 제안하여 자신이 선택한 식사를 하게 된다. 남자는 주도성을 보여 주는 데 성공한다. 일반적으로 남자는 어느 식당을 가든 크게 신경 쓰지 않기 때문이다. 즉 모두가 이긴 상황이다.

식당 결정이 아니라 통제권 문제라는 프레임으로 상황을 재구성하면 선택의 폭을 둘로 좁혀서 의사 결정 과정을 조정하는 등 다양한 해결책이 열린다. 반대로 비합리적인 상대방과 합리적으로 식당을 결정하려고 애쓰고 있다는 프레임으로 보면 해결할 방안이 많지 않다.

당신이 내게 반박 이메일을 보내기 전에 나는 모든 사람이 똑같지 않으며 특히 당신은 정말 멋지고 좋은 의논 상대임을 알고 있다고 말해야겠다. 하지만 이 책의 독자 상당수가 식당 결정을 둘러싸고 이런 악몽을 겪고 있으며 내가 제시한 리프레임을 기꺼이 시도해 보리라고 생각한다.

만약 누군가 "어느 식당에 가고 싶어요?"라는 질문을 던졌을 때, 그 질문을 받는 입장에 있다면 다른 방식의 리프레임이 필요하다. 당신은 결정권을 혼자 독점하지 않는 게 예의 바른 자세라고 생각할 것이다. 하지만 질문자 입장에서는 결정에 대한 책임을 나누고 싶어 했을 테니 예의 바른 답이 아닐지도 모른다. "저는 아무데나 상관없어요"라는 대답은 좋은 결과를 가져올 수 없다.

이 상황에 더 적합한 관점은 질문자는 결정을 같이 내릴 부조종사를 원하며 그 자리가 채워질 때까지 아무것도 결정되지 않는다는 것이다. 이때 적합한 리프레임은 다음과 같다.

관계를 위한 리프레임

일반적인 프레임: **결정이 필요하다.**

리프레임: **책임을 분담할 부조종사가 필요하다.**

이것은 어머니가 내게 가르쳐 주신 리프레임이다. 때로는 선택 자체보다 앞으로 나아갈 방법을 찾는 것이 중요할 때도 있다. 아무거나 상관없다고 말하지 말고 그냥 선택하라. 모두가 당신의 선택에 기뻐할 것이며 당신은 리더처럼 보일 것이다. 만약 당신의 선택이 마음에 들지 않는 사람이 있다면 당신에게 그 이유를 말해 줄 것이다.

이 책에 실린 리프레임 중에서 식당 결정 리프레임은 가장 보편적으로 적용될 수 있다. 우리 대부분은 "식사는 어디서 할까요?"라는 함정을 만난다. 이 리프레임이 얼마나 함정을 잘 해결해 주는지 놀라게 될 것이다.

또한 이 리프레임은 당신의 솔직한 대답이 "저는 상관없어요"가 될 모든 선택에 적용된다. 즉 음식에 국한되지 않으며 업무든 개인 생활이든 다양한 상황에 적용할 수 있다. 이 리프레임 중 하나를 처음 시도해 보면 마음속으로 조용히 내게 고마워할 것이다. 그리고 그 마음을 느낄 수 있는 나는 조용히 "천만에"라고 대답하겠다.

관계를 위한 리프레임

유머를 만들려면 패턴을 깨뜨려라

★　　재미있게 타고난 사람이 아니라면 유머를 구사하는 방법을 알아 두면 좋지 않을까? 모든 사람이 크게 웃기를 좋아하니 말이다.

대부분의 유머는 알려진 패턴을 언급한 후 그 패턴을 기발하고 예상치 못한 방식으로 깨뜨리거나 반전을 주는 데서 나온다. 예를 들어 캐릭터가 고정관념에 반대되는 행동을 할 때(일반적인 유머 공식) 고정관념이란 패턴을 깨뜨리는 것이다. 귀여운 토끼가 사실은 치명적인 암살자라는 설정이 그런 경우다.

흔히 스탠드업 코미디언들은 어떤 집단이 사회에서 어떤 짓을 하고도 무사할 수 있는 상황을 먼저 묘사한 다음 '내가 그런 짓을 한다고 상상해 봐'로 패턴을 깨뜨림으로써 농담을 건넨다. 예를 들어 유명인이 저지르고도 빠져나간 악행을 설명하고 나서 코미디언이 똑같은 행동을 해봤지만 잘 안 된 '만약의 경우'를 이야기한다.

영화에서 흔히 사용되는 플롯 장치는 '물 밖에 나온 물고기'처럼 어색한 상황이다. 별난 캐릭터가 준비되지 않은 상황에 던져지면서 웃기는 상황들이 벌어진다. 이 역시 패턴을 깨뜨려 유머를 성립하는 한 형태다.

농담 섞인 글쓰기가 직업이 아닌 사람들은 흔히 유머를 '남들에게 일어나는 나쁜 일', '비극에 시간을 더한 것' 또는 단순히 '놀라움'으로 설명하곤 한다. 하지만 이런 설명만으로는 자신만의 농담을 만드는 데 도움이 되지 않는다. 나는 당신도 농담을 직접 쓸 수 있게 되기를 바란다. 유머는 패턴 깨뜨리기라는 리프레임은 무엇이든 유머로 만들어 낼 수 있는 출발점을 제공하므로 아주 유용하다.

유머에 관한 리프레임은 다음과 같다.

일반적인 프레임: 일반적인 패턴을 유지한다(유머가 성립되지 않음).
리프레임: 일반적인 패턴을 깨뜨린다(유머 성립).

권력을 가진 사람들 또는 예의 바른 사회에서 지켜야 하는 패턴을 부수는 유머는 더 많은 힘을 얻을 수 있다. 그런 까닭에 규정을 지키지 않는 경찰, 의뢰인에 유리한 거짓말을 못 하는 변호사, 환자에게 무례한 의사, 괴물 같은 영혼의 동반자는 좋은 유머 소재가

관계를 위한 리프레임

된다. 패턴을 깨뜨리기 시작하면 그에 맞는 유머를 쉽게 만들어 낼 수 있다.

패턴 깨뜨리기가 유머를 구사하는 유일한 방법은 아니지만 다른 방법들은 그만큼 확실한 출발점을 주지 못한다. 동료, 가족, 전문가 등 특정 인물에게서 예상되는 가장 일반적인 행동 방식이 무엇일지 생각해 보고 그들이 그와 반대되는 행동을 하면 어떤 일이 일어날지 상상해 보라. 유머를 쓰기도 전에 재미있을 것이다.

배달해야 할 우편물을 전부 집으로 가져간 우편집배원의 이야기를 기억하는가? 그는 우편물 배달과 반대되는 행동을 했기 때문에 처음부터 웃겼다. 일반적인 우편집배원의 패턴을 깨버렸기 때문이다.

아직 아무도 언급하지 않은 인간의 공통된 행동 패턴을 불러내어 유머를 만들어 낼 수도 있다. 최근에 한 친구가 양말 한 짝에 구멍 난 것을 발견하고 단순히 짝이 맞지 않는다는 이유로 남은 한 짝을 버릴까 고민하다가 죄책감이 들었다고 했다. 당신도 그런 생각을 해본 적이 있다면 피식 웃음이 났을 것이다. 친숙한 소재이지만 아직 코미디언이 선택하지 않은 주제가 웃음을 가장 유발하는 유머다.

앞선 예들에서 알 수 있듯이 행동 패턴을 관찰하여 끄집어내거나 행동 패턴을 깨거나 위반함으로써 유머를 만들어 낼 수 있다. 관찰 방법을 사용하면 일상에서 우연히 무언가를 발견할 때 창의력을 얻을 수 있다. 반면 패턴 파괴 방식으로 접근하면 출발점과 진행 방식에 대한 아이디어가 저절로 싹튼다.

참고로 패턴을 깨뜨리는 것은 기억에 남는 프레젠테이션을 만드는 데도 매우 효과적인 방법 중 하나다. 청중이 꼭 기억했으면 하는 슬라이드에서 파격적인 변화를 시도하라. 흰 식탁보 위의 얼룩처럼 패턴 파괴는 청중의 주의를 사로잡을 수 있다. 이 방법은 강한 인상을 주고 기억에 오래 남게 한다.

기이하게도 유머를 구사하는 또 다른 흔한 방법은 편견에 사로잡힌 사람이 예상하는 대로 행동하는 캐릭터를 만드는 것이다. 예를 들어 편견이 심한 사람이 〈딜버트〉 만화의 캐릭터인 엔지니어를 보면 사회성이 떨어지는 괴짜로 추정하고 특정 방식으로 행동하리라 예상할 것이다. 나는 엔지니어를 존중하고 농담 수위가 어디까지 허용되는지 경계를 아는 전문 유머 작가다. 그렇기 때문에 적당한 선에서 가볍게 그들을 개그 소재로 쓸 수 있다. 하지만 당신은 자신이 속하지 않은 집단을 대상으로 농담하고 싶지 않을 것이다. 그리고 자신이 속한 집단이라도 안전하게 유머를 구사하는 것이 낫다.

다음에 마주치는 사람이 그의 성격과 정반대되는 행동을 한다고 상상해 보라. 아마 웃음이 나올 것이다. 이제 당신은 유머를 구사하는 방법을 알게 됐다.

관계를 위한 리프레임

결혼은
약속이다

★   우리는 사랑이란 영혼의 동반자를 찾는 과정이라고 생각하고 싶어 한다. 이는 즐겁고 낭만적인 프레임이다. 하지만 현실적으로 인간은 합리적인 범위에서 가까이 있고 기꺼이 자신과 함께하려는 사람과 사랑에 빠진다. 좋든 나쁘든 우리는 그렇게 사랑을 한다.

그러나 한편에서는 결혼에 대한 새로운 관점이 주목받고 있다. 이 관점에 따르면 결혼은 평생의 동반자이자 보호자가 되어 주겠다고 동의하는 사람을 찾는 것으로 본다. 물론 가능한 한 모든 면에서 서로 잘 맞는 것이 중요하지만 새로운 관점에서 최우선순위는 사랑이나 영혼의 동반자가 아니라 서로에 대한 약속에 있다.

당신은 사랑을 하고 싶거나 파트너가 영혼의 동반자라고 느끼고 싶을 수도 있다. 하지만 낭만적인 사랑과 열정은 아무리 처음의 설렘을 유지하려고 해도 시간이 지나면서 사그라들기 마련이다. 하지만 약속은 다르다. 오랫동안 지켜 온 약속은 가치가 떨어지지 않고 오히려 더 소중해진다. 그리고 죽음이 서로를 갈라놓을 때까지 서로를 돌보겠다는 약속은 인간에게 최고의 가치가 있다. 사랑할 수 있는 파트너를 찾되, 그와 더불어 약속을 무엇보다도 소중히 여기는 사람을 찾아라.

> **일반적인 프레임: 결혼은 영혼의 동반자를 찾는 것이다.**
> **리프레임: 결혼은 약속을 소중히 여기는 사람과의 사랑을 찾는 것이다.**

나의 비방자들이 기쁘게 지적하듯이 사실 나는 결혼에 대해 조언할 자격이 없는 사람이다. 두 번의 이혼을 경험했으니 말이다. 나는 내가 했던 모든 행동을 피하라고 당신에게 권할 만큼 나 자신을 잘 알고 있다. 어쩌면 나의 지나친 자존감이 도움이 되었을 수도 있다. 아무튼 내가 결혼 생활의 실패를 변명하기 위해 사용한 리프레임을 말해 주겠다. 당신에게도 도움이 될 것이다.

> **일반적인 프레임: 결혼은 훌륭한 제도이므로 결혼 생활 실패는 둘 중 하나 또는 둘 다 잘못했다는 뜻이다.**
> **리프레임: 너무 많은 결혼이 이혼으로 끝난다는 건 결혼이 잘못 설계된 제도라는 증거다.**

분명히 말하지만 결혼은 일부 사람에게는 훌륭한 제도다. 하지만 내가 평생 관찰해 온 바에 따르면 그 비율은 25퍼센트를 넘지 않는다. 사람들은 모두 다르다. 우리는 같은 직업, 같은 스포츠, 심지어 같은 날씨에서조차 똑같이 잘살 수 없다. 또한 우리는 음악, 음식, 반려동물에 대한 취향도 다를 수 있다. 결혼 제도가 어떤 사람에게는 완벽하게 맞지만 또 다른 사람에게는 그렇지 않다고 해서 놀랄 일도 아니다.

평생 함께하는 일부일처제는 인터넷이 생기기 이전의 제도이며 오랜 세월 인류 문명의 주축이었다. 일부일처제 전성기에는 남성과 여성이 결혼 생활에 서로 다른 것들, 즉 상대가 쉽게 줄 수 없는 것들을 제공했기 때문에 전통적인 결혼이 의미 있었다. 하지만 평등한 시대에는 모든 개인이 그리 특별한 노력 없이도 혼자 생활을 꾸려 갈 수 있다. 즉 배우자가 필요하지 않다. 그런 사람들에게 결혼은 실패하도록 설계되어 있다. 다시 말해 그런 사람에게는 배우자가 시간이 지나면서 동료, 친구 또는 거의 모든 사람보다 못해 보이기 시작할 수 있다. 배우자 외의 사람들은 주로 자신의 좋은 면만 보여 줄 수 있기 때문이다. 반면 배우자는 일상생활에서 모든 면을 함께 공유하기에 그런 선택권이 없다. 그런 까닭에 경쟁 자체가 어렵다.

사람들이 인터넷에서 쉽게 대안을 찾을 수 없다면 결혼이 더 잘 유지되겠지만 현실은 그렇지 않다. 현실의 시스템은 짝짓기 대안을 무한히 제공하고, 더 나쁘게는 행복한 결혼 생활을 유지하면서도 낭만적인 가상 인물의 러브스토리를 끝없이 제공함으로써 부부가 서로에게서 점점 더 많은 결점을 보기 시작하게 만든다.

나는 어떤 것이든 예측할 때 '돈을 따르라'는 조언을 자주 한다. 결혼 생활에서도 마찬가지로 돈이 이혼 결심에 작용하기도 한다. 결혼 생활 중에 경제적 기여도가 낮은 사람에게는 특히 더 그렇다. 부부 중 한쪽이 별로였던 결혼 생활을 종료하면서 상당한 돈을 챙길 수 있고, 공동 양육권을 갖는 동안 자연스레 베이비시터까지 쓸 수 있다면 이혼은 바람직하지는 않더라도 실용적인 선택처럼 느껴질 것이다. 물론 오직 돈 때문에 이혼하는 사람이 많다고 생각하지는 않지만 '돈을 따르라'는 말은 당신의 바람보다 예측력이 높다. 결혼을 계획하고 있다면 현실적으로 생각하라. 그것이 내가 제안하는 전부다.

십 대 자녀와의 대화 요령

집에 십 대 자녀를 둔 성인이라면 자녀를 설득하려고 애쓰는 기쁨(?)을 경험해 보았을 것이다. 대개는 당신 대 자녀 간의 힘 대결로 바뀌면서 고함과 눈물이 오가고 며칠 동안 계속 기분이 나쁠 수 있다. 가끔은 십 대 자녀도 얼마간 영향을 받는다.

관계를 위한 리프레임

당신이 시도해 볼 수 있는 한 가지 해결책은 자녀에게 이렇게 설명하는 것이다. 우리 둘을 포함해 모든 사람은 덜 성숙한 뇌로 인생을 시작한다. 운이 좋아 오래 살면 유통기한이 지난 늙은 뇌를 갖게 된다. 그리고 그 중간 연령대의 뇌일 때 결정을 가장 잘 내릴 수 있는데 부모 나이가 그쯤이다. 인간의 뇌가 가장 잘 작동하는 시기가 일생의 시작과 끝에 가까운 때가 아니라 그 중간이라는 생물학적 사실을 무시하고 싶지는 않을 것이다.

〈스파이더맨〉에 나온 표현을 빌리자면 큰 힘에는 큰 책임이 따른다. 십 대 자녀를 안전하고 올바른 길로 인도하는 것은 당신의 임무이고, 당신은 그 책임을 진지하게 받아들여야 한다. 그러므로 결정을 내리는 사람은 십 대 자녀가 아니라 부모인 당신이다.

미국인이 35세가 될 때까지 대통령 선거에 출마할 수 없는 데는 다 이유가 있다. 생사를 가르는 결정을 내릴 때 최고의 두뇌가 우리 편에 있기를 원하기 때문이다. 정치적 입장을 떠나서 대통령이 75세 이상일 때 시민들이 걱정하는 데도 충분한 이유가 있다. 그 나이를 넘어서면 시민들은 지도자의 판단력이 어떤 상태인지 확신할 수 없기 때문이다.

이게 내가 의붓아들과 나누는 대화 내용이다. 물론 아들은 자기가 원하는 것과 그 이유에 대해 생각을 바꾸지 않았지만 내 논리를 이해하고 반박하지 않았다. 그래서 우리는 잘 지낼 수 있었다. 나는 결코 감정적으로 대응하지 않고 아들 마음에 들든 말든 내가 부탁하거나 조언한 대로 하는 것이 왜 최선인지 신중하게 설명했다. 그리고 누가 결정권자인지를 일관되게 주장하기 위해 스노보드처럼 아이가 나보다 더 잘 아는 영역에는 충고하려고 하지 않았다. 만약 우리가 함께 스노보드를 탔다면 그 분야에서는 아들이 전문가이니 아들의 의견을 따랐을 것이다. 이를 리프레임으로 정리하면 다음과 같다.

> **일반적인 프레임:** 십 대 자녀는 부모가 제시한 '이유'를 이해하지 못해서 대화는 힘겨루기로 바뀐다.
> **리프레임:** 부모는 아직 성인의 판단을 이해하지 못하는 미숙한 뇌를 인도해 줄 안내자다.

부모와 십 대 자녀 간의 힘겨루기를 누그러뜨릴 수 있는 또 다른 리프레임은 다음과 같다. 지금 이 순간이 아닌 몇 년 후 미래를 위해 책임지고 이야기한다는 식으로 재구성해 보라.

> **일반적인 프레임:** 나는 십 대인 네게 말하고 있고 이는 우리 둘 사이의 문제다.
> **리프레임:** 나는 현재의 네가 아니라 미래의 너에게 대답해 줘야 한다.

이 아이디어는 아직 뇌가 완전히 발달하지 않은 현재의 십 대 자녀가 아닌 미래의 자녀 편에 서서 대화를 재구성하라는 것이다. 자녀에게도 그렇게 설명하길 바란다. 그렇게 하면 2 대 1 구도가 된다. 십 대 자녀에게 네가 성공하고 행복한 성인으로 자라도록 노력하고 있다고 하면서 네가 성인이 됐을 때 너의 청소년기에 부모가 어떻게 키웠는지 평가하게 될 것이라고 설명하라. 십 대 자녀가 (항상 외쳐대듯) "제가 왜 그래야 하는지 이해가 안 돼요!"라고 말할 때는 미래의 너는 아직 미숙하고 불완전한 뇌를 가진 미성년자의 조언을 듣지 않은 것에 감사할 거라고 간단히 대답하면 된다.

이 리프레임을 사용하면 위험 관리가 아직 능숙하지 않은 현재의 십 대가 아닌 미래의 자녀 편에 설 수 있다. 현재의 네가 아닌 미래의 네 편을 들고 있다고 말하면 자녀의 마음은 약간 흔들린다. 자신보다 더 적극적으로 자신 편을 드는 사람에게 분노를 느끼기 어려우니까 말이다.

참고로 이는 '포용과 과장된 공감 설득'의 한 예로 십 대 본인보다 더 완전하게 아이 편을 드는 방법이다. 십 대 아이들은 보통 매우 일시적이고 이기적인 방식으로 지금의 자아를 극대화하려는 반면, 부모는 십 대 자녀의 인생 전체를 극대화하려고 한다.

이 리프레임을 작동시키는 열쇠는 모든 감정을 배제하는 것이다. 십 대 자녀가 당신이 왜 이러는지 '이해하지 못하겠다'라고 말할 때 그럴 거라고 동의하며 미래의 너는 당신의 지금 행동에 만족할 거라고 이야기하라. 그리고 아직은 무엇이 장기적으로 이득일지 이해할 능력이 없지만 미래의 너는 이해할 수 있을 거라고 말하라. 당신은 현재의 반쯤 완성된 버전이 아니라 완성된 버전인 미래의 자녀를 위해 행동하고 있음을 설명하라.

솔직히 말해서 이 리프레임은 이 책에서 소개한 것 중에 가장 약해 보일지 모르지만 당신이 써온 어느 방법보다 효과적일 것이다. 십 대 자녀와의 어떤 대화도 포옹과 감사로 끝날 거라고 기대하지 마라. 십 대는 여전히 아이일 뿐이다. 그러나 이 리프레임을 사용해서 당신의 감정을 상황에서 분리할 수 있다면 상황이 과열되는 것을 막는 데 도움이 된다.

아 참, 십 대 자녀와 대화할 때는 큰 상처를 주는 표현은 당연히 사용해서는 안 된다. 원한다면 성숙, 완전한 발달, 생명표(보험사에서 연령별 사고 발생 위험도를 나타낸 표−옮긴이) 같은 성인의 용어를 분위기에 봐가며 써라. 그리고 "이해가 안 돼요"라고 불만을 토로하기를 기다렸다가 이렇게 대답하기를 즐겨라. "내 말이 바로 그거야. 네가 이 상황을 제대로 이해했다면 나 없이도 스스로 결정을 내릴 준비가 되어 있었겠지. 사랑한다. 숙제하고 잠이나 자, 이 녀석아."

아이를 꼭 낳아야 할까?

아이를 낳을지 말지 고민하고 있지만 그래야 한다는 사명감을 느끼지 못한다면 자신의 결정에 마음이 불편할 수 있다. 사회는 부모가 되기를 장려하고, 사람들은 당신에게 '왜 아이를 낳지 않기로 했냐'는 의도는 좋지만 짜증 나는 질문을 자주 할 것이다.

아이를 낳아야 하는 좋은 이유들로는 종교적인 이유(그런 신념이 있다면), 개인적 만족, 목적의식, 더 나은 사회 형성 등이 있다. 가장 약하지만 종종 가장 끌리는 이유로는 자신의 유전자를 퍼뜨려 시간이 지나도 '잊히지 않으려는' 선천적인 욕구가 있다. 의식적으로 그런 생각을 하지는 않겠지만 우리 대부분의 내면에 그 본능이 살아 있다. 그렇지 않다면 부담감과 비용 때문에 아이 갖는 것을 쉽게 포기할 테니까 말이다.

일반적인 프레임: 내 유전자를 퍼뜨려야 한다.

리프레임: 어쨌든 내 유전자는 세대를 거듭할수록 희석되어 결국 나의 비중은 0에 가까워질 것이다.

이 리프레임은 아이를 갖지 않기로 결정했을 때도 유용하다. 이런 결정을 내리면 주변 사람들은 그 이유를 이해하지 못할 테고, 스스로도 유전자를 이어 가지 못한다는 생각이 들 수 있다. 하지만 이 리프레임으로 그 생각을 몰아낼 수 있다. 어차피 자신의 유전자가 영원히 이어지지는 않을 것이다. 몇 세대를 거치며 희석된 후 유전자의 비중은 자손의 귀에 귀지가 얼마나 생길지 정도로 축소될 수 있다. 그런 유산을 물려주려고 인생을 설계할 필요는 없다.

이별의 아픔은
영원하지 않다

★　　보통 살아가다 보면 이별을 여러 번 겪게 된다. 이별은 아프기 마련이다. 이번에는 이별을 어느 정도 겪어 본 내게 가장 효과적이었던 리프레임을 알려 주겠다. 현실적으로 시간이 유일한 치료제이지만 유용한 리프레임으로 대처하면 빠르게 회복할 수 있다.

일반적인 프레임: 관계가 영원히 지속되었으면 좋겠다.

리프레임: 영원한 것은 없다.

가장 좋은 시나리오는 둘 중 하나가 노환으로 먼저 죽을 때까지 평생 함께 사는 것이다. 그러나 인생은 행복한 결말을 선사하도록 설계되지 않았다. 그리고 어떤 것도 영원히 지속되지는 않는다. 끔찍한 소리 같고 실제로도 끔찍한 일이지만 피할 수 없는 운명임을 빨리 받아들일수록 관계가 잘 풀릴지 걱정하는 것을 멈출 수 있다. 장기적으로 보면 모든 기업은 망하고, 모든 정부는 교체되며, 모든 인간은 죽음을 맞는다. 상실을 경험하지 않는다면 인간에게 기쁨을 누릴 줄 아는 능력이 없었을 것이다. 그리고 우리 모두 기쁨을 원한다.

다음은 내게 유용했던 또 다른 리프레임이다.

일반적인 프레임: 이 이별로 행복에 대한 희망을 버렸다.
리프레임: 세 번째 결혼이 첫 번째 결혼보다 더 행복한 경우도 많다.

사실인지 전혀 알 수 없지만 리프레임에서 정확성은 중요하지 않으므로 따로 조사할 생각은 없다. 주변 사람들 중에 세 번째로 결혼한 사람들이 더 행복해 보였다는 것으로도 내겐 충분하다. 그런 모습을 본 적 없는 사람에게는 이 리프레임이 적합하지 않을 수 있다. 하지만 그런 적이 있다면 지금 이별은 연습이었다고 스스로에게 말하라. 첫 번째나 몇 번의 시도 만에 완벽한 짝을 찾을 확률은 낮다. 하지만 장기적으로 보면 당신과 잘 맞는 이상적인 짝을 찾아낼 가능성은 충분히 높다.

이별은 힘든 시간의 시작을 알리는 신호일 수 있다. 하지만 이별에 대한 보상으로 자유가 주어지는 때도 종종, 어쩌면 자주 있다. 좋아하는 활동들을 다시 발견하고, 운동과 경력에 더 많은 시간을

관계를 위한 리프레임

쏟고, 결국에는 더 나은 관계로 발전할 기회를 얻게 될 것이다. 그러니 서두르지 마라.

다음은 그 모든 사실을 담은 리프레임이다.

일반적인 프레임: 나는 소울 메이트를 잃었다.
리프레임: 아직 만나지 않은 소울 메이트가 수백만 명이나 있다.

모바일 앱을 통한 데이트를 제외하면 만남이 이루어지고 사랑에 빠지는 주요 장소는 직장이다. 당신이 영혼의 동반자와 같은 직장에서 일할 확률은 얼마나 될까? 인간은 다양한 사람과 사랑에 빠질 수 있다고 해야 납득될 것이다. 만약 이별을 겪고 있다고 해서 영혼의 동반자를 잃은 건 아니다. 최악이라고 해봤자 백만 명에 달하는 영혼의 동반자 중 한 명을 잃은 것일 뿐이다.

실연을 극복하는 데 가장 좋은 리프레임 중 하나는 동화 작가 닥터 수스^{Dr. Seuss}에게서 빌려 왔다. 이 리프레임은 자기연민에 빠져 있기보다 애초에 그 사람과 인연을 맺은 것이 얼마나 행운인지에 초점을 맞추게 해준다. 우리가 놓치기 쉬운 사실이다.

일반적인 프레임: 관계가 끝나서 울고 있다.
리프레임: 끝났다고 울지 말고 좋은 추억이 생겼으니 웃고 감사하라
(닥터 수스의 말 인용).

이 주제를 끝내면서 마지막으로 조언하겠다. 전 애인이나 전 배우자와 헤어지고 기뻐하는 사람들과 이야기를 나눠 보라. 그런 사람을 어렵지 않게 찾을 수 있다. 최근에 이혼한 사람들은 대부분이 범주에 들어간다. 당신이 만약 이별 후 회복 중이라면 다시 행복해질 수 없을 거라 생각할 수도 있다. 지금 행복한 사람들도 그 당시엔 모두 비슷한 생각을 했을 것이다. 그들의 이야기에서 교훈을 얻어라.

관계를 위한 리프레임

우리는 생각보다
많은 힘을 갖고 있다

★   나는 사람들이 자신을 잔인한 세상 속에서 무력한 존재로 여기는 이야기를 자주 듣는다. 그 사람들은 권력이 정부, 경찰, 상사, 심지어 배우자에게서 나온다고 생각한다. 하지만 권력은 까다로워서 우리는 권력 관계를 거꾸로 볼 때가 많다. 쉽게 이해할 수 있게 예를 들어 보겠다.

선출된 정치인이 통제권을 갖고 있는가, 아니면 유권자가 갖고 있는가? 둘 다 가지고 있다고 생각할 수 있다. 구체적인 상황에 따라 다르지만 유권자는 결코 무력하지 않다. 정치인 역시 마찬가지다.

또한 상사가 통제권을 갖고 있는가, 아니면 당신이 갖고 있는가? 이는 당신을 대체하기가 얼마나 어려운지에 달렸다. 기술 회사의 최고 엔지니어는 중간급 관리자보다 영향력이 더 클 것이다.

다음은 누군가와의 첫 만남이 순조롭지 않았다고 가정해 보자.

그 사람이 무례하거나 결례를 범했을 수 있다. 보통 사람이라면 당연히 도와줄 법한 상황에서 도움을 거부할 수도 있다. 이런 경우 당신은 낯선 사람에게 지배당하고 있는 것인가?

그 사람의 태도에 따라 당신의 기분과 하루가 달라지는 것 같다면 그에게 당신에 대한 권한을 넘겨준 셈이다. 상대방의 행동과 태도가 당신에게 영향을 미친다는 프레임을 받아들인다면 실제로 그렇게 될 수밖에 없다. 하지만 그 프레임을 받아들일 필요가 없다. 더 나은 선택지가 있으니까.

일반적인 프레임: 사람들이 나를 함부로 대하는 데 내가 할 수 있는 일은 많지 않다.

리프레임: 나는 사람들이 그렇게 행동하게 만들고 있다.

나는 이 리프레임을 대학 시절에 처음 알게 되었는데 곧바로 설명 안 되는 이상한 패턴을 알아차렸다. 내가 편안할 때는 사람들이 나를 더 잘 대해 주었다. 반면 내가 화를 내거나 스트레스를 받을 때는 사람들이 내 기대보다 함부로 대하는 경우가 많아 마음에 들지 않았다. 나는 오랫동안 내가 관찰한 패턴이 그저 착각이겠거니 했다. 내 마음이 편안하다고 해서 사람들이 더 친절해지는 물리적인 메커니즘은 분명히 존재하지 않는다고 생각했다. 어떻게 그게 가능한지 상상할 수 없었다.

관계를 위한 리프레임

그러다 나는 점점 더 똑똑해졌다. 어떤 사람들은 이를 경험이라고 부른다. 결국 내가 편안하고 행복할 때는 다른 사람들을 나와 같은 상태로 만든다는 것을 깨달았다. 사람들은 더 많이 웃고, 더 대화에 집중하고, 전반적으로 나와의 만남을 더 즐겼다. 이런 견해가 과학적 사실과도 잘 들어맞는 것을 이해한 후 나는 만나는 사람들에게 영향을 주지만 그 사람들로부터 거의 영향을 받지 않는 주관적인 현실로 재구성했다.

정말 그럴까? 꼭 그렇지는 않다. 서로 영향을 주고받는다는 게 더 정확한 말일 것이다. 하지만 리프레임에는 진실과 논리가 중요하지 않으며 원하는 것을 얻는 게 더 중요하다. 그리고 이 리프레임은 내가 원하는 모습으로 상대방이 '변화하게끔' 적극적으로 암시하므로 내게 대단히 효과적이다. 그리고 나는 그저 사람들이 나에게 친절히 대해 주었으면 한다. 특별한 것을 바라지 않는다. 존중해 주고 친절하면 된다. 대다수는 존중, 친절, 행복을 원하므로 좀 더 그런 태도를 갖도록 설득하는 것이 윤리적이라고 생각한다.

요즘 나는 스스로를 사람들의 변덕에 휘둘리는 피해자가 아니라 사람들이 나를 대하는 방식을 정하는 '경험의 창조자'라고 생각한다. 사실 상황에 따라서 둘 다이지만 기분이 가장 좋아지는 프레임으로 그 경험을 구성한다.

성경에 나오는 다윗과 골리앗의 이야기를 알고 있을 것이다. 작은 다윗이 투석구와 돌멩이만으로 '거인' 골리앗을 쓰러뜨리는 이야기 말이다. 이 이야기의 숨은 진실은 양치기들의 투석구 솜씨가 매우 정확하고 치명적이었다는 것이다. 가까이 다가가 칼을 사용할 필요도 없었다. 다시 말해 이 이야기에서 다윗은 약자가 아니라 강자였지만 그 반대로 전해졌다. 인간은 주어진 상황에서 힘을 가진 사람이 누구인지 혼동하는 습성이 있다.

상사를 둔 사람은 상사가 자신을 지배한다고 생각한다. 분명한 사실이긴 하다. 상사가 실제로 얼마나 힘이 있는지 빠르게 확인하고 싶다면 상사 입장이 되어 보라. 직원들을 관리하고 업무에 책임을 지는 일이 얼마나 어려운지 바로 깨달을 것이다. 여기에 현대 사회가 직원에게 제공하는 법적 보호 장치, 그리고 사회적 정의에 대한 민감도까지 고려하여 상사가 힘을 얼마나 갖고 있을지 생각해 보라. 그러고 나서 특정 상황에 힘쓸 시간도 없을 정도로 빽빽한 상사의 일정을 떠올리고 마지막으로 그 상사에게 배우자, 두 자녀, 개, 고양이가 있다고 가정해 보라.

업무적으로만 놓고 보면 상사는 모든 권한을 가지고 있는 것 같다. 그러나 현실 세계에서는 서비스를 제공하는 사람에게 기꺼이 돈을 지급할 때 힘이 거의 대등해지는 경우가 많다. 60 대 40으로 상사가 좀 더 힘을 가질 수는 있지만 40퍼센트의 힘이 아무것도 아닌 건 아니다.

우리는 생각보다 많은 힘을 가지고 있다. 하지만 남들에게 얼마나 영향을 미치는지 완전히 이해하는 건 불가능에 가까워서 자신

관계를 위한 리프레임

의 힘을 정확하게 인식하지 못한다. 이해를 돕기 위해 예를 하나 들겠다.

2020년 코로나19 팬데믹이 발생했을 때 미국 트럼프 행정부는 다양한 분야의 전문가들에게 행정 명령(대통령 직권으로 정상적인 입법 절차 밖에서 일을 처리하는 서면 명령)이 필요한 사안이 있으면 언제든 아이디어를 제안해 달라고 요청했다. 나는 당시 관련 스타트업 경험으로 원격 의료 사업에 대해 약간 알고 있었다. 그래서 그때까지 허용되지 않은 주써 간 원격 의료 통화를 허용하는 행정 명령을 제안했다. 팬데믹 기간에 당연히 바뀌어야 할 규정이었다. 나는 대중과 의사 모두에게 도움이 되므로 반려하기 힘들 거라 생각했다.

몇 주 후 도널드 트럼프Donald Trump 대통령은 여러 경로를 거쳐 전달된 내 제안을 바탕으로 한 행정 명령에 서명했고, 이로써 의료비 절감을 가로막는 주요 장애물이 사라졌다. 그렇다면 그 상황에서 '힘'을 가진 사람은 미국 대통령이었을까, 아니면 나였을까? 나는 분명히 너무 좋은 아이디어였기 때문에 내게 힘이 있었다고 주장하고 싶다. 가장 좋은 아이디어를 가진 사람이 통제권, 즉 힘을 갖는다는 것이 내 주장의 요지다. 그렇게 보이지 않을 수도 있지만 실제로 세상은 그렇게 돌아간다.

만화가가 그걸 어떻게 아냐고? 최고의 아이디어가 이기는 비즈니스 상황을 수없이 겪어 왔기 때문이다. 누가 어떤 직책을 맡고 있는지는 중요하지 않다. 검토 중인 아이디어들 가운데 가장 좋은 아이디어를 낸 사람이 지배한다.

일반적인 프레임: 상사가 지배한다.
리프레임: 가장 좋은 아이디어를 가진 사람이 지배한다.

2003년생인 그레타 툰베리Greta Thunberg가 기후 변화 문제에 어떻게 큰 영향을 미칠 수 있었을까? 툰베리가 소통을 가장 잘했기 때문이다. 대중이 듣고 싶어 하는 이야기를 가장 잘 전달하는 것, 그게 바로 밑에서부터 권력을 잡는 또 다른 방법이다. 정치 연설문 작성자가 얼마나 큰 영향력을 가지는지 알면 큰 충격을 받을 것이다. 정치인은 그럴싸한 말을 하고 싶어 하므로 연설문 작성자가 정책에 큰 힘을 미친다는 것이 정치판의 공공연한 비밀이다. 연설문 작성자는 자신의 세계관을 바탕으로 대중에게 각인될 문구를 작성하여 편향된 연설을 만들어 내기도 한다.

일반적인 프레임: 전문가가 지배한다.
리프레임: 소통을 가장 잘하는 사람이 지배한다.

힘의 또 다른 원천은 능력이다. 회의 때마다 가장 유능한 사람이 당신이고 그 사실이 사람들에게 분명하게 인식되면 좋든 싫든 갑

자기 당신이 주도권을 쥐게 된다. 유능함은 최고의 초능력이다. 유능해지면 모두가 고용하고, 함께 일하고, 승진시키고, 물건을 사고, 함께 가정을 이루고, 친구가 되고 싶은 사람이 된다. 사람들은 능력 있는 사람에게 끌리기 마련이다. 유능함은 당신에게 힘, 즉 권력을 준다.

일반적인 프레임: 상사가 지배한다.
리프레임: 가장 유능한 사람이 지배한다.

다만 유능한 사람이 일을 거의 다 떠맡는다는 단점은 있다. 그래서 많은 사람이 유능해지지 않으려 하는지도 모른다.

다음은 큰 영향력을 행사하는 사람을 남들보다 빨리 알아보는 데 도움이 되는 리프레임이다. 현대 사회에서 영향력은 설득력이란 재능에 청중 규모를 곱한 결과라고 할 수 있다. 아무리 설득력이 있어도 귀 기울여 주는 사람이 없다면 누구에게도 도움이 되지 않는다. 그리고 청중이 아무리 많아도 설득하는 훈련을 전혀 받지 못했다면 기회를 낭비하게 된다. 2016년 알렉산드리아 오카시오 코르테스Alexandria Ocasio-Cortez와 도널드 트럼프 대선 후보에게서 목격했듯이 둘 다 갖춘 사람은 큰 영향력을 발휘한다는 사실을 쉽게 예측할 수 있다.

일반적인 프레임: **책임자가 영향력을 가지고 있다.**

리프레임: **영향력=설득력×청중 규모**

이렇듯 권력의 착시 현상에 대한 예시들을 살펴보았으니 이제 잘못된 힘의 역학을 쉽게 파악할 수 있을 것이다. 나는 기본적으로 모든 상황에서 내가 힘을 가지고 있다고 믿는다. 당신도 그렇게 가정하고 출발하기를 권한다.

애초에
마음 읽기는 불가능하다

★   '관계'라는 것을 맺어 본 적이 있다면 가장 가까운 사람들
조차 당신이 무슨 생각을 하는지 모를 때가 많다는 사실을 알 것이
다. 그리고 소셜 미디어를 사용할 때의 불안을 겪어 본 적이 있다
면 모르는 사람들이 당신의 의도를 제멋대로 속단해서 얼빠진 의
견을 퍼붓는 일이 얼마나 흔한지 알 것이다.

자신이 전혀 생각하지 않은 것 때문에 비난받은 적이 있는가? 물

론 있을 것이다. 일부 사람에게는 매일 일어나는 일이다. 공인인 나는 끔찍한 의도(동기)를 감추고 있다는 부당한 비난을 항상 듣는다. 말 그대로 매일 듣는다. 덕분에 나는 사람들이 부족한 단서에 기초해 얼마나 제멋대로 타인의 의도를 파악하는지 잘 알고 있다.

나는 빌 게이츠Bill Gates가 우리 시대의 가장 시급한 문제에 관여하는 모습을 볼 때 그가 진심으로 세상을 돕고자 한다는 생각이 든다. 그가 자신과 가족에게 필요한 건 모두 충족했으니 '동족'인 전 인류로 시선을 돌려 막대한 비용과 위험을 감수하면서 우리 시대의 가장 심각하고 어려운 문제들을 다루고 있다고 생각한다. 즉 빌 게이츠는 선한 동기로 행동하는 것 같다. 물론 그의 자선 활동은 물리적인 안정감과 평판 면에서 보호막이 되어 주므로 누군가는 그의 가장 큰 의도는 개인의 이익이라고 주장할 수 있다. 하지만 나는 빌 게이츠의 행동이 자기 이익 및 선의에 100퍼센트 부합한다고 본다.

나는 빌 게이츠에 대해 옳은 판단을 하고 있는 걸까? 솔직히 잘 모르겠다. 내가 남의 마음을 읽을 수는 없으니까. 하지만 어떤 사람들은 같은 사실을 보고도 빌 게이츠가 전 세계적으로 돈을 벌기 위한 음모를 꾸미고 있다고 결론을 내리기도 한다. 그들은 빌 게이츠가 대중에게 공포심을 심어 주어 제약회사와 핵에 투자를 늘리고, 세계를 장악하여 모두를 가짜 DNA로 가득한 불임 노예로 만드는 계획을 실행 중이라고 믿는다.

관계를 위한 리프레임

여기서 내가 사람들은 타인의 의도를 잘 알아채지 못한다고 당신을 어느 정도 설득했지만 그럼에도 당신은 자신이 타인의 의도를 잘 읽어 낸다고 생각할 수도 있다. 바로 그게 문제다. 우리는 모두 자기가 잘할 수 있다고 믿는다. 타인의 마음을 잘 읽을 수 없다고 주장하고 있는 지금 이 순간에도 누군가는 그럴 수 있다고 믿으리라는 것을 나는 안다. 또한 오늘도 여러 차례 타인의 의도를 부정확하게 상상하리라는 사실도 알고 있다. 이것에 대한 내 유일한 방어책은 마음속에 간직하고 자주 반복하는 이 리프레임이다.

일반적인 프레임: 나는 사람들의 행동을 보고 의도를 파악할 수 있다.
리프레임: 마음 읽기는 가짜다. 인간은 타인의 의도를 제대로 파악할 줄 모른다.

이 리프레임은 보기보다 강력하다. 다른 사람들이 '마음 읽기'를 시도하는 순간을 알아차리도록 당신의 뇌를 조정하면 인간의 마음을 읽을 수 없다는 사실을 상기시켜 그들의 주장을 반박할 수 있다. 내 경험에 비추어 볼 때 사람들은 '마음을 읽을 줄 모르지 않느냐'고 지적받으면 당신에 대한 터무니없는 비난에서 대부분 물러선다. 여전히 당신의 진짜 의도를 설명해야 할 수도 있지만 '상대방의 마음을 읽는다'는 헛된 생각을 무너뜨리고 나서 당신의 진짜 생각을 전달하는 게 더 도움이 된다. 한번 시도해 보라.

나만 이상한 사람이 아니다

———

가끔은 내 지인들이 모두 자신을 이상하다고 믿으면서(실제로 그렇기도 하다) 남들은 대부분 이상하지 않다고 믿는(틀린 생각이다) 것 같다. 나는 이를 신경과민 이론이라고 부른다. 많은 사람이 자신을 정상적이지 않다고 느끼며 소위 정상적인 사람들과 함께 있을 때면 자신이 비밀을 숨기고 있고 남들이 이를 알아차릴 것 같은 불안감을 느낀다.

나는 이십 대 때 테니스 파트너였던 친구로부터 이 이론을 처음 알게 됐다. 원래 맥락은 우리의 데이트 경험이었다. 우리가 만난 여성들은 하나같이 평범해 보이다가 시간이 지나면서 숨겨진 트라우마와 불안감을 서서히 드러냈고, 결국 신경과민 환자(정신적·정서적 문제가 있는 사람들을 지칭하는 용어)처럼 보였다. 시간이 지나면서 나는 신경과민 이론이 남녀 불문하고 모든 사람을 설명하는 데 유용하다고 판단했다.

일반적인 프레임: 대부분의 사람은 정상인데 나만 신경과민이다.
리프레임: 알고 보면 모두 신경과민이다.

신경과민 이론은 여러모로 유용하다. 상대방의 내면에 존재하는 공포의 실체를 알기 전까지 새로운 연애에 환상을 갖지 않게 되고

관계를 위한 리프레임

사람들에게 현실적인 기대를 하기 시작하면서 실망할 일이 줄어든다. 또한 누구도 예외가 될 수 없다고 하면 자신이 신경과민 환자처럼 느껴져도 괜찮다고 생각하게 된다. 이것이 이 이론의 핵심이다.

물론 당신은 괴짜일 수 있다. 하지만 방식은 달라도 나뿐만 아니라 우리가 아는 사람 모두 마찬가지다. 그렇게 생각하면 마음이 건강해진다. 주변 사람들은 건강하고 행복하고 멋진데 당신만 그렇지 않다는 생각이 들면 자존감이 무너질 수 있다. 하지만 남들도 원하지 않을 문제를 안고 있음을 깨달으면 마음이 편해진다.

우리는 괜찮은 척하는 신경과민 문명 속에 살고 있다. 예외는 없을 것이다. 기껏해야 너무 불평하지 않는 사람 정도를 찾을 수 있을 뿐이다. 나는 평생 동안 내가 생각하는 모든 조건을 충족하며 모든 감정을 올바르게 느끼는 완벽한 사람을 찾아 헤맸다. 하지만 내가 아는 한 그런 사람은 숨어 있거나 존재하지 않는다. 나는 거기서 위안을 얻는다. 괴짜들의 나라에서는 내가 괴짜인 것이 전혀 불편하지 않다. 오직 내가 다른 사람들은 괴짜가 아니라고 생각할 때만 불편해진다(잠깐, 모두가 괴짜인 건 맞다).

이 책의 독자 대다수보다 나이가 많은 나는 수십 년 동안 이어진 신경과민을 독특한 시각으로 바라보게 되었다. 나의 직업 특성상 사람들은 나를 개방적이고 판단하지 않는 사람으로 인식한다. 그래서인지 사람들은 내게 온갖 이야기를 하며, 심지어 내가 원하지 않을 때도 털어놓는다. 어떤 이들은 안전하다고 믿는지 온갖 범죄까지 내게 고백한다(심각한 범죄도 포함해서). 그뿐만 아니라 은밀한 욕망과 정신적 문제도 고백하는데, 이 역시 안전하다고 믿기 때문이다. 나는 애초에 모두 신경과민이란 가정에서 시작하므로 누군가에 대해 자세히 알게 되더라도 내 의견은 변하지 않는다.

내 말을 믿어라. 모든 사람은 신경과민이고 남들보다 이 사실을 잘 숨기는 사람이 있을 뿐이다. 이렇게 이해하면 마음이 매우 자유로워진다.

실수만 보고
사람을 판단하지 마라

✦ 　남들의 비판에 면역력을 갖는 방법은 이미 알려 주었다. 이번에는 사회적 이익과 자신의 정신건강을 위해 타인을 덜 비판하는 방법을 배울 차례다.

누군가의 실수로 삶이 복잡해졌을 때 가장 흔한 반응은 그 사람에 대한 분노다. 하지만 동시에 우리는 누구나 다양한 이유로 실수를 저지른다는 것을 알고 있다. 그런 기준으로 타인을 판단한다면 만나는 사람의 절반을 미워하느라 바쁠 것이다. 더 나쁜 건 똑같은 기준을 자신에게도 자연스레 적용하여 커다란 자기혐오 케이크를 구울 수 있다는 것이다. 누구도 자기혐오를 원하지 않겠지만 말이다.

그 사람이 저지른 실수가 아닌 다른 기준으로 그 사람을 판단하기를 추천한다. 즉 그 사람이 실수에 대응하는 방식으로 판단하라.

자기 자신에게 적용해도 성공 가능성 있는 방법이다.

> **일반적인 프레임: 실수를 보고 그 사람을 판단하라.**
> **리프레임: 실수에 대응하는 방식을 보고 그 사람을 판단하라.**

자신의 실수에 자신감과 공감으로 잘 처리하고 자신이 끼친 피해를 전적으로 인정하는 사람은 최선을 다한 셈이다. 사람들이 전혀 실수하지 않기를 기대할 수는 없다. 하지만 실수에 품위 있게 대처하기를 요구할 수는 있다.

우리는 본능적으로 실수에 잘 대처하는 사람을 신뢰하게 되어 있다. 그리고 아마도 그게 옳은 판단일 것이다. 당신도 신뢰받으며 살아가고 싶다면 그런 자세를 본받아라. 실수하면 인정하고, 필요하다면 사과하고, 앞으로 같은 실수를 반복하지 않기 위한 계획을 내놓아라. 사람들이 신뢰할 것이다.

작은 친절이란 없다

몇 년 전 내가 친절에 대해 했던 말이 최근에 입소문이 나고 있다. "작은 친절 같은 건 없다. 모든 친절은 끝없는 파급 효과를 낳는다"라는 이 말 역시 리프레임이다.

관계를 위한 리프레임

일반적인 프레임: 작은 친절은 좋은 행동이다.

리프레임: 작은 친절이란 없다.

내가 열네 살 때 인도와 차도의 눈을 치워 주자 그 대가로 용돈을 주곤 했던 이웃 어른이 계셨다. 그분은 내게 인생 조언과 맛있는 그리스 과자로 작은 친절을 베풀어 주었다. 이 모든 과정은 약 1분밖에 걸리지 않았다. 50여 년 전 일이지만 어제 일처럼 생생하게 기억난다. 그분은 수십 년 전에 돌아가셨지만 나는 살아가는 동안 그를 잊지 않을 것이다.

나는 삼십 대 초반에 직업 만화가인 잭 캐서디Jack Cassady에게 편지로 만화계에 진출하는 방법에 대한 조언을 구했다. 캐서디는 조언을 담은 편지를 두 통으로 나눠서 보내왔다. 그 편지를 쓰는 데 1시간도 채 걸리지 않았겠지만 그의 조언은 내 인생을 완전히 바꿔 놓았다.

〈딜버트〉가 큰 성공을 거두고 몇 년이 지난 후, 어떤 젊은 변호사에게 점심 초대를 받았다. 그는 얼마 전부터 만화 연재를 시작했으며 어떻게 해야 성공적으로 이어 나갈지 내게 조언을 구했다. 당시 그의 만화는 웹사이트 한 곳에서만 연재되고 있었으므로 만화로 얻는 수입은 거의 없었던 것으로 기억한다. 나는 점심을 먹으면서 90분 동안 최선을 다해 조언해 주었고 그는 식사하는 틈틈이 이를 열심히 메모했다.

그때 그 청년은 엄청난 성공을 거둔 연재만화 〈돼지 목에 진주 목걸이Pearls Before Swine〉와 성공적인 어린이 도서 시리즈《명탐정 티미》의 창작자인 스테판 파스티스Stephan Pastis다. 파스티스는 다른 젊은 만화가에게 조언해 주면서 내게 받은 친절을 다시 베풀었을까? 물론 그랬다. 이처럼 작은 친절이란 없다.

지각도 고칠 수 있는 습관이다

———

혹시 지각이 너무나 잦고 그 이유가 도저히 이해되지 않는 사람이 주변에 있는가? 왜 늦었냐고 물으면 그들은 차가 막혔다거나 회사 업무가 늦게 끝났다는 등 그럴싸한 변명을 내놓을 것이다. 하지만 시간이 지나면서 남들은 항상 제시간에 오는데 그 사람만 항상 늦는다는 것을 알 수 있다. 이것은 아마 우연이 아닐 것이다.

도대체 그 사람은 왜 매번 지각할까? 아마 당신은 늘 지각하는 사람이 무능하거나 무신경하거나 둘 다라고 생각할 것이다. 하지만 지각은 당사자만 손해 보는 경우에도 일어나므로 무신경은 배제해도 될 듯하다. 그리고 능력이 있건 없건 습관적으로 늦거나 시간을 잘 지키는 사람이 있으므로 일반적인 무능함도 배제할 수 있다.

나는 항상 지각하는 현상이 도무지 이해되지 않았는데 어느 날

전문가의 설명을 듣고 나서야 이해하게 되었다. ADHD(주의력결핍 과잉행동장애)를 가진 사람들은 흔히 생각하는 것처럼 단순히 '주의가 산만한' 것이 아니라 시간 감각이 없는 시간맹 상태를 겪고 있었다. 그들은 현재에만 집중하며 미래의 희망이나 계획을 만족시키기 위해 해야 할 일을 하는 대신, 눈앞에 있는 가장 흥미롭거나 중요한 일에 따라 행동한다. 현재에 몰입할 때 자신의 미래를 완전히 잊어버린다.

반면에 나는 대체로 시간을 잘 지킨다. 또한 미래를 아주 생생하고 자세하게 그려 내는 능력이 있어서 현재 올바른 일을 하면 원하는 대로 이루어질 미래를 머릿속으로 그려 볼 수 있다. 그래서 지금 행동에 즉시 영향을 줄 수 있다. 쉽게 말해 나는 의도적으로 미래에 산다고도 말할 수 있다. 이와 관련된 리프레임은 다음과 같다.

일반적인 프레임: 항상 지각하는 사람은 무능하거나 무신경하거나 둘 다이다.

리프레임: 시간맹인 사람도 있다.

이 리프레임의 가치는 항상 지각하는 사람에 대한 당신의 감정을 바꿔 준다는 데 있다. 지각하는 사람들이 스스로를 이해하는 데도 도움이 된다. 모든 상황에서 지각한다면 그건 개인적인 문제가 아니다. 항상 지각하는 사람들을 겪어 본 나는 전문가들의 의견에 동의한다. 그들은 일부러 늦는 게 아니라 미래를 인식하지 못해서 늦는 것이므로 아무리 좋은 계획이나 인센티브도 도움이 되지 않는다. 두뇌 신경 회로가 그렇게 타고났을 뿐이다. 당신의 삶에 그들을 들이고 싶다면 당신이 그들에게 적응해야 한다. 그들도 할 수 있다면 당신에게 맞추려고 노력할 것이다.

물론 사람마다 다르긴 하지만, 재능 있는 최면 치료사라면 항상 지각하는 사람이 시간을 잘 지키도록 도와줄 수도 있으리라 본다. 항상 지각하는 사람에게 현재 순간을 자신의 일정과 연결할 수 있도록 어떤 '계기'를 추가하는 식으로 말이다.

나는 무엇이든 준비할 때면 시계나 휴대전화를 시야에 두는 습관을 평생 갖고 있다. 약 5분마다 반사적으로 시간을 확인하면서 미세하게 일정을 조정한다. 항상 늦는 사람들은 항상 시간을 지키는 사람들만큼 적극적으로 시간을 확인하지 않는다. 하지만 시간 확인은 도움을 받으면 기를 수 있는 습관이다.

인간 행동에 관한 가장 유용한 견해 중 하나는 인간도 개처럼 훈련할 수 있다는 것이다(물론 개들에게 실례가 될 수 있겠지만). 본질적으로 우리는 보상과 반복을 통해 무의식적인 습관을 형성한다. 당신을 포함한 모든 동물이 다 그러하다. 예를 들어 개를 키우는 사람들 가운데 일부는 산책시키는 동안 정기적으로 눈을 맞추며 '확인'하도록 가르친다. 주인 쪽을 바라볼 때마다 간식을 주어서 그 행동이 자리 잡게 하는 것이다. 자리 잡힌 행동은 개가 의식적

관계를 위한 리프레임

으로 제어하지 않아도 습관이 된다. 사실상 개를 다시 프로그래밍한 것이다.

가령 스마트워치의 시간을 확인할 때마다 자신의 아바타가 칭찬해 주면서 계속 시간을 확인하게 해주는 앱이 있다고 상상해 보자. 모든 사람은 칭찬받기를 좋아하는데 설령 기계가 해주는 칭찬이라도 효과가 있을 것이다. 그래서 비디오 게임은 점수를 내면 보상을 제공하고 슬롯머신은 잭팟이 터지면 신나는 소리를 낸다. 이것들은 일종의 칭찬이자 긍정적인 반응으로 중독성이 있다.

5분마다 보상받기 위해 스마트워치 확인에 중독되도록 만들어 시간을 지킬 수 있게 한다면 지각을 덜하게 되지 않을까? 글쎄, 아마 개인의 성향과 앱의 품질에 따라 다를 것이다. 지각 횟수를 줄이고 싶거나 그런 상황에 처한 사람을 돕고 싶다면, 무의식적인 습관으로 자리 잡을 만한 중독성 있는 알림이 있는지 테스트해 보기를 추천한다.

돈을 아끼고 싶다면 아무 시계나 볼 때마다 '넌 정말 똑똑해' 같은 너무 이상하지 않은 칭찬을 스스로 해주면 된다. 설령 시계가 우연히 시야에 들어왔다 해도 시간을 알아차린 이유와 상관없이 소소한 긍정의 말을 해주는 것으로 시작하라.

스스로 해주는 칭찬은 일상에서 자연스럽게 떠올릴 수 있는 말이 가장 좋다. 우리는 항상 똑똑하게 행동했는지 아닌지 판단하므로 '똑똑하다'는 칭찬이 효과적이다. 반복할수록 시간이 지나면 자

신이나 타인의 똑똑함을 떠올리게 하는 모든 행동이 시간을 확인하는 반사적인 행동을 유도할 것이다.

나는 집 근처의 스타벅스에서 이 글을 쓰면서 반사적으로 시계를 수십 번 확인했다. 이 매장에는 시계가 없지만 내 뇌는 주문대 위에 시계가 있다고 상상하고 5분마다 습관적으로 그곳을 쳐다본다. 내가 왜 지각하지 않는지 알아차렸으리라 본다.

나는 ADHD 또는 미래를 생각하지 못하게 하는 어떤 원인을 단순히 없앤다고 해서 지각하는 습관을 고칠 수 있으리라 생각하지 않는다. 소프트웨어 패치처럼 습관을 추가하여 다스리는 게 가장 좋은 방법 같다. 내 첫째 의붓딸은 아침에 일어나자마자 등교 준비를 해놓고 30분 동안 놀다가 등교하고는 했다. 반대로 둘째 딸은 일어나자마자 놀다가 나가야 할 시간이 되어서야 등교 준비를

관계를 위한 리프레임

했다. 누가 제시간에 등교하고 누가 자주 지각했을지 맞혀 보라.

시간을 잘 지키는 데는 좋은 시스템이 중요하다. 최면 치료사나 상담사라면 항상 지각하는 사람들에게 그런 시스템을 구축하도록 도와줄 수 있다. 상식적으로 다른 사람이나 심지어 자신의 지각 습관을 쉽게 고칠 수 있지 않나 싶겠지만 실제로는 가장 고치기 어려운 습관일 수 있다. 여기서 설명한 방법들은 크게 노력을 들이지 않고도 도움을 얻을 수 있는 것들이다. 시도해 봐서 손해 볼 게 있을까?

괴짜들의 나라에서는
내가 괴짜인 것이 전혀 불편하지 않다.

PART

4

현실에 대처하는 리프레임

현실에서 가장 답답한 점은

무엇이 진짜이고 어떤 것이 환상인지

우리의 의견이 서로 다른 경우다.

대부분은 어떤 관점을 선택하든 상관없다.

사람들은 여전히 먹고, 자고, 일하고, 자식을 낳을 수 있다.

하지만 무엇이 진짜 현실인지가 정말로 중요하고

그것으로 우리 결정의 수준이 좌우될 때가 종종 있다.

예측에 가장 도움이 되는 현실 필터를 선택하고

이를 기본 신념으로 삼아 보라.

반대로 당신의 기존 세계관이 예측을 더 잘해 준다면

그대로 유지하면 된다.

인간의 작은 뇌가 현실의 본질을 전부 알 수는 없겠지만

무엇이 효과적이고 아닌지는 종종 구분할 수 있다.

자세히 살펴보도록 하자.

✳

때로는 한 사람이 세상을 바꿀 수 있다.
또한 잘 선택된 리프레임이라면
한 단어로도 세상을 바꿀 수 있다.

단어 하나로
세상을 바꿀 수 있다

★　　2022년 2월 《월스트리트 저널》은 유럽연합이 원자력 에너지를 '친환경' 에너지로 재포장하여 대중과 정부의 지지를 더 쉽게 얻어 내려 한다고 보도했다. 같은 시기에 미국에서도 비슷한 일이 전개되고 있었다. 비판론자들은 세상에서 가장 위험한 형태의 에너지가 기적적인 말장난을 거쳐 가장 안전한 에너지의 하나로 탈바꿈하고 있다고 주장했다.

이 책에서 원자력의 찬반에 대해 논의하지 않겠지만 간단히 정리하자면 원자력의 위험성에 대한 모든 가정은 틀린 것으로 판명됐다. 일반적으로 3세대 원자력 발전으로 지칭되는 현대 원자력 발전소는 수년간 널리 사용되는 동안 원자로 노심이 녹아내리는 멜트다운이나 단 한 명의 사망자도 발생하지 않았다(이전 설계에서는 문제가 있었다). 핵폐기물 문제는 특수 용기에 담아 원래 생산 시설에 보관하는 게 합리적인 방안임이 명백해지면서 덜 거론되고 있다. 무엇보다도 최신 버전인 4세대 원자력 발전소는 핵폐기물을 연료로 사용할 수 있다.

여기에 적은 내용들이 사실로 밝혀진 지 오래지만 원자력의 위험성에 대한 오래된 가정이 여전히 정부 관계자들을 포함한 대중의 생각을 지배하고 있었다. 그런데 다음 세 가지 요인이 함께 작용하면서 상황이 완전히 바뀌었다.

1. 에너지 부족과 기후 변화에 대한 두려움이 가속되면서 원자력에 유연한 태도가 형성되었다. 확실한 대안이 부족했기 때문이다.
2. 미국의 원자력 발전 옹호자인 마이클 셸렌버거Michael Shellenberger가 거의 혼자서 정부와 대중을 상대로 원자력 에너지의 장점과 위험성을 노련하게 교육했다.
3. 수년간 어떤 3세대 원자력 발전소에서도 큰 문제가 없었다. 시간은 많은 것을 해결해 준다.

이 예를 든 것은 리프레임이 어떻게 세상을 바꿀 수 있는지 보여주기 위함이다. 리프레임으로 원자력에 대한 대중의 지지를 얻을 수 있다면 리프레임은 그야말로 문명을 구할 수도 있다. 이 모두가 '친환경'이라는 한 단어 덕에 가능했다.

현실에 대처하는 리프레임

일반적인 프레임: 원자력은 위험하다.

리프레임: 원자력은 친환경 에너지다.

때로는 한 사람이 세상을 바꿀 수 있다. 또한 잘 선택된 리프레임이라면 한 단어로도 세상을 바꿀 수 있다. 누군가는 이렇게 물을 수도 있다. 한 단어로 문명을 바꿀 방법을 알면서 왜 진즉에 그렇게 하지 않았냐고 말이다. 좋은 질문이다. 이제 내가 질문하겠다. 내가 그렇게 하지 않았다고 어떻게 확신하는가?

인지부조화를 인식하여
현실을 직시하라

★   인지부조화는 자신이 상상하는 '나'와 현실의 '나' 사이에서 행동 방식의 불일치를 설명하기 위해 뇌가 만들어 내는 환상이다. 예를 들어 평소 자신을 똑똑하지 않다고 생각하면 멍청한 짓을 하는 자신을 목격한다고 해서 스스로에 대한 믿음이 변하진 않을 것이다.

개인의 세계관은 나머지 세계관과의 관계 속에서 자신이 누구인지 이해하는 것과 밀접한 연관이 있다. 스스로에 대한 이해를 전체적으로 수정하는 데는 엄청난 정신적 비용이 들며 빠르게 진행되지도 않고 고통도 따른다. 이에 비해 친구들에게 '개구리는 기본적으로 개'라고 설명하는 것처럼 멍청한 행동이 실은 멍청함을 가장한 영리한 행동이었다는 환상에 빠지는 데는 에너지가 거의 들지 않는다. 개구리가 개라는 말은 인지부조화를 경험하는 사람이 일반적으로 보이는 말비빔(여러 단어를 아무렇게나 섞어서 말하는 것—옮긴이) 중 말이 안 되는 소리를 하는 유형이다.

이와 관련된 재미있는 사실이 있다. 일반인은 이런 기현상을 얼마나 자주 경험한다고 생각하는가? 최면 치료사도 아니고 인지심리학자도 아니라면 아마 드문 일로 생각할 것이다. 하지만 이 분야에 약간이라도 경험이 있다면 누구나 겪을 수 있는 일로 볼 것이다. 우리는 스스로 만든 주관적 현실의 거품 속에 살고 있는데, 여기에는 인지부조화가 필요하기 때문이다. 즉 이러한 일은 드물지 않으며 오히려 보편적 현상에 가깝다. 이 원리를 알면 다른 사람들을 이해할 수 있다.

상식적으로 보면 소셜 미디어에서 일어나는 정치적 의견 충돌은 서로 다른 우선순위, 서로 다른 정보, 그리고 때로는 서로 다른 수준의 추론 능력에서 발생한다. 때때로 정치적 논쟁은 이성과 무관한 순수한 팀플레이처럼 보인다. 하지만 인지부조화를 알아채는 법을 배우고 나면 소셜 미디어에 올라온 온갖 '미친' 의견의 약 60 퍼센트가 인지부조화로 설명된다는 것을 깨닫게 된다.

인지부조화의 거품에서 뛰쳐나와 자신을 포함한 세상을 있는 그대로 보고 싶다면 다음 리프레임을 기억하라. 물론 당신이 항상 틀리거나 환상에 빠지는 것은 아니지만 간결성을 위해 단정적인 표현을 사용했다.

일반적인 프레임: 틀리는 것은 창피한 일이므로 피해야 한다.

리프레임: 창피함에 대한 두려움이 틀리게 만든다.

지루함과 창피함에 관한 이전 리프레임을 다시 한번 떠올려 보자. 창피함에 대한 두려움은 자신이 틀렸음을 인정하지 않으려는 주된 이유다. 그리고 이로 인해 인지부조화가 발생한다. 중요한 사안에 대해 자신이 틀렸음을 알게 되면 뇌는 타인에게 말비빔처럼 들리는 이유를 들어 자신이 옳았다는 환상을 만들어 냄으로써 문제를 해결하려 한다. 하지만 만약 당신이 살면서 어떤 일에도 부끄러움을 느끼지 않는다면 어떨까? 그런 사람은 뭔가 틀리더라도 그냥 인정하고 다시는 그 일로 안달하지 않는다. 또 친구들이 틀렸다고 놀려도 같이 재미있어 할 것이다.

수치심과 창피함에 예민한 사람이라면 그 반대다. 그런 경우에는 반대 증거가 압도적임에도 뇌에서 자신이 줄곧 옳았다는 환상을 즉각 만들어 낸다. 예를 들어 당신이 특정 주제의 전문가인데 어떤 비전문가가 당신 의견의 허점을 명명백백히 지적했다면 이는 환상을 유발할 수 있다. 예컨대 그 비전문가가 외국 스파이라는 환상에 꽂혀 그 사람을 말썽꾼으로 치부하는 것이다. 심한 경우 질문에 계속 대답하고 있다고 착각하면서 실제로는 아무 대답도 하지 않을 수 있다. 이러한 착각은 거짓된 기억부터 자신의 발언이 합리적이라고 믿는 잘못된 신념에 이르기까지 다양한 형태로 나타난다.

현실에 대처하는 리프레임

나는 인지부조화를 잡아낸 경험이 많다. 팔로워들에게 보여 주기 위해 주로 X에서 의도적으로 사람들에게 인지부조화를 유도하곤 했기 때문이다. 처음에는 논쟁 상대들이 언제 말비빔을 내뱉을지 청중에게 미리 알려 주었고 내가 예고한 시점에 어김없이 상대의 말비빔이 나타났다. 나는 그저 논쟁의 명백한 결함을 지적했을 뿐이다. 내가 틀렸을 때는 동의할 수 없더라도 논리에 맞는 정상적인 반론이 돌아왔다. 반면에 내가 맞았을 때는 고장 난 전문 용어 생성기 같은 상대방의 답변이 돌아왔다. 이 두 가지 반응은 매우 달라 쉽게 알아챌 수 있었다.

이렇게 인지부조화를 공공연히 드러내는 것은 자신이 틀렸다고 인정하는 것보다 훨씬 부끄러운 일이다. 둘 중에서는 틀렸음을 인정하는 편이 더 쉽다. 조금만 연습하면 된다. 다른 기술을 연마하는 것과 마찬가지로 당황스러운 상황에 자신을 자주 노출시키고, 그 감각을 무시하는 훈련을 해야 한다. 다른 기술을 연마하듯이 반복적으로 훈련하고 실험하는 것이 중요하다.

각자 자신만의 방식으로 따라 할 수 있는 또 다른 해킹 방법도 있다. 나는 내가 저지른 '실수'를 매일 라이브 스트리밍 쇼의 콘텐츠로 재구성하여 시청자에게 친근감을 준다. 실수를 공개하면 학습 기회도 생긴다. 내가 왜 틀렸을까? 어떤 환상에 넘어갔을까? 내 추론 능력에 어떤 빈틈이 있어서 문제가 됐을까? 실수를 콘텐츠로 전환함으로써 나는 실수를 숨기지 않고 기꺼이 받아들이게 되었고, 이제 나에게는 해결해야 할 인지부조화 문제는 사라졌다. 나는 나를 있는 그대로 받아들이며 세상에서의 내 위치를 설명하기 위해 환상이 필요하지 않기 때문이다. 누구나 실수한다는 것을 알기 때문에 내 자아상은 온전히 유지되므로 환상을 만들어 내는 트리거(도화선)도 없다.

당신은 (아마도) 라이브 스트리밍 같은 건 하지 않을 테니 이 방법은 적합하지 않다. 그렇지만 스스로를 사람들에게 보여 줄 때 이 개념을 일반화하여 적용할 수 있다. 혹시 '항상 옳은' 사람이라는 평판을 얻고 있다면 더 나은 논리나 데이터 앞에서 쉽게 무너질 수 있다. '항상 옳은' 사람이 틀렸다고 입증되면 그것을 왜곡하거나 부정하는 착각에 빠지게 된다. 그러니 자존감을 해치지 않으면서 자신이 크게 틀린 상황에 대처하는 태도를 기를 수 있다면, 그렇게 하라. 그러면 그 자리에서 전체를 볼 수 있는 유일한 사람이 될 것이다. 남들은 자신이 옳다는 생각에 집착해 자신만의 환상을 만들어 낼 테니 말이다.

또한 자신을 정치 '팀'과도 분리하기를 권한다. 팀에 합류하는 순간 뇌는 내 편이 얼마나 훌륭하고 상대편은 얼마나 형편없는가에 대한 환상을 연이어 주입하기 시작한다. 그래서 나는 공화당원이나 민주당원, 보수주의자나 진보주의자로 나를 규정하지 않는다. 어떤 집단이 좋은 아이디어를 내놓아도 나의 뇌는 그것과 싸우지 않는다. 인지부조화가 유발되지 않는다는 뜻이다.

현실에 대처하는 리프레임

이 글을 읽으면서 내가 인지부조화가 유발되지 않는지 어떻게 알았냐고 당신이 속으로 외치는 소리가 들리는 것만 같다. 어쩌면 남들이 갖고 있다고 주장하는 환상을 나도 가졌는지도 모른다. 내가 어떻게 알겠는가? 당신의 통찰력 있는 비판에 에이 플러스를 주겠다. 인지부조화를 경험하는 사람은 당연히 자신이 그러고 있다는 사실을 모른다. 나도 다르지 않다. 내가 착각에 빠져서 이 장 전체를 썼을 수도 있다.

방금 내가 무얼 했는지 알겠는가? 나는 착각에 빠졌을 수도 있다고 인정했다. 이것이 착각에 빠질 가능성을 줄이는 비결이다. 인간의 본성을 받아들이면 창피해지지 않으려고 자신을 방어할 필요가 없어진다.

어떤 사안에 강한 의견을 가지고 있다면 자신의 인지부조화를 유발하는 요인을 발견했을 때 모르는 체하지 마라. 그리고 누군가 동의할 수 없는 말비빔을 내뱉고 있고 인지부조화의 촉발제가 보인다면 그 사람이 착각에 빠져 있다는 당신의 판단이 맞다.

한마디 하자면 나는 타인의 말을 듣고 인지부조화에서 벗어나는 사람을 결코 본 적이 없다. 당신이 할 수 있는 최선은 당사자 스스로가 인지부조화에서 좀 더 쉽게 벗어날 수 있도록 환상의 벽에 균열을 내주는 것이다. 이 이야기를 하는 이유는 합리적인 사람을 상대하고 있다고 생각하며 인지부조화에 빠진 사람과 논쟁하느라 좌절하지 않았으면 해서다.

인간은 이성적인
동물이 아니다

★   내 인생에서 가장 의미 있는 리프레임은 최면 치료사가 되려고 공부했던 이십 대에 생겼다. 당시 최면 선생님은 인간이 이성적인 동물이 아니라 결정을 내린 후에 합리화하는 동물이라고 가르쳐 주었다.

최면 치료사에게서든 다른 누군가에게서든 그 리프레임을 처음 들으면 당연히 회의적으로 반응하게 된다. 어쨌든 당신은 스스로를 비합리적이라고 느끼지 않으며 대부분의 결정을 논리와 사실을 근거로 내린다고 확신하기 때문이다. 하지만 시간이 지나면서 (당신이 보기에) 비합리적인 사람들이 눈에 점점 들어올 테고 실제로 그 사람들이 결정을 내린 후에 그것을 합리화한다는 사실을 알게 될 것이다.

그 후 대다수 사람들 역시 그렇다는 것을 깨닫게 된다. 당신을 제외한 거의 모든 사람이 말이다. 그러다 마지못해 당신 역시 그렇다고 생각하기 시작할 것이다. 당신도 인간이고 인간은 그런 방식으로 작동하도록 만들어졌기 때문이다.

그러나 우리는 현실을 이해하도록 진화하지 않았다. 단지 생존을 위해 진화했을 뿐이다. 한때 현실을 이해하는 것이 진화 측면에서 생존에 유리하다고 여겨졌다. 하지만 이후 틀린 생각으로 드러났는데 현실 이해가 진화 측면에서 장점보다는 단점에 가깝다는 것이 밝혀졌기 때문이다.

그렇다고 인간이 항상 비합리적인 것은 아니다. 작은 범위에서 명확하게 정의된 상황이라면 이성적으로 행동할 수 있다. 예컨대 최저가 상품을 쇼핑하거나 목적지까지 최단 경로를 선택할 때는 이성적이다. 하지만 대부분의 인생 문제는 명확하지도 단순하지도 않다. 그런 경우 우리는 편견에 의지하게 되고 거기에 빠져 헤어나지 못한다. 나 또한 그 함정을 벗어나려고 열심히 노력했지만 결과가 늘 좋지는 않았다. 이제 나는 다음 리프레임을 통해 세상을 경험한다.

일반적인 프레임: 90퍼센트의 사람들은 이성적이다.
리프레임: 사람들이 이성적인 경우는 고작 10퍼센트다.

이분법적 사고를 피하라

———

심야 TV 쇼의 왕인 그레그 거트펠드Greg Gutfeld는 이분법적 사고를 '두 가지 생각의 감옥'이라고 부른다. 정치, 사회적 쟁점 그리고 개인 생활에서 우리는 두 가지 생각만 있는 듯이 한쪽으로 치우치는 경향이 있다. 누군가 아이디어를 제안하면 우리는 그것을 좋거나 나쁘다고 판단한다. 마찬가지로 그 아이디어가 성공할지 실패할지도 '예' 또는 '아니오'로 단순하게 구분하려 한다.

하지만 현실 세계에서는 상황이 복잡하다. 문제를 100퍼센트 완벽하게 해결하는 경우는 거의 없다. 따라서 어떤 행동을 줄이기 위해 마찰(불이익)을 주거나 다른 행동을 늘리기 위해 보상을 제공하는 것이 최선의 선택일 때가 많다. 이러한 방법들은 문제를 조금이라도 개선하는 데 효과적이다.

그러므로 정치적 쟁점이든, 개인적 문제든, 사업에서의 결정이든 '예-아니오'의 틀을 버려라. 그 대신 결정에 적용할 마찰(불이익)이나 보상과 같은 방법을 찾아보라.

일반적인 프레임: 계획은 성공 또는 실패할 것이다.

리프레임: 마찰과 보상은 항상 효과가 있다. 다만 어느 정도 효과가
있을지는 해봐야 안다.

현실에 대처하는 리프레임

아마도 당신은 머리를 긁적이며 이 리프레임을 배워야 할 사람이 과연 있을지 고개를 갸우뚱할지도 모른다. '마찰과 보상이 행동을 바꾼다는 건 모두 알고 있지 않나?' 하면서 말이다.

그렇다. 하지만 리프레임은 당신이 무엇을 이미 알고 있는지 신경 쓰지 않는다. 무엇이 진실인지도 개의치 않는다. 무엇이 논리적인지도 중요치 않다. 리프레임은 단지 더 나은 성과를 목표로 뇌를 조율하기 위해 무심히 일한다. 이 리프레임이 필요해진 이유는 사회가 지나치게 양극화되면서 사람들이 본능적으로 편을 가르며 위험, 마찰, 동기 부여 등과 같은 복잡한 문제를 깊이 있게 생각하는 능력을 상실했기 때문이다.

'마찰과 보상은 항상 효과가 있다'라는 리프레임은 계획을 평가할 때 매우 유리한 고지를 점령할 수 있는 강력한 입장이다. 그 이유는 계획을 평가할 때 성공 또는 실패라는 이분법적 사고에서 벗어나게 해주기 때문이다. 특히 그 효과를 테스트해 보자는 주장과 결합하면 상대는 그보다 더 강력한 주장을 펼치기 어렵다. 그러니 남들이 도달하기 전에 고지를 점령하라. 그러면 그 자리에서 가장 똑똑한 사람처럼 보일 것이다.

의견은 어디에서 나오는가?

———

우리는 우리의 의견이 경험, 지식, 이성의 조합에서 나온다고 믿고 싶어 한다. 또는 그런 것처럼 느껴지기도 한다. 하지만 실제로는 전혀 그렇지 않다. 우리 의견의 대부분은 미디어(신문, 방송, 인터넷, 소셜미디어 등)가 부여해 준 것이다. 합류하고 싶은 '팀'을 선택하면 미디어는 그 팀이 무엇을 믿어야 하는지 알려 준다.

이 책의 나머지 부분을 할애해 의견 형성 과정을 과학적으로 설명할 수도 있다. 이 점에 대해서는 과학계도 나와 같은 의견이다. 하지만 그보다는 미디어가 팀별로 의견을 어떻게 부여하는지를 직접 관찰하는 게 더 쉽다.

당신과 정치적 견해가 다른 사람들을 보라. 당신 눈에 그들 모두 말도 안 되는 똑같은 의견을 가지고 있는 것 같지 않은가? 그들의 눈에는 당신도 그렇게 보인다. 90퍼센트의 사람들이 비합리적이라는 최면 치료사 리프레임으로 보면 그들이 비이성적으로 세뇌되어 있다는 것이 분명해진다. 그들도 당신이 세뇌됐다고 본다. 하지만 양측 모두 자신이 세뇌되었다는 사실은 인지하지 못한다. 이게 세상의 일반적인 모습이다.

흠, 그래. 알겠다, 당신은 예외고 물론 나도 예외다. 우리 두 사람은 매번 이성적인 결정을 내리지만 남들은 세뇌당한 무리처럼 움직이는 듯하다는 데 동의할 것이다. 다행히 우리는 그들과 다르다.

현실에 대처하는 리프레임

일반적인 프레임: 사람들은 스스로 자신의 의견을 만든다.

리프레임: 사람들은 팀에 합류하고 미디어는 팀에 의견을 지정해 준다.

나는 미디어가 주입한 의견에서 벗어나는 가장 효과적인 방법을 발견했다. 그것은 바로 논쟁이 있을 때마다 반대편의 입장을 일부러 대변해 보는 것이다. 만약 반대 입장을 진지하게 대변하지 못하고 웃음이 나오거나, 비꼬는 식으로 말하거나, 의도적으로 엉성하게 주장한다면 당신이 평소에 가지고 있는 본래 의견도 사실은 스스로 깊이 생각해서 내린 결론이 아닐 가능성이 크다. 그 의견은 아마도 미디어가 부여한 의견일 것이다.

논쟁에서 모든 입장을 충분히 대변할 수 있을 때 비로소 이성적으로 사고하고 있다고 볼 수 있다. 하지만 당신의 의견이 팀의 흔한 범퍼 스티커(슬로건, 구호)와 같은 수준이라면 문제가 있을지도 모른다.

이 리프레임이 유용한 이유는 논리와 사실로는 많은 사람의 생각을 바꾸기 어렵다는 점을 알려 주기 때문이다. 사람들이 이성적 방식으로 자신의 의견에 도달하지 않았다면 이성적 논쟁으로 그들의 생각을 바꾸기 힘들다. 그 대신 그들이 당신의 주장을 제대로 이해하고 있는지 확인하는 것이 중요하다. 그들에게 당신의 주장을 다시 설명해 보라고 요청하면 그들이 실제로 당신의 입장을 이해했는지 알 수 있다. 만약 그들이 당신의 주장을 정확하게 설명한다면 설득될 가능성도 생긴다. 그러나 대부분의 경우 사람들은 상황을 모면하기 위해 화제를 바꾼다.

　이 리프레임의 가장 큰 장점은 쟁점의 반대편에 있는 사람들을 대할 때 느끼는 답답함과 좌절감을 중화할 수 있다는 것이다. 그들 스스로 형성한 의견이 아니므로 의견을 명확히 설명할 수 없음을 알고 나면 그들을 반대자가 아닌 피해자로 볼 수 있다. 세뇌의 피해자가 나와 의견이 다르다고 해서 나는 스트레스를 받지 않는다. 오히려 그들이 안타깝게 느껴질 뿐이다. 그리고 이런 이해와 공감은 낯선 사람이 내 의견을 받아들이지 않아 화를 내는 것보다 훨씬 기분이 좋다.

04

한 화면,
두 편의 영화

★   나는 거의 평생 사회적·정치적 쟁점에 대해 누군가와 의견
이 다르면 둘 중 한 명은 무조건 틀렸을 거라 믿었다. 어쩌면 둘 다
틀렸을 수도 있지만 적어도 일반적인 상황에서는 의견이 다르면
둘 중 한 사람만 옳을 거라 생각했다.

이 인생 필터는 사람을 미치게 만들었다. 나는 의견 차이가 있을
때마다 소위 이성적 사고를 이용해 사실, 논리, 편견에서 다른 부
분을 찾아내어 상대를 '이기려고' 했다. 의견 차이의 근본 원인을
파악한다면 쉽게 합의점을 찾을 거라고 생각해서다. 하지만 그렇
게 되는 경우는 거의 없었다.

서로의 논리와 사실을 확인하는 것은 간단한 일인데도 합의에
이르지 못하는 이유를 이해하는 데 수십 년이 걸렸다. 내가 더 나
은 논거를 제시하면 상대방은 오히려 거부감을 느끼고 일시적으

로 비이성적인 반응을 보이곤 했다. 더 짜증 나는 것은 그들 역시 문제가 내 쪽에 있다고 생각했다는 점이다. 그리고 나도 그들이 완전히 틀렸다고 확신할 수는 없었다.

결국 나는 인간이 현실을 너무 주관적으로 보기 때문에 수학 공식처럼 답이 명확한 경우가 아니라면 누가 '옳은지' 논의하는 건 무의미하다는 사실을 깨달았다. 대부분의 문제는 모두가 만족할 만한 방식으로 측정할 수 없다. 원하면 무엇이든 측정해 볼 수 있겠지만 그걸 본 상대방은 그 측정 방식이 잘못되었다고 말할 것이다. 내 말을 믿어도 된다. 그렇다면 이런 세상에서 어떻게 해야 제정신을 유지할 수 있을까?

그 의문에 도움을 주고자 나는 이 리프레임을 개발했다. 그리고 2016년 미국의 정치 뉴스가 터무니없이 편향적으로 변했을 때 나는 이 리프레임을 사용하기 시작했다. 자신만의 환상에 갇혀 있는 사람들을 대할 때 느끼는 특유의 좌절감이 있다. 내 소셜 미디어 팔로워들에게 이 리프레임으로 좌절감을 극복하는 데 많은 도움을 얻었다는 말을 자주 듣는다.

일반적인 프레임: 우리 중 한 명은 옳고 다른 한 명은 틀렸다.
리프레임: 우리는 한 화면에서 두 편의 서로 다른 영화를 보고 있다.

인간이 확실히 알고 있는 두 가지 사실은 우리가 존재한다는 것

현실에 대처하는 리프레임

과 어떤 것들은 예측 가능하다는 것이다. 예를 들어 팔꿈치를 부딪칠 때마다 찌릿하며 아프다는 것은 알고 있다. 하지만 그 아픔을 제외한 모든 것은 우리의 마음에서 만들어 냈을지도 모른다. 예컨대 같은 장면을 보고도 서로 다르게 해석할 수 있다. 당신은 길에서 길고양이를 쓰다듬고 있었다고 생각하더라도 나는 땅에서 무언가를 줍고 있었다고 생각할 수도 있다. 대개 그렇듯 서로의 이야기가 일치할 필요는 없다. 우리는 각자 주관적인 방식으로 현실을 받아들여 경험한다. 당신의 현실에서 당신은 고양이를 쓰다듬고 있었고, 내 현실에서는 땅에서 무언가를 줍고 있었다. 하지만 우리는 둘 다 '동일한' 사건을 목격했다. 나는 그것을 한 화면에서 재생되는 두 편의 영화라고 부른다.

이 리프레임의 강력한 점은 다른 사람들을 내 생각에 맞추려는 의무감에서 벗어나게 해준다는 사실이다. 남들도 종종 당신과 같은 사건과 사실을 인지하고 있지만 같은 화면을 동시에 보면서도 그들의 편견과 기대에 따라 다른 영화를 볼 때가 많다. 이를 의견 불일치의 주요 원인으로 보면 당신과 의견이 다른 사람들의 생각을 '바꿔야 한다는' 부담을 느끼지 않게 된다. 같은 화면에서 다른 영화를 보고 있다는 사실을 그냥 받아들여라. 이상하게도 자유로워진다.

돈의 흐름을
따라가라

★ 　예측력이 높은 세계관의 가장 좋은 예는 '돈을 따라가라'이다. 이 관점이 결혼의 운명을 예측한다는 이야기는 이미 했지만, 사실 돈은 거의 모든 영역에 적용된다. 대체로 사람들은 자신이 판단하기에 이익을 극대화하는 방식으로 행동한다. 이 세계관의 이상한 점은 예측이 불가능해 보일 때조차도 잘 맞아떨어진다는 것이다.

일반적인 프레임: 사람들의 행동을 예측해 주는 변수는 다양하다.
리프레임: 돈의 흐름을 따라가라. 그것만으로 충분하다.

예를 들어 신망 있는 종교인이 중요한 결정을 내렸다는 소식을 들으면 사람들은 돈이 최우선순위가 아니었을 거라 추측한다. 사회적 약자에 대한 공감과 함께 종교를 최우선으로 고려했을 거라 짐작하는 것이다. 하지만 그런 상황에서도 의사 결정자는 직간접적으로 최상의 경제적 결과를 가져다주는 쪽으로 결정을 내릴 가능성이 크다. 그 상황에서 종교인은 종교적 원칙과 공감에 기반한 주장을 펼칠 것이다. 그 주장은 타당할 수도 있고 그렇지 않을 수도 있다.

여기서 중요한 것은 어떤 방향으로 결정을 내릴지 예측할 수 있다는 점이며, 그게 우리가 확실히 알 수 있는 전부다. 만약 그 종교인이 사기꾼이나 위선자임을 알고 있다고 세계관을 확장한다면 이는 마음을 읽는 것이자 도를 넘은 것이다. 자, 그럼 다양한 가능성을 고려해 보자. 이 가상의 종교인은 노골적으로 사리사욕을 위해 행동하고 있을 가능성도 있다. 또 다른 가능성은 자신의 사리사욕을 합리화하고 있음을 본인도 인식하지 못한다는 것이다. 이 설명은 종교인이 부패했다는 설명만큼이나 현실적일 수 있다.

이렇게 예측할 수 있는 패턴을 찾아보라. 하지만 그들이 왜 그렇게 행동하는지 이유를 알 수 있다고 섣불리 판단하지 마라. 물론 그 이유를 알 수 있다면 더 나은 예측에 도움이 되니 좋은 일이다. 하지만 실제로 우리는 동기를 파악하는 능력보다 타인의 동기를 멋대로 상상하며 추측하려는 경향이 훨씬 강하다.

만약 사람들에게 무엇으로 동기를 얻냐고 묻는다면 대부분 돈이라고 말하지 않을 것이다. 하지만 그들의 윤리적인 선택이 경제적

이익과 얼마나 자주 일치하는지 살펴보라. 점잖은 사회는 우리에게 '더 나은 세상을 만들고', '아이들을 돕고', '사업을 성공하는 것'과 같은 고상한 목표를 우선순위로 내세우기를 요구한다. 당신이 돈을 위해서 하는 일이고 선한 일에 관심 있는 척만 한다고 말한다면 재수 없게 들릴 수도 있다. 그리고 어쩌면 당신 자신도 돈 때문에 하는 일이 아니라고 스스로를 설득했을지도 모른다. 흔한 경우다.

예를 들어 돈을 많이 벌면서 은퇴하지 않고 이 책을 왜 쓰냐는 질문을 받으면 나는 사람들의 삶을 개선해 주면 기분이 좋고, 쓸모 있는 사람처럼 느끼고 싶다고 답하겠다. 두 가지 이유 모두 사실이다. 하지만 내가 이렇게 시간을 쓰는 본질적인 이유가 궁금하다면 내가 이 책으로 돈을 벌 거라고 기대하는지 확인해 보라. 물론 나는 돈을 벌 거라 기대한다. 이렇듯 우리는 겉으로 내세우는 동기와 실제 행동을 결정하는 동기가 다를 수 있다.

당신은 돈이 자신의 선택과 우선순위에 영향을 주지 않는다고 말할 수도 있다. 하지만 마음이 자신에 대한 고상한 생각을 즐기는 동안 몸이 하는 일에 확실히 영향을 미치는 것은 돈이다. 인간은 자신이 어떤 행동을 왜 하는지 전혀 모를 때가 많다. 때로는 자신을 이해하기 위해서라도 '돈의 흐름'을 따라야 한다. 더 일반화하자면 이기심은 인간 행동의 거의 전부를 설명해 준다.

현실에 대처하는 리프레임

인생은
모험이다

★ 조던 피터슨 박사에게서 들은 이 리프레임은 내가 몇 년 동안 효과적으로 써온 리프레임과 아주 비슷하다.

일반적인 프레임: 인생은 고통을 피하고 행복과 의미를 추구하는 것이다.

리프레임: 인생은 모험이다.

인생은 불편한 문제들로 가득하다. 만약 문제를 피하는 것이 인생의 목적이라고 생각한다면 성공할 가능성이 없기 때문에 불행해질 수밖에 없다. 문제들은 인생의 일부에 불과하다. 하지만 인생을 하나의 모험으로 바라본다면 일시적인 불편함조차 게임의 일부처럼 느껴지며 오히려 흥미롭게 받아들일 수 있다.

예를 들면 캠핑을 좋아하는 사람들은 모닥불을 피우기 위해 많은 불편과 수고를 기꺼이 감수한다. 다른 상황이라면 그런 불편을 기꺼이 감수하는 것이 미친 짓처럼 보일 수 있다. 하지만 이 과정을 캠핑 모험의 일부로 보면 심리적 불편이 크게 줄어든다.

이것은 내가 가장 좋아하는 현실 인식 필터 중 하나다. 이 필터로 보면 무언가가 잘못되어도 농구 경기에서 슛을 하나 놓친 것과 다름없는 상황처럼 느껴진다. 농구에서는 모든 슛의 절반을 놓치는 게 당연하기 때문에 슛 하나 놓친다고 해서 마음이 무너지지 않는다. 이런 관점으로 인생을 살아간다면 장애물을 만날 때마다 "왜 나만 이래?"라고 울부짖는 대신 이 모험을 더 즐길 수 있을 것이다.

인생은 모험이라는 나의 리프레임은 이렇다. 우리는 컴퓨터가 만든 가상현실 속에 존재하며, 우리의 창작자를 즐겁게 하거나 그들의 문명을 발전시키기 위한 테스트 용도로 여기에 와 있다고 생각하는 것이다. 나는 비디오 게임 속에 들어와 있는 것처럼 하루를 보내며, 그러면 많은 스트레스가 사라진다. 나의 현실관이 얼마나 비현실적인지 또는 완전히 틀렸는지가 중요할까? 중요하지 않다. 중요한 것은 리프레임이 어떤 방식으로든 효과가 있다는 것이며, 이 리프레임이 나를 행복하게 한다. 그래서 추천한다.

현실에 대처하는 리프레임

무죄 추정 원칙을
적용하지 않을 때

✦　　성인으로 살아가다 보면 누가 거짓말을 하고 있고 누가 진실을 말하고 있는지 판별하는 데 많은 시간을 쏟게 된다. 현재의 사법 시스템에서는 모든 개인은 유죄로 판명되기 전까지 무죄로 간주하는 원칙을 따른다. 이는 사람을 잠재적 유죄로 낙인찍거나, 무죄일 수도 있고 아닐 수도 있다고 여기는 것보다 더 나은 접근법이다(이 또한 리프레임이다). 이 원칙도 다른 리프레임들과 마찬가지로 현실을 정확히 반영하지 않는다. 실제로는 유죄 판결을 받기 전까지 무죄인 게 꼭 사실이 아니지만 무고한 사람을 보호하기 위해 무죄를 기본 전제로 삼는 것이 더 나은 접근법이다.

하지만 문제는 '무죄 추정 원칙'을 기업이나 정부 기관까지 확대 적용할 때 발생한다. 이들 기관은 개인에 비해 지나치게 큰 권력을 가지고 있으므로 이들을 무죄보다는 유죄로 간주한 후 무죄를 입증하도록 하는 것이 더 나은 시스템이다. 그래서 기업들은 재무 상태를 공개해야 하고 선거는 투명하게 감사를 받아야 한다.

다음에 대기업이나 정부 기관이 심각한 문제로 비난받을 때 이 규칙을 유념하라. 그들이 무죄를 증명할 수 있을 때까지 유죄로 추정하라. 대부분 이 판단이 맞을 것이다. 다만 이러한 유죄 추정의 원칙을 그 조직을 운영하는 특정 개인까지 확대 적용하는 것은 주의하기 바란다. 반면에 개인은 유죄가 확정될 때까지 무죄로 추정한다는 원칙은 항상 존중되어야 한다.

일반적인 프레임: 유죄가 입증될 때까지 모든 사람은 무죄다.
리프레임: 개인은 유죄가 입증될 때까지 무죄다. 기업과 정부는 무죄
가 입증될 때까지 유죄로 추정된다.

대규모 조직은 얼마나 자주 부정행위를 하고 거짓말을 할까? 생각보다 더 빈번하다. 조직이 클수록 그들의 말이 완전히 진실일 가능성은 적다. 그 이유는 이 리프레임이 잘 알려 준다.

일반적인 프레임: 부정행위가 발각되지 않았으므로 조직은 결백하다.
리프레임: 부정행위가 적발되지 않을 가능성이 있고, 그로 인한 이익
이 크며 관련자가 많으면 부정행위는 항상 발생할 수 있다.

현실에 대처하는 리프레임

조직이 클수록 부정을 저지르고도 무사히 빠져나갈 기회가 더 많아진다. 복잡한 조직 체계 속에 범죄를 더 쉽게 은폐할 수 있기 때문이다. 당신이 큰 조직을 불신한다고 해서 죄책감을 가질 필요는 없다. 불신은 최상의 출발점이다. 기업이 자체적으로 투명성을 높이고 신뢰를 회복할 수 있다면 환영할 일이다. 하지만 그때까지는 개인보다 조직에 더 엄격한 기준으로 판단해야 한다. 유죄로 추정하되 무죄를 증명할 수 있는 기회를 제공하라.

상품명 바꾸기의 숨은 진실

비즈니스 세계에서는 똑똑해 보이고, 나쁜 의도를 숨기고, 실수를 감추기 위해 어려운 단어를 남용하는 방식이 있다. 이걸 다루지 않고는 성공 리프레임을 이야기할 수 없다. 다시 말해 브랜드 관리나 마케팅 또는 교활한 관료주의의 맥락에서 이름을 바꾸기도 한다. 누구나 자신의 직함이 인상적이기를 원한다. 또 자신이 맡은 프로젝트 명칭이 관계자 모두 승진시켜 줄 만한 느낌을 풍기기를 바란다.

그러나 이 책에서 설명하는 리프레임은 그런 게 아니다. 자기 자신에게 리프레임을 사용할 때 당신은 심리치료사이자 적극적인 환자가 된다. 즉 윤리적으로 아무런 문제가 없는 상황이다. 하

지만 회사가 제품이나 서비스의 이름을 바꾸는 것은 가만히 있는 사람을 속이려는 사기꾼과 비슷할 수 있다. 당신이 원하지 않아도 그들은 말장난 같은 설득을 강요할 수 있다. 물론 그런 행위가 불법은 아니지만 과연 윤리적인지 스스로 판단해야 한다. 내가 보기

현실에 대처하는 리프레임

엔 구체적인 상황에 따라 다르다. 예컨대 좋은 제품을 만든 회사에서 내가 그 제품을 좋아하게 만들려고 노력하는 것은 상관없다. 하지만 속이려는 의도로 이름을 바꾼 경우는 리프레임과 별개의 문제다.

별로 놀랍지 않겠지만 기업이 이름 바꾸기와 리프레임으로 사람들을 기만하는 경우는 〈딜버트〉 만화의 완벽한 소재가 되기도 한다.

삶에서 마주치는
오해들

★　　살면서 겪는 가장 큰 오해 중 하나는 다른 사람들이 나와 똑같이 생각한다고 여기는 것이다. 인간은 여러 면에서 비슷하지만 특정 상황에서 당신이 원하는 것과 내가 원하는 것은 분명 다를 수 있다(물론 돈에 관련된 상황은 예외다). 이는 곧 다른 사람들이 무엇을 할지, 왜 그렇게 할지를 정확히 예측할 수 없다는 것을 의미한다. 하지만 우리는 종종 잘못된 가정을 세우고 다른 사람들도 나와 동일한 변수와 동기를 가졌을 거라 생각하며 예측하려고 한다. 그러나 그럴 가능성은 매우 낮다.

다른 사람의 동기를 이해하지 못하고 그저 자신이 같은 상황에서 느낄 감정을 기준으로 추측한다면 말 그대로 무의미한 일을 하고 있는 셈이다.

일반적인 프레임: 남들도 나와 비슷하게 생각하고 느낀다.

리프레임: 남들은 나와 상상할 수 없을 정도로 다르다.

다른 사람들이 당신과 다르게 행동한다고 해서 그들이 반드시 거짓말을 하거나, 이기적이거나, 어리석은 사람이라고 단정하지 마라. 정말 그럴 수도 있지만 그것부터 떠올릴 필요는 없다. 그 대신 눈앞에 보이는 모습을 우선순위나 세뇌된 정도가 서로 다를 뿐이라고 생각하라.

이 새로운 시각은 왜 사람들이 자신의 생각을 쉽게 바꿀 수 없는지 이해하는 데 도움을 준다. 당신과 상대방이 같은 사실을 보고 있을지라도 머릿속에서 벌어지는 과정은 고슴도치와 볼링공만큼이나 다를 수 있다.

현실을 예측한다는 것

'햇살'이라는 단어를 말할 때마다 갑자기 낯선 사람이 나타나 당신의 얼굴을 주먹으로 때린다면 당신은 그 단어를 계속 말하겠는가? 너무 성급하게 대답하지 마라. 이 가상의 예에서 왜 그런 일이 일어나는지 설명해 줄 과학적 지식이나 논리는 없다. 당신은 이성적인 사람이고 증거와 이성을 바탕으로 결정을 내린다. 그리고 이 예에서 평범한 단어 하나와 신원 불명의 가해자 사이에는 인과관계는커녕 상관관계가 있음을 암시하는 증거는 없다. 그렇다면 당신은 다시 '햇살'이라고 말할까?

인생에서 일어나는 일 대부분은 어떻게 겪었는지 설명하기 어렵다는 점에서 내가 든 이상한 예시와 같다. 하지만 우리는 설명할 수 있다고 생각한다. 다른 일도 아니고 왜 그 특정한 일이 일어나는지 안다고 생각하지만 대개는 그렇지 않다. 우리는 사랑하는 사람들이 왜 그런 식으로 행동하는지 알지 못한다. 또 뉴스가 반드시 진실이라고 생각하지 않는다. 과학조차 최근 몇 년간 중요한 실수로 인해 추측에 가까워 보인다.

그게 끝이 아니다. 이 이야기를 개인적으로 받아들이지는 마라. 대개 당신 역시 왜 자신이 어떤 행동을 하는지 모른다. 어떤 행동을 하는 이유를 설명하는 뇌 영역은 결정을 내린 이후에야 관여한다. 인간은 합리화하는 존재이지, 결정하는 존재가 아니다.

보잘것없는 인간이 알지 못하는 것까지 고려할 때 알아낼 수 있는 게 있긴 할까? 있다. 앞서 말했듯이 우리는 최소한 다음 두 가지를 알고 있다.

1. 우리는 우리가 존재한다는 것을 안다.
2. 우리는 어떤 세계관이 다른 세계관보다 예측력이 높다는 것을 안다.

현실에 대처하는 리프레임

우리가 소위 현실이라고 부르는 나머지 대부분은 누군가 알고 있는 무언가에 대한 주관적인 현실이다. 그런 사실은 이 리프레임으로 우리를 이끈다.

일반적인 프레임: 가장 좋은 세계관은 진실인 세계관이다.
리프레임: 가장 좋은 세계관은 예측이 가장 잘되는 세계관이다.

앞선 예에서 '햇살'을 계속 말했던 사람이라면 누군가 왜 주먹으로 얼굴을 때리는지 안다고 상상하기 시작할 것이다. 어떤 사람들은 신이 분노했다고 말할 것이다. 또 어떤 사람들은 자신이 미쳤거나, 상상하고 있거나, 꿈꾸고 있다고 믿을 것이다. 배후에 모종의 적이 있다고 추정하는 사람도 있을 테고 유령, 저주, 몰래카메라라고 말하는 사람도 있을 것이다.

패턴을 예측할 수 있다면 그런 설명 중 무엇도 중요하지 않다. '햇살'이라는 한 단어만 말하지 않으면 문제는 해결된다. 삶은 대체로 그렇다. 전기가 왜 작동하는지 자세히 몰라도 스위치를 누르면 전구가 켜진다는 것은 안다. 예측할 수 있다. 예측 가능성은 우리의 작은 뇌가 진실에 가장 근접하는 방식이다.

09

나만의 현실을
구축하라

★　　과거 과학자들은 성인의 뇌는 새로운 세포를 생성하지 않는다고 믿었다. 다시 말해 인간은 평생 사용할 뇌세포를 가지고 태어나며 그 세포들은 성인이 되면서 점차 죽어간다고 생각했다. 하지만 최근 과학자들은 뇌가 새로운 세포를 생성한다는 사실을 발견했다. 이와 관련된 또 다른 소식은 '신경 가소성'에 대한 이해가 점점 더 깊어지고 있다는 것이다. 신경 가소성은 뇌가 다양한 방식으로 새로운 신경 연결 경로와 행동을 만들어 낼 수 있는 능력을 말한다. 다시 말해 당신의 뇌는 사용법만 배우면 프로그래밍이 가능하다.

당신은 이 책을 통해 뇌에 코드를 작성하고 삽입하는 방법을 배우는 중이다. 그게 바로 '리프레임'이며, 이는 뇌의 소프트웨어를 업그레이드하는 것과 같다. 그리고 이 과정은 다른 학습 경험과 마찬가지로 뇌에 물리적인 변화를 일으킨다.

자신의 뇌도 프로그래밍이 가능하다는 사실을 받아들이면 자신의 경험을 써 내려가는 작가가 되기 위해 진지하게 노력할 수 있다. 이는 우리가 단순히 경험, 유전자 그리고 오직 운명으로 통제되는 수많은 인과의 결과물이라는 일반적인 관점을 대체한다.

일반적인 프레임: 나는 내 경험과 유전자의 산물이다.
리프레임: 나는 내 경험을 써 내려가는 작가다.

이 리프레임은 당신을 관객 모드에서 참가자 모드로 전환한다. 만약 당신을 통제할 수 없는 외부 요인과 유전자 산물에 불과하다고 느낀다면 큰 동기 부여를 얻기 힘들다. 하지만 당신이 자신의 경험을 써 내려가는 작가라면 하루하루 인생을 창조해 나갈 수 있음을 깨닫게 된다. 이 책에 담긴 리프레임들이 바로 그것을 가능하게 해주는 코드들이다. 당신의 뇌에 있는 '흩어진 신경 회로'에 가장 적합한 리프레임을 찾아보라. 그리고 리프레임을 사용한 후 신경 회로가 얼마나 빠르게 다시 연결되는지 지켜보라.

나는 뇌를 컴퓨터의 운영 체제처럼 여기는 것이 유용하다고 생각한다. 인간의 운영 체제는 새로운 상황과 마주칠 때 상호작용하는 반사적인 패턴을 말한다. 그 운영 체제 위에 지식과 경험을 쌓을 수는 있지만 여전히 운영 체제의 허용 범위에서만 행동할 수 있다.

내가 가장 많이 접하는 인간 운영 체제에는 네 가지 유형이 있다.

이기심: 얻을 수 있으면 무엇이든 취한다. 다들 그렇게 할 것이다.
복수: 실제든 상상이든 모든 모욕과 공격에 복수해야 한다(대부분은 상상이다).
피해자: 거의 모든 사람에게 피해를 받고 있으며 아무것도 할 수 없다.
호혜성: 내가 유용한 사람이 되면 좋은 일이 생길 것이다.

네 가지 운영 체제 가운데 앞의 세 가지는 심각한 결함이 있다. 이기적이거나 복수를 하거나 피해자 노릇을 하면 단기적으로는 위안을 받을 수 있다. 하지만 장기적으로 볼 때 풍요로운 삶을 가져다줄 수 있는 유일한 운영 체제는 호혜성뿐이다.

일반적인 프레임: 나는 사람들에게 좋은 대우를 받을 자격이 있다.
리프레임: 대체로 주는 만큼 받는다. 누구도 무언가를 거저 받을 자격은 없다.

나는 호의를 돌려받을 수 없는 사람들에게도 많은 시간과 에너지를 들여가며 관대하게 대한다. 그런 행동이 신뢰를 쌓고 사람들과의 비즈니스 기회를 끌어들인다는 점을 잘 알고 있기 때문이다. 언젠가 그중 한 사람이 호의를 대갚음해 줄 수 있고, 그 한 번의 일

현실에 대처하는 리프레임

이 내 인생을 바꿀 수도 있다.

호혜성 운영 체제는 인내심과 장기적 이익을 위해 현재 즐거움을 미룰 수 있어야 가능하다. 그렇기에 이 운영 체제는 사람마다 받아들이는 정도가 다를 수 있다. 하지만 우리 모두는 더 많이 베풀고, 피해자처럼 행동하지 않도록 배우면서 이 운영 체제를 받아들일 수 있다. 관대함을 무조건적으로 베푸는 것이 아닌 이기적인 전략이라고 여기는 것도 도움이 된다. 즉 언젠가 되돌려 받을 것을 기대하며 베푸는 것이다. 당신이 베풀었던 호의가 나중에 어떤 형태로 돌아올지 모르지만 호혜성은 성공을 위한 최고의 운영 체제라고 생각한다.

사람들이 당신의 관대함을 이용하려 들까? 물론이다. 하지만 관대함이 좋은 전략이라는 사실은 바뀌지 않는다.

시뮬레이션
우주 가설

★　이상한 이야기를 해볼까?

요즘 들어 하루가
더 빨리 지나가는 것 같아.

그건 우리가 컴퓨터 시뮬레이션의
일부고, 최근 소프트웨어
업그레이드를 받아서 그래.

© 2021 SCOTT ADAMS, INC.

2-23-21

너 친구 별로
없지?

그런 얘기
자주 들어.

그렇다면 시뮬레이션 우주 가설(모의실험 가설)을 소개하겠다. 우리
가 인식하는 현실은, 우리와 비슷하거나 전혀 다를 수 있는 진보된
생명체가 만든 컴퓨터 시뮬레이션이라는 아이디어다. 이 가설은 인
간이 곧 인공지능 생명체를 만들어 낼 수 있다는 전제를 바탕으로

　현실에 대처하는 리프레임

한다. 더 간단히 표현하자면 인간이 머지않아 시뮬레이션 세계를 창조하고, 그 안에서 독립적으로 살아간다고 믿는 인공지능 생명체를 만들 거라는 주장이다. 또한 우리가 현재 살고 있는 세계가 이미 다른 존재로 인해 만들어진 시뮬레이션일 가능성을 제기한다.

나는 우리가 이미 그런 기술을 가지고 있다고 주장하고 싶다. 그렇다면 우리가 해야 할 일은 시뮬레이션 환경 속 생명체들에게 그들이 실제보다 더 자세하게 보고 있다고 믿게 만드는 것뿐이다.

우연의 일치인지 모르지만 이것이 바로 인간의 뇌가 작동하는 방식이다. 우리는 주변 환경을 자세히 보고 있다고 생각하지만 실제로는 그렇지 않으며 모두 착각에 불과하다. 이러한 착각은 우리가 실제보다 더 자세히 보았다고 믿게 함으로써 뇌의 정보 처리 자원을 절약하는 소프트웨어 모듈이라고 할 수 있다.

만약 인간이 한 사람을 본뜬 컴퓨터 모델을 만든다면 디테일이 많이 포함되리라 기대할 수 있다. 단 한 사람만 모델링하기에 컴퓨터가 모든 세부 사항을 처리할 수 있기 때문이다. 그러나 시뮬레이션 속 세계에서는 사람마다 각자의 세밀한 특성을 모두 포함하는 것이 비효율적이라 프로그래머는 그렇게 하지 않는다. 그 대신 시뮬레이션 속 캐릭터들이 실제보다 더 자세히 보고 있다고 믿게 만들어 컴퓨터의 연산 자원을 절약하려고 할 것이다. 가령 손가락에 박힌 조각을 제거해야 할 때만 시뮬레이션은 더 세밀한 정보를 제공한다.

만일 우리가 시뮬레이션이라면 우리의 가상현실도 소프트웨어 개발자가 게임 세계를 프로그래밍할 때 부딪치는 것처럼 제약을 받을 수 있다. 예를 들어 어떤 프로그래머가 가상현실의 우주를 만들었다고 가정하자. 그들은 우리가 가상현실의 경계를 넘어 실제 현실 세계로 나가는 것이 물리적으로 불가능하도록 설계했을 것이다. 실제로도 우리가 '현실'이라고 부르는 세상의 물리 법칙은 우리가 외곽 경계에 도달할 만큼 빠르게 이동하는 것을 불가능하게 만든다.

우리 현실이 시뮬레이션이라는 핵심 논거는 인간을 포함한 어떤 진보된 종이 그런 시뮬레이션을 만드는 기술을 개발한다면, 분명히 하나 이상의 시뮬레이션을 만들 거라는 점이다. 어쩌면 이미 수백만 개가 만들어졌을 수도 있고, 그 시뮬레이션이 진화하여 자체적으로 또 다른 시뮬레이션을 만들지도 모른다. 따라서 우리가 유일한 원래의 종이 아니라 수백만 또는 수조 개의 시뮬레이션 중 하나일 확률이 높다는 주장이다.

나는 우리가 시뮬레이션된 환경에서 살고 있다고 믿는 사람이다. 하지만 그것이 사실이라고 확신하기 때문에 믿는 게 아니다. 나는 무엇이 사실인지 알 길이 없다. 더 정확히 말하자면 나는 시뮬레이션 우주 가설이 내 삶을 바라보는 데 아주 유용한 필터라고 생각한다. 시뮬레이션 우주 가설이 나의 모든 질문에 답해 주고 성공을 위한 특별한 전략을 제공해 주기 때문이다. 그 부분은 곧 설

현실에 대처하는 리프레임

명하도록 하겠다.

시뮬레이션 우주 가설은 미친 소리 같겠지만 일부 똑똑한 사람들은 신뢰할 만한 주장이라고 생각한다. 그중 가장 유명한 인물은 일론 머스크이며, 이 아이디어는 미국의 인지 과학자이자 작가인 도널드 호프먼Donald D. Hoffman에서 비롯되었다. 인터넷에서 시뮬레이션 우주 가설을 찾아 읽어 보면 당신도 빠져들게 될 것이다. 하지만 무엇이 진실인지는 중요하지 않다. 어떤 필터와 전략적 사고가 최상의 결과를 가져오는지가 중요하다.

당신에게 시뮬레이션 속에 살고 있다고 믿으라고 강요하지는 않겠다. 그것이 합리적 가설이라고 믿으라고 요구하지도 않겠다. 그 세계관을 뒷받침하는 증거나 과학적 지식, 확실한 논거가 있으니 믿으라고 하지도 않겠다. 하지만 나는 당신에게 시뮬레이션 우주 가설을 삶에 적용할 수 있는 여러 필터 중 하나로 보라고 제안하고 싶다. 다른 간단한 리프레임과 마찬가지로 이 가설도 당신에게 유용한지만 따지면 된다. 다음은 그 방법이다.

일반적인 프레임: 현실은 객관적이며 과학은 현실을 이해하게 해준다.

리프레임: 우리가 인식하는 '현실'은 더 지적인 존재가 만든 시뮬레이션이다.

대안: 나는 비디오 게임 속에 있다. 다음 단계로 나아가려면 특정 퀘스트를 해결해야 한다.

만약 우리가 시뮬레이션 안에 있다면 그 목적은 무엇일까? 몇 가지 가능성을 생각할 수 있다. 그중 가장 그럴듯한 설명은 이렇다. 앞서 언급했듯이 가상의 창조자는 우리를 통해 다양한 도전 과제를 해결해 줄 성공 전략들을 테스트하여 자기 세계에서 어떤 해결책을 시도할 수 있을지 알아내려 한다는 것이다.

어떤 사람은 이상한 문제를 똑같이 반복해서 겪지만, 또 다른 사람들은 그런 문제를 한 번도 겪지 않는 사실에 주목한 적이 있는가? 나는 이를 테마라고 부른다. 내 테마 중 하나는 어디에 살든 심각한 배관 문제가 계속 발생한다는 것이다. 한 사람이 수십 년간 큰 배관 문제를 계속 겪을 확률은 대단히 낮아 보인다. 그래서 나에겐 이 문제가 프로그래밍된 것처럼 보인다. 마치 내가 주택의 배관 참사에 접근하는 다양한 방법들을 A/B 테스트(UI 최적화를 위해 실사용자들을 A와 B 두 버전으로 나눠 비교 테스트하는 것-옮긴이) 하는 것 같다. 나는 점점 배관 문제를 능숙하게 해결하고 있다!

아니면 우리는 오래전에 멸종한 어떤 종의 사후세계에서 살고

현실에 대처하는 리프레임

있으며 같은 역사를 무한히 반복하고 있는지도 모른다. 나도 죽기 전에 내 디지털 인격을 그런 식으로 남겨 둘 생각이다. 나의 창조자도 인간과 비슷하다면 그렇게 하지 않을까? 아니면 우리는 가장 많은 아이를 낳거나, 가장 많은 돈을 벌거나, 가장 긍정적인 변화를 만들어 내면 승리하는 거대한 비디오 게임 속 아바타(캐릭터)일 수도 있다. 그것도 아니면 우리는 거대한 리얼리티 쇼에 출연하고 있을 수도 있다. 그렇다면 우리가 계속해서 터무니없는 상황을 마주치는 이유를 설명할 수 있다.

핵심은 시뮬레이션 세계가 존재하는 몇 가지 이유를 상상할 수 있다는 것이다. 하지만 우리가 시뮬레이션 안에 있는 존재라면 그 사실을 안다고 해서 어떤 이득이 있을까?

나는 시뮬레이션 속에 있음을 인식하면 게임을 진행하면서 주도적으로 그 게임의 시나리오를 써 내려갈 수 있다고 믿는다. 즉 원하는 것에 강하게 집중하기만 해도 시뮬레이션을 해킹하여 변화를 만들어 낼 수 있다. 이를 긍정 확언이라고 부르는 사람도 있고, 긍정적 사고라고 부르는 사람도 있다. 또 다른 사람들은 이를 끌어당김의 법칙이라고 부른다. 내가 확실히 아는 것은 시뮬레이션 속에 살고 있다고 믿는 사람들이 다른 현실 필터를 적용하는 사람들보다 원하는 것을 더 많이 얻는다는 점이다. 엄청난 성과를 올리고 있는 일론 머스크가 좋은 예다. 나도 집세 정도는 낼 수 있다.

작가가 될 것인가,
관객이 될 것인가?

★　　당신은 자신의 의도대로 시뮬레이션을 써 내려갈 수 있다고 믿는가? 그렇다면 실제로 그런 일이 실현되는 듯한 현실을 경험할 가능성이 크다. 나는 그런 삶을 경험하고 있다. 묘하게도 불운조차 내가 실수로 작성한 것처럼 너무 자주 생각했던 일들과 비슷해 보인다. 긍정의 힘을 실천하는 많은 사람도 자기 운명을 직접 써나가고 있는 것처럼 느껴진다고 이야기한다.

시뮬레이션 우주 가설이 강력한 리프레임인 이유가 여기에 있다. 실제로든 그렇게 느끼든 스스로 미래를 만들어 갈 수 있다는 가능성이 열려 있기 때문이다. 만약 당신의 현실관이 '인과', 즉 원인과 결과라는 일반적인 관점에 갇혀 있다면, 인생의 어떤 것도 바꿀 수 없다는 상대적인 무력감에 빠질 수 있다. 하지만 긍정의 힘을 통해 가능성이 낮았던 일들을 실제로 이루어 내면 완전히 새로운 가능성을 열거나 그럴 수 있다고 느끼게 된다. 그리고 그런 느낌만으로도 충분히 만족스럽다.

내가 현실을 바라보는 관점은 '나는 어떤 시뮬레이션 환경에 놓여 있고, 가는 곳마다 내가 생각하는 방식으로 주관적인 현실을 만들어 내어 그것이 진짜처럼 느껴지게 한다'는 것이다. 만약 당신과 내가 만난다면 우리는 서로 다른 두 현실을 경험하고 나중에 서로 다른 두 가지 기억을 안고 떠날 수 있다. 다만 각자 현실 사이의 차이는 명확하게 드러나지 않는다. 우리가 그 기억들을 세세하게 비교할 가능성이 낮기 때문이다. 어떤 이유로 우리가 기억을 비교하게 된다면 둘 중 한 사람 또는 둘 다 잘못 기억하고 있으며 그 차이는 그것만으로도 설명된다고 결론 지을 것이다.

바로 이런 식으로 우리는 주관적 현실의 허상 속에서 살아가고 있다. 우리는 남들의 현실과 일치하지 않아도 별로 신경 쓰지 않는다. 중요한 점은 시뮬레이션을 운영하는 컴퓨터 장치가 모든 복잡한 현실을 실제로 구현하지 않는다는 것이다. 그 대신 우리가 그것을 실제처럼 보도록 설득하여 진짜라고 믿게 만든다.

일반적인 프레임: 우리는 서로 다른 기억을 가지고 있다.
리프레임: 우리는 서로 다른 주관적 현실을 만들어 낸다.

이 리프레임이 선사하는 가장 큰 위안 중 하나는 내가 더 이상 누군가에게 내 관점이 옳다고 설득하지 못했을 때 스트레스를 느끼지 않는다는 점이다. 이제 나는 둘 이상의 '현실'이 동시에 실행되고 있으며 그것들이 일치해야 할 이유가 없음을 받아들인다. 이런 생각에 익숙해지기는 쉽지 않지만 가능하다면 좌절감을 줄일 수 있다.

내가 시뮬레이션 속에 살고 있다고 생각하는 것의 또 다른 장점은 과거의 경험이나 관찰된 사건들이 나의 가능성을 제한하지 않기 때문에 거의 모든 것이 가능해 보인다는 점이다. 때로는 해방감마저 느껴진다. 나는 결코 한계를 느끼지 않으며, 이런 태도가 더 어려운 문제에도 열정적으로 도전할 수 있도록 도와준다고 생각한다.

더 기묘한 이야기를 덧붙이자면 당신이 지금 상상하고, 계획하고, 예측하는 것이 현실에 동일한 영향을 미칠 수 있다는 말을 해주고 싶다. 미래를 더 구체적이고 명확하게 상상할수록 자신의 현실을 더욱 주도적으로 써 내려가는 작가가 된다고 생각한다. 과학적 근거나 사실에 의존하지 않고도 말이다. 인생을 걸고 장담하지는 않겠지만 이 아이디어로 내 삶에서 일어난 많은 일을 설명할 수 있다.

시뮬레이션 우주 가설은 실제 현실에 대한 정확한 설명일 수도 있고 아닐 수도 있다. 하지만 다른 리프레임과 마찬가지로 진실은 중요하지 않다. 이 가설이 당신에게 효과적인지만 중요할 뿐이다.

현실에 대처하는 리프레임

현실을 인식하는 데 필요한
13가지 버튼

★　　우리는 현실의 '진정한' 본질에 대해 결코 의견의 일치를 볼
수 없다. 하지만 어떠한 필터로 현실을 해석하느냐에 따라 우리의
행복이 달라질 수 있다는 점에는 동의할 것이다. 스타벅스에 앉아
이 장을 쓰는 동안 나는 세계의 현 상황에 대한 낙관론과 비관론
둘 다에서 타당한 논거를 발견했다. 어떤 필터가 더 정확한지는
모르겠지만 한 필터가 다른 필터보다 더 기분 좋게 만든다는 것은
알고 있다. 그래서 나를 기분 좋게 만드는 긍정적인 필터를 선택
한다. 그렇지만 어떤 현실을 선택하든 나는 여전히 같은 방식으로
행동하며 미지의 상황에 대비해 평소처럼 신중하게 대처한다.

일반적인 현실관은 우리 발아래에 견고한 현실 층이 있고 우리
는 그 위를 걸을 때 어떤 신발을 신을지 선택하는 것뿐이라고 가정
한다. 이는 대부분의 사람이 세상을 바라보는 방식이기도 하다. 하

지만 유일한 방식은 아니다.

더 깊이 있고 더 유용해 보이는 현실관은 우리가 현실을 직접 창조하기 때문에 그 경계가 거의 없고 모든 것이 가능하다는 것이다. 여러 번 말했듯이 나는 그런 현실관이 진실에 가장 가깝다고 주장하진 않는다. 내가 확실히 아는 건 현실을 직접 써나갈 수 있다고 믿는 사람들이 설명하기 어려운 좋은 결과를 만들어 낸다는 것이다. 나도 그중 한 명이고, 나와 같은 방식으로 현실을 바라보는 친구 몇 명도 성공했다.

일반적인 프레임: 현실은 객관적이다.
리프레임: 객관적인 현실이 있을 수 있지만 인간의 뇌는 거기에 접근
하지 못한다.

당신이 물리적 통제 범위를 벗어난 것들까지 포함해 현실 자체를 써나갈 수 있다고 상상한다면 미친 짓일까? 이는 교묘하게도 당신의 견해를 다시 생각하게 만드는 질문이다. 어쩌면 당신은 현실을 써나갈 수 있다는 믿음이 어리석다고 생각할 수도 있다. 하지만 그 믿음이 어리석다는 증거는 어디에도 없다. 개인적인 경험으로 볼 때 오히려 자기 현실을 설계할 수 있다고 생각하면 그 기저에 진실이 있든 없든 좋은 결과를 얻을 수 있다. 이른바 현실을 가장 대수롭지 않게 여기는 사람들이 현실을 바꾼다. 일론 머스크를 다시 예로 들자면 그는 많은 전문가가 '그들의 현실'에서 불가능하다고 여기는 일을 실현하는 것에 특화돼 있다. 위대한 혁신가 대부분은 불가능 따위는 가볍게 무시한다.

나는 그저 당신이 이 책을 읽는 동안 현실을 완전히 프로그래밍할 수 있다고 생각해 주었으면 한다. 이 접근법의 이점을 얻기 위해 현실의 진정한 본질을 완전히 이해할 필요는 없다. 그 부분은 여전히 미스터리로 남겨 둬도 상관없다. 다만 현실을 써나갈 수 있다는 생각을 열린 마음으로 받아들이고, 그렇게 행동해 보길 바란다. 그리고 무슨 일이 일어나는지 지켜보라. 아마 놀라운 경험을 하게 될 것이다. 그 리프레임은 다음과 같다.

일반적인 프레임: 현실은 나의 의견과 선호에 따라 주관적일 뿐이다.
리프레임: 나의 현실을 주관적으로 받아들이고 직접 만들어 낸 것처럼 행동하면 좋은 결과를 얻을 수 있다.

나는 이 책은 물론 전작인 《더 시스템》에서도 긍정 선언에 관해 이야기한 적이 있다. 나는 원하는 바를 머릿속으로 구체적으로 그리면서 하루에 15번 입 밖에 내거나 글로 적는 방법을 쓴다. 이 방법에는 특별한 비법이나 규칙이 없다. 언제, 어떻게, 심지어 몇 번 반복하는지도 중요하지 않다. 중요한 것은 원하는 결과에 얼마나 집중하느냐이다. 내가 이렇게 말하는 이유는 살다 보니 가장 명확하게 상상했던 잠재적 미래들이 실제로 일어났기 때문이다. 물론 인과관계나 우연 때문인지도 모른다. 하지만 나는 그것을 사실로 받아들이기로 결정했다.

내 말의 요점은 사람은 완전히 주관적인 현실 속에서도 아무 문제 없이 살아갈 수 있다는 것이다. 나는 내 현실을 창조하거나 그렇게 상상하고 있다. 어느 쪽이든 정말 멋진 현실이다. 또한 하나의 특정한 목표에 집착하기보다는 더 넓고 다양한 가능성을 열어주는 시스템을 선호한다. 예를 들어 특정한 승진만 목표로 삼기보다는 전반적인 부를 추구하는 시스템이 더 효과적이다. 그리고 특정한 사람과의 관계에 집착하기보다는 좋은 연애 생활을 지속하는 시스템이 더 바람직하다. 당신도 성공할 수 있는 다양한 길을 열어 둬라.

자신이나 타인에게 영향을 미치고, 이를 통해 자신의 현실을 만들어 가고 싶다면 인간 뇌의 UI 중 어떤 버튼을 눌러야 하는지 알아야 한다. 만약 뇌가 이성적 사고의 운영 체제에서 작동한다고 생각한다면 잘못된 생각일 뿐만 아니라 말도 안 되는 듯한 세상에 좌절하게 된다. 하지만 인간의 90퍼센트가 비이성적이라는 최면 치료사의 관점을 받아들인다면 현실을 조작하는 UI 버튼들을 볼 준비가 된 것이다. 그리고 버튼이 보이는 순간 게임을 컨트롤할 수 있다(또는 그렇게 느낄 수 있다). 이제 원하는 것을 얻기 위해 눌러야 하는 주요 설득 버튼들을 설명해 주겠다.

현실에 대처하는 리프레임

자유

인간은 쾌락보다 자유를, 또 고통을 회피하는 것보다 자유를 사랑한다. 심지어 타인의 자유를 위해 자기 목숨까지도 기꺼이 바친다. 사람들이 왜 그런 행동을 하는지 알고 싶거나 사람들에게 영향을 주고 싶다면 흔히 간과되기 쉬운 이런 인간 심리의 특성을 기억하라. 인간은 돈보다 자유, 심지어 사랑보다 자유를 선택할 때가 많다.

세상의 거의 모든 결정은 관련된 사람들의 자유를 늘리거나 줄인다. 그동안 이를 핵심 변수로 보지 않았더라도 자유는 대부분의 관심사보다 우선시되므로 반드시 핵심 변수로 보아야 한다.

최고의 직원을 고용하고 싶다면 그들이 얼마나 많은 자유를 누리게 될지 꼭 강조하라. 최상의 결혼 생활을 원한다면 서로에게 합리적인 범위에서 자유를 보장하라. 파트1에서 말했듯이 최고의 직장을 원한다면 유연 근무제가 가장 잘되어 있는 직장을 선택하라.

자유는 인간 인터페이스에서 누르기 쉬운 거대한 버튼이다. 모든 결정을 내릴 때, 또 타인을 설득하려 할 때 잊지 말고 자유를 고려하라.

두려움

두려움은 인간의 동기를 가장 강력하게 꺾는 요인이다. 우리는 두려움에서 벗어나기 위해서라면 거의 뭐든 한다. 이것이 바로 공포를 이용해 당신을 통제하려는 사람들을 경계해야 하는 이유다. 또한 두려움을 윤리적으로 사용 가능한 특수한 상황에서는 그것을 설득에 활용할 수도 있다. 여기서 윤리적이란 말은 해결해야 할 무서운 상황을 진실하게 설명하는 것을 뜻한다. 만약 어떤 나쁜 일이 일어날 가능성이 있다면 이성적인 두려움을 통해 위험에 처한 사람들에게 경고해야 할 의무가 있다고 본다.

두려움 버튼이 눌리면 얼마나 큰 영향을 받을까? 나는 대부분의 미국 대통령 선거에서 두려움 버튼이 당락을 결정짓는 요인이라고 믿는다. 공포 메시지를 가장 강하게 밀어붙이는 후보자가 당선된다.

참신함

당신의 주의를 끌고 머리에 남는 것들은 대개 어떤 면에서 다르거나, 이상하거나, 의외이거나, 새로운 것들이다. 소통을 잘하는 사람들은 참신함으로 사람들의 관심을 끈다. 예를 들어 예상치 못

현실에 대처하는 리프레임

한 자리에서 유머러스한 농담을 던지거나 발표 중에 다른 슬라이드 사이에 완전히 다른 슬라이드를 끼워 넣는 것이다. 또는 경쟁자에게 생각지도 못한 모욕적인 별명을 붙여 줄 수도 있다.

의사소통에 참신한 요소를 집어넣는 법을 배우면 어떤 주제든 마음먹은 대로 이끌 수 있다. 하지만 적절하게 사용하지 않으면 그 힘을 잃게 된다.

반복

인간의 이성은 매우 얄팍해서 뻔한 거짓말도 자주 반복되면 그럴듯하게 들린다. 그것이 대부분의 광고, 정치, 선동의 기본 개념이다. 반복은 영향력을 행사하고 싶을 때 가장 쉽게 누를 수 있는 버튼이다. 메시지를 정해 전달하고 꾸준히 반복하기만 하면 된다.

하지만 이 방법은 이미 당신에게도 사용되고 있다. 당신의 결정이 광고나 뉴스에서 가장 많이 본 메시지와 일치할 때가 얼마나 많은지 살펴보라. 반복된 메시지가 이성적 사고를 얼마나 자주 가로채는지 이해하면 즉시 사방에서 그런 현상들이 보이기 시작할 것이다.

단순성

———————

우리의 뇌는 디테일과 복잡성에 쉽게 압도당하며, 그러면 현명한 결정을 내리기 어려워진다. 누군가를 행동으로 이끌고 싶다면 주장은 단순하게, 요청은 더욱 단순하게 유지하라. 단순함이 효과적이다. 오히려 단순함에 디테일을 하나씩 추가할 때마다 영향력이 줄어든다.

가짜 이유

———————

이미 몇 가지 특정 상황에서 '가짜 이유'가 갖는 힘을 언급했다. 가짜 이유는 거의 모든 영역에서 효과적이고, 현실을 이해하는 UI의 중요한 부분이기도 하다. 인간은 자신과 타인에게 어리석어 보이지 않도록 결정에 이유를 대고 싶어 한다. 하지만 흥미롭게도 우리는 이유의 질에 대해서는 까다롭지 않다. 이는 정치적 쟁점에서 가장 분명하게 확인할 수 있다. 유권자들은 자기 팀의 의견에 동의하고 나서 자신이 동의한 '이유'를 그럴싸하게 합리화한다. 또는 뉴스에서 들은 이유를 반복함으로써 자신의 동의를 정당화하는 경향이 있다.

이렇듯 인간 지성의 이상한 면을 깨달으면 유용한 점이 있다. 당

현실에 대처하는 리프레임

신이 무언가를 요청할 때 타당한 이유가 없다면 형편없는 이유라도 사용할 수 있다는 점이다. 심지어 듣는 사람에게 전혀 이유 같지 않은 이유를 댈 수도 있다. 일반적으로 사람들은 당신에게 이유가 있다는 사실을 알고 싶을 뿐 그 이유가 무엇인지에는 별 관심이 없다.

물론 예외도 있다. 사람들은 가장 중요한 결정을 내릴 때는 진짜 이유를 원하겠지만 인생은 대체로 덜 중요한 결정의 연속이다. 그리고 그런 결정에는 아무 이유라도 충분할 때가 많다.

보조 맞추기와 이끌기

―――――

보조 맞추기란 몸짓 언어, 호흡, 옷차림, 단어 선택 등 여러 가지 방식을 설득하려는 상대와 맞추는 것을 말한다. 상대와 충분히 보조를 맞추다 보면 다른 방식으로는 얻기 힘든 신뢰가 형성된다. 그런 다음에 영향을 주고 싶은 사람을 점차 '이끌' 수 있게 된다. 상대를 미묘하게 따라 하면서 보조를 맞추다가 점차 그들을 이끄는 위치로 이동하는 것이다. 예를 들어 대중은 리더에게서 자신과 닮은 모습을 발견함으로써 자연스럽게 리더를 따르고 자신과 동일시하게 된다. 자기 자신을 책임지는 것처럼 보여서 안정감과 신뢰감을 느끼는 것이다. 이것이 바로 정치인들이 선거철에 서민 코스프레를 하는 이유이며, 실제로 효과적인 전략 중 하나다.

포부

사람들은 당연히 성공을 즐긴다. 또한 더 나아지고 싶어 한다. 지금보다 더 나은 모습으로 성장할 수 있다는 믿음직한 그림을 그려준다면 사람들이 행동하도록 동기 부여를 할 수 있다. 우승을 노리는 팀처럼 포부가 즉각적이고 분명할 때도 있다. 그 팀 또한 포부를 이루기 위해 어떻게 행동해야 할지 고민하고 있을 것이다. 바로 이때 개입하면 된다. 우리 팀은 이길 수 있고 큰 경기에 강하다는 등의 메시지를 전달하여 우승을 열망하게 만들어라. 아직은 우승팀이 아니지만 곧 우승팀이 될 수 있다!

스포츠 경기는 특별한 경우다. 살아가면서 우리가 원하는 어떤 모습에 대해 더 큰 포부를 품게 된다. 그런데 대부분의 사람은 목표를 높게 설정하지 않기 때문에 더 성장할 여지가 충분하다. 더 나은 자신을 분명하게 인식하고 거기에 가치를 부여한다면 자연스럽게 그 목표를 향해 나아갈 수 있다.

포부는 타인을 관리하는 데도 유용한 도구이면서 스스로 동기를 얻는 데도 효과적이다. 당신은 어떤 사람이 되고 싶은가? 어떤 사람으로 기억되고 싶은가? 몇 년 전 나는 내 장례식을 가장 많은 조문객이 찾는 장례식으로 만들겠다는 것을 인생 최고의 포부로 정했다. 즉 사람들이 내 시신에 작별 인사를 하고 싶을 정도로 세상에 긍정적인 영향을 주기로 했다. 막연한 포부 같겠지만 그렇지 않

현실에 대처하는 리프레임

다. 나는 이 포부 필터로 내가 내리는 거의 모든 결정과 대인 관계를 고려한다.

비교

둘 이상을 비교하는 건 너무나 단순한 개념이며 우리가 하는 모든 일에 내재되어 있어서 설명이 더 이상 필요하지 않다고 생각할 수도 있다. 하지만 내가 관찰한 바에 따르면 대중의 75퍼센트는 실제 대안이 아닌 가상의 기준과 비교하여 사물의 가치를 판단하려고 한다. 하지만 실제 대안과 비교하는 것만이 유일하게 유용하다. 따라서 올바른 대상과 비교하고 있는지 확인해 볼 필요가 있다. 특히 판매나 일반적인 소통에서 꾸준히 비교하고 생각하는 연습을 하면 도움이 된다.

예를 들어 집을 사려고 할 때 부동산 중개인은 아주 형편없는 매

물들부터 보여 줄 것이다. 더 비싼 집이 훨씬 매력적으로 보이게끔 말이다.

소셜 미디어의 해악은 옆에 있는 후줄근한 친구 대신 잘나가는 소셜 미디어 인플루언서와 자신을 비교하게 만든다는 것이다. 그로 인해 자신을 바라보는 시각이 어떻게 바뀌는지만 생각해 봐도 알 수 있다. 당신은 후줄근한 친구에 비하면 슈퍼 스타일지 모르지만 세계에서 가장 매력적이고 성공한 사람들과 비교하면 어떨까? 소셜 미디어를 삶의 중요한 부분으로 삼으면 의도치 않게 잘난 사람들과 비교하게 된다. 예상할 수 있듯 소셜 미디어는 특히 젊은 사람들에게 심각한 정신건강 문제를 일으킨다. 이젠 놀랍지도 않은 일이다.

적절한 비교는 협상, 소통, 전략, 유머, 스토리텔링, 재무 분석 등

현실에 대처하는 리프레임

의미 있는 거의 모든 영역에서 중요하다. 합리적 비교의 중요성을 이미 알고 있겠지만 이를 항상 염두에 두면 큰 도움이 된다. 그리고 스스로 만든 상상 속의 완벽한 존재와 자신을 절대 비교하지 마라. 그건 정말 쓸데없는 짓이다.

패턴 인식

인간의 뇌는 패턴 인식 기관이지만 성능이 아주 좋지는 않다. 뇌는 곳곳에서 패턴을 잘못 읽는다. 그리고 이러한 잘못된 패턴 인식은 우리의 편견과 편협함을 드러낸다. 뇌를 논리적 기관이 아닌 패턴 인식 기관으로 이해하면 모든 것이 설명되기 시작한다. 예컨대 왜 그렇게 자주 사람들이 논리적 근거 대신 유추를 토대로 주장을 펼치는지 알게 된다. 유추는 어떤 패턴을 통해 다른 것을 추측하는 것이기 때문이다.

어떤 것이 다른 것을 연상시킬 때, 우리는 그 두 가지가 서로를 설명하거나 예측할 수 있다는 비합리적인 결론을 내리곤 한다. 이는 '역사는 반복된다'라는 말에서 가장 생생하게 드러나는데, 이 말은 통찰이라기보다는 헛소리나 결과론적인 이야기에 가깝다. 만약 역사가 반복된다면 모든 사람이 다음에 무슨 일이 일어날지 알겠지만 실제로는 그렇지 않기 때문이다. 그리고 역사를 충분히 공부하지 않아서 그렇다는 역사학자의 말을 듣지 마라. 역사학자들조차 미래를 예측하지 못한다.

뇌를 패턴 인식 기계로 이해하되, 그 기계가 제 역할을 잘하지 못한다는 사실을 깨닫는 것이 중요하다. 그러면 현실을 이해하는 데 가장 유용한 도구 중 하나를 손에 넣을 테고 모든 게 더 명확해진다. 예를 들어 사람들이 자신의 종교를 데이터와 이성에 근거해 선택한다고 생각하는가, 아니면 대부분 자신이 자라 온 환경에서 물려받은 종교를 따른다고 생각하는가? 논리와 이성에 호소해서는 그 질문에 답할 수 없다. 사람은 패턴 위주로 인식한다고 이해해야 대답할 수 있다.

팀 본능

———

우리는 설득당할 마음이 없는 사람들과 논쟁하느라 엄청난 에너지를 낭비한다. 아마 그들 역시 당신과 논쟁할 때 같은 문제를 겪을 가능성이 크다. 사람들은 일단 팀에 속하게 되면 그 팀의 '승리'를 위해 어떤 주장이든 환상처럼 만들어 낸다.

소셜 미디어는 팀플레이를 게임화함으로써 문제를 더욱 악화했다. 팔로워들에게 인기 있는 게시물을 올리면 그들은 공유와 '좋아요'로 보답한다. 이는 중독성이 강해 우리를 이성과 타협에서 멀어지게 만든다.

팀 본능이 강력하다는 사실을 깨달으면 데이터와 이성에 호소하는 논쟁이 얼마나 무의미한지 곧 알게 된다. 당신은 잘못된 판단을 하고 있다. 상대방은 논쟁이 아니라 단지 게임에서 이기려고 하기 때문이다. 이를 위해 아무리 터무니없는 주장이라도 내세워서 사람들을 열광하게 만든다.

연상

광고주들은 자사 제품을 사랑받는 사물 또는 사람과 연관 지으면 그 긍정적인 이미지가 제품으로 옮겨 간다는 것을 오래전부터 알고 있었다. 광고만큼 분명하지는 않지만 연상으로 인한 호감(긍정적 측면) 또는 비호감(부정적 측면)은 일상적인 경험에 자주 영향을 미친다.

예를 들어 연애 상대를 만났을 때 부주의하게 뉴스에 나온 비극적 사건으로 대화를 이끈다면 당신과 아무런 관련이 없더라도 그 비극의 일부가 당신에게 옮아와 당신의 매력을 떨어뜨릴 수 있다. 그러므로 첫인상을 남길 때나 서로 알아 가는 단계에서 불쾌한 주제를 꺼내지 않는 것이 좋다. 시간이 지나 첫인상이 어느 정도 형성된 후에는 불쾌한 주제가 당신의 매력에 미치는 영향이 줄어들겠지만 비극적인 이야기는 여전히 상대방의 하루를 망칠 수 있으니 가능하면 피하는 게 좋다.

제작자들은 영화사에 영화 제작을 권유할 때 'ET와 타이타닉의 만남' 같은 표현을 내세우며 성공한 두 영화를 결합한 새 영화를 만들 수 있다고 이야기하는 경우가 많다. 영화사 경영진이 두 영화를 모두 좋아한다면 그 호감이 새 영화로 이어질 수 있다.

이미 알고 있겠지만 기업은 사람들이 좋아하는 것을 자사 제품과 연관시키고 사람들이 싫어하는 것은 경쟁사 제품과 연관시키는 수법을 쓰기도 한다. 당신의 소통 방식에도 기업의 방식을 채택할 것을 제안한다. 재미있고, 흥미롭고, 유용하고, 낙관적이며 영감까지 주는 소통을 계속하라. 그러면 당신은 곁에 있으면 아주 즐거운 사람이 된다. 이 책을 읽을 만큼의 행운이 따르지 않은 사람은 자신의 사회적 비용을 들여 남들에게 비극적인 내용을 전달할 것이다.

시각화

대개 '이미지'를 장악하는 사람이 승리한다. 여기서 이미지는 특정 주제를 논의할 때 머릿속에 떠오르는 심상을 의미한다. 그 이미지가 생생할수록 설득력도 커진다.

현실에 대처하는 리프레임

예를 들어 기후 변화 분야는 유명한 하키 스틱 그래프가 등장하면서 판도가 바뀌었다. 이 그래프는 지구 기온이 서서히 올라가다 급격히 상승하리라는 예측을 담고 있다. 기후 변화를 상징하는 또 다른 이미지들은 죽어가는 북극곰 가족과 허리케인 피해 현장에 초점을 맞추었다. 그렇게 강력한 이미지가 이슈로 등장하면 대중이 어느 방향으로 움직일지 예측할 수 있다. 그리고 실제로 그래왔다. 마찬가지로 불법 이민에 대한 시민들의 생각은 그들이 어떤 이미지를 접했느냐에 달렸다. 여기에는 상상 속에서 만들어 낸 '이미지'도 포함된다. 현실이라는 UI에서 시각화 '버튼'은 많은 변수가 동시에 작용해 상황이 어디로 튈지 알기 어려울 때 특히 강력한 효과를 발휘한다.

2015년 대선 후보이던 도널드 트럼프가 젭 부시Jeb Bush 대선 후보를 '맥없는 젭'이라고 불렀던 것을 알고 있는가? 그 별명을 듣는 순간 발을 겨우 끌며 방을 가로질러 가는 젭의 이미지가 머릿속에 떠올랐다. 안타깝게도 '평범한 젭'은 그것을 뒤집을 만한 강력한 이미지가 없었다. 설득력을 가진 것들은 많다. 하지만 시각적 설득력은 두려움을 제외한 거의 모든 것을 이긴다.

이제 현실 UI의 주요 버튼들이 무엇인지 파악했을 것이다. 앞으로는 약간의 지식만 더 있으면 모두가 손에 손 잡고 어울려 지낼 수 있는 이성적인 세상이 될 거라는 낡은 개념을 버려라. 그 대신 인생을 설득이라는 버튼이 있는 계기판으로 리프레임하라. 필요할 때마다 그 버튼을 눌러 사람들을 설득하고 자신의 뇌를 훈련시켜 현실을 만들어 가라.

당신의 리프레임을 기대하며

이 책에서 소개한 리프레임들을 살펴봤으니 이제 당신만의 리프레임을 만들 준비가 된 셈이다. 여기서 다루지 않은 상황을 처리할 리프레임을 만들거나 내가 예로 든 리프레임을 당신의 특정 상황에 맞춰 조정하고 싶을 것이다. 다음 다섯 가지 규칙에 따라 시작하면 된다.

1. 리프레임은 반드시 진실이거나 논리적일 필요가 없다.
2. 리프레임은 효과만 있으면 된다.
3. 리프레임은 몸과 마음으로 빠르게 테스트해 볼 수 있다.
4. 리프레임은 새로운 관점으로 주제에 접근한다.
5. 리프레임에 이점이 있다면 그대로 유지한다.

리프레임을 브레인스토밍하는 좋은 방법이 있다. 당신이 아는 가장 똑똑하고 그 방면에 가장 정통한 사람이라면 주어진 상황에 어떻게 접근할지 상상해 보는 것이다. 그들이 어떤 관점으로 세상을 바라보는지에 대한 감이 잡힌다면 그때부터 그들의 눈으로 세상을 바라볼 수 있다. 예를 들어 어떤 사람은 사건을 종교적으로 해석하고, 또 다른 사람들은 '돈의 흐름을 따라가라'고 냉소적으로 말할 수도 있다. 당신이 아는 사람들로 가상의 자문단을 구성한 다음 그들이 그 주제에 대해 조언한다고 상상해 보라. 상상한 조언에는 리프레임들을 포함할 가능성이 크며, 자신의 창의력을 자극할 가능성은 그보다 훨씬 더 크다.

테스트할 리프레임 후보가 생기면 머리에 얼마나 깊게 남는지 확인해 보라. 무의식적으로 그 리프레임이 자꾸 떠오르는가? 그 리프레임을 속으로 또는 소리 내어 반복하고 있는가? 그렇다면 좋은 시작이다. 그 리프레임이 효과적이라는 의미는 아니지만 반복을 통해 뇌를 재설계할 만큼 머릿속에 달라붙는다는 뜻이기 때문이다. 그다음에는 그 리프레임을 테스트해 보고 효과가 없다면 브레인스토밍을 다시 시작하라.

나는 리프레임의 효과가 얼마나 강력한지 오래전부터 알고 있었다. 내 성공의 상당 부분은 리프레임 덕분이다. 지금쯤이면 당신도 이 책에 실린 리프레임 중 몇 가지에서 효력을 경험했을 것이다. 그중 일부는 읽자마자 효과를 느꼈을 것이고, 또 어떤 것들은 자신

마치며

에게 해당되지 않는다고 일축했을 것이다. 그래도 괜찮다.

이쯤에서 다시 한번 상기시키고 싶은 것은 어떤 리프레임은 당신에게 적합하고 또 어떤 리프레임은 당신의 고유한 뇌와 성격에 맞지 않을 수 있다는 점이다. 종종 직관적이지 않은 리프레임도 있고, 어떤 리프레임은 우스꽝스럽게 설계되어 있다. 또 다른 리프레임은 자신에게 효과적일지 잘 판단하지 못할 수 있으니 주의하기 바란다.

이 문장을 읽고 있다면 당신은 이 책을 읽기 시작했을 때보다 한층 더 나은 사람이 되었을 것이다. 자! 이제 당신의 소프트웨어는 업그레이드됐다. 과거의 속박에서 해방된 당신은 여러 새로운 기술을 장착한 존재로 다시 태어났다.

마지막 리프레임은 바로 당신이다!
The final reframe is you!

한눈에 보는 리프레임

들어가며

일반적인 프레임: 개를 산책시키려다 실패했다.
리프레임: 개가 냄새를 맡도록 하는 데 성공했다.

일반적인 프레임: 그저 서 있기만 하고 할 일이 전혀 없다.
리프레임: 올바른 호흡과 자세를 연습하기에 딱 좋은 시간이다.

일반적인 프레임: 줄을 서서 기다리자니 시간 낭비 같다.
리프레임: 올바른 호흡을 해볼 시간이 생겼다.

일반적인 프레임: 술은 음료다.
리프레임: 술은 독이다.

PART 1 성공을 위한 리프레임

일반적인 프레임: 나는 성공 확률이 낮다.
리프레임: 나는 성공 확률을 예측하는 데 서툴다.

일반적인 프레임: 나는 시도하는 일의 90퍼센트는 실패한다.

리프레임: 나는 10퍼센트의 성공만 거두면 된다.

일반적인 프레임: 나는 (무언가를) 하고 싶다.
리프레임: 나는 (무언가를) 하기로 결정했다.

일반적인 프레임: 시간을 관리하라.
리프레임: 에너지를 관리하라.

일반적인 프레임: 사는 게 지루하다.
리프레임: 창피해질 수 있는 일을 충분히 하고 있지 않다.

일반적인 프레임: 창피함은 피해야 한다.
리프레임: 창피함은 투자다.

일반적인 프레임: 또 문제야! 왜 나만 이래?
리프레임: 오, 풀어야 할 새로운 퍼즐이군.

일반적인 프레임: 으, 이런 반복적인 집안일이 너무 싫다.
리프레임: 집안일도 우아하고 효율적으로 한다면 게임처럼 느껴진다.

일반적인 프레임: 너무 크고 벅찬 일이라 시작조차 할 수 없다.
리프레임: 그 방향으로 나아가기 위해 할 수 있는 가장 작은 일은 무엇인가?

일반적인 프레임: 학교 공부는 지루하지만 꼭 필요하다.
리프레임: 학교 공부는 시합이다. 경기가 시작됐다.

일반적인 프레임: 나 자신과 경쟁하면서 점차 발전하도록 노력하라.
리프레임: 남들 모르게 다른 사람과 '조용히' 경쟁하라.

일반적인 프레임: 이번 작업은 별로입니다.
리프레임: 다른 작업이 더 좋았어요.
대안 1: 이보다 더 잘할 수 있을 텐데요.
대안 2: 이보다 좋은 게 나올지 모르겠지만 한번 해보죠.
대안 3: 지름길이나 요령을 알려 줘도 될까요?
대안 4: 다른 사람들은 어떻게 하는지 보여 줄게요.

일반적인 프레임: 다음에는 실수하지 않도록 사람들에게 잘못한 부분을 지적한다.
리프레임: 잘한 부분을 칭찬해서 계속 발전하도록 동기 부여를 한다.

일반적인 프레임: 남들은 모두 유능해 보이고 나만 애송이인 것 같다.
리프레임: 나는 빠르게 배우고 있다. 이렇게 많이 배우다니!

일반적인 프레임: 직장에서 애송이가 된 느낌이다.
리프레임: 모든 사람은 애송이다.

일반적인 프레임: 성공하려면 목표를 세워야 한다.
리프레임: 패자는 목표를 설계하고 승자는 시스템을 만든다.

일반적인 프레임: 열정은 성공의 열쇠다.
리프레임: 열정이 있으면 좋겠지만 꼭 필요한 건 아니다.

일반적인 프레임: 돈이 될 만한 특정 기술을 배우는 데 집중하라.
리프레임: 함께 잘 쓸 수 있는 기술들을 익혀서 희귀하면서도 유연한 존재가 되어라.

일반적인 프레임: 돈이 있어야 돈을 번다.
리프레임: 나는 에너지를 돈으로 바꿀 수 있다.

일반적인 프레임: 거저 베풀지 마라.
리프레임: 베풀면 (대체로) 보답받는다.

일반적인 프레임: 맡은 일을 잘하라.
리프레임: 맡은 일 이상을 하라.

일반적인 프레임: 성공은 누구를 아느냐에 달려 있다.
리프레임: 성공은 얼마나 많은 사람을 아느냐에 달려 있다.

일반적인 프레임: 열심히 일하면 보상받을 것이다.
리프레임: 열심히 일한다는 인상을 심어 주면 보상받을 것이다.

일반적인 프레임: 지시받은 일을 하라.
리프레임: 지시받지 않았어도 누군가는 해야 할 일을 하라.

일반적인 프레임: 필요한 것들을 학습하라.
리프레임: 특히 잘 어울리는 기술들을 지속적으로 배워라.

일반적인 프레임: 돌다리도 두드려 보고 건너라.
리프레임: 일단 시작하고 진행하면서 성공할 수 있을지 살펴보라.

일반적인 프레임: 나의 일은 상사에게 지시받은 대로 하는 것이다.
리프레임: 나의 일은 더 나은 일자리를 찾는 것이다.

일반적인 프레임: 우주가 내게 불리하게 돌아가고 있다.
리프레임: 우주는 나에게 빚진 게 있다.

일반적인 프레임: 행운은 무작위로 찾아오며 관리할 수 없다.
리프레임: 행운이 더 많은 곳(에너지가 넘치는 곳)으로 갈 수 있다.

일반적인 프레임: 이런 일이 생기다니 나는 유난히 운이 없다.
리프레임: 예외 없이 누구에게나 문제는 있다.

일반적인 프레임: 모든 건 공평해야 한다. (나)
리프레임: 인생은 공평하지 않다. (어머니)

일반적인 프레임: 공평성은 바람직한 사회 목표다.
리프레임: 공평성은 성공의 적이다.

일반적인 프레임: 내면의 생각에 따라 기분이 결정된다.
리프레임: 의미 있는 과업을 완수하여 기분을 개선할 수 있다.

일반적인 프레임: 작품에서 실수를 피하라.
리프레임: 실수를 작품에 허용하고 '좋은 실수'를 남겨라.

일반적인 프레임: 좋은 아이디어를 생각해 내야 한다.
리프레임: 나쁜 아이디어를 되도록 빨리 버려야 한다.

일반적인 프레임: 훌륭한 예술 작품도 있고 그렇지 못한 예술 작품도 있다.
리프레임: 사람들이 찾는 작품이라면 훌륭한 예술 작품이다.

일반적인 프레임: 창작물의 성공은 칭찬으로 예측할 수 있다.
리프레임: 성공작을 예측하는 것은 말이 아니라 행동이다. 사람들이 창작물을
　　　　　퍼트리거나 수정하는지 지켜보라.

일반적인 프레임: 글감이 전혀 떠오르지 않는다.
리프레임: 나는 글쓰기에 적합하지 않은 환경에 있다.

일반적인 프레임: 나는 일시적인 슬럼프에 빠졌다.

한눈에 보는 리프레임

리프레임: 나는 글쓰기에 부적합한 시간에 글을 쓰려고 애쓰고 있다.

일반적인 프레임: 쓸 만한 좋은 글이 떠오르지 않는다.
리프레임: 안 좋은 글이라도 일단 써라. 고치면 된다.

PART 2 건강을 지키는 리프레임

일반적인 프레임: 나는 배고플 때 음식을 먹는다.
리프레임: 연료가 되는 음식이 있고, 주전부리인 음식이 있다.

일반적인 프레임: 잘못된 식습관은 의지력 문제다.
리프레임: 잘못된 식습관은 지식 문제다.

일반적인 프레임: 나는 안 좋은 음식을 너무 많이 먹는다.
리프레임: 나는 식단관리에 이롭지 못한 사람들과 너무 많은 시간을 보낸다.

일반적인 프레임: 음식을 원하는 걸 보니 배고픈 게 틀림없다.
리프레임: 음식을 원하는 걸 보니 피곤한 건지도 모르겠다.

일반적인 프레임: 나는 체중 감량이란 목표가 있다.
리프레임: 나를 위한 체중 감량 시스템을 만들어야 한다.

일반적인 프레임: 설탕은 맛있지만 과하게 섭취하면 안 된다.
리프레임: 설탕은 독이다.

일반적인 프레임: 나는 나쁜 탄수화물에 유혹을 느낀다.
리프레임: 나는 나쁜 탄수화물을 먹는 사람이 아니다.

일반적인 프레임: 디저트 배가 따로 있으니 더 먹을 수 있다.
리프레임: 충분히 먹었다.

일반적인 프레임: 배고프니까 음식이 필요하다.
리프레임: 배고프니까 단백질이 필요하다.

일반적인 프레임: 운동하려면 의지력과 동기 부여가 필요하다.
리프레임: 운동 습관을 들이면 운동하는 게 안 하는 것보다 더 쉽다.

일반적인 프레임: 최상의 운동법을 배우는 게 중요하다.
리프레임: 최상의 운동법은 내가 기꺼이 할 수 있는 운동이다.

일반적인 프레임: 관리자가 하는 모든 일이 관리다.
리프레임: 측정하지 않는다면 관리하는 게 아니다.

일반적인 프레임: 잠이 오지 않는다.
리프레임: 활동량을 충분히 채우지 않았다.

일반적인 프레임: 내면의 생각이 곧 나다.
리프레임: 내가 하는 행동이 곧 나다.

일반적인 프레임: 나 자신을 찾아라.
리프레임: 나 자신을 써 내려가라.

일반적인 프레임: 세상에는 훌륭한 사람과 그렇지 못한 사람이 있다.
리프레임: 모든 사람은 결점이 있고 각자 잘하는 일이 다르다.

일반적인 프레임: 예술은 오락이다.
리프레임: 예술은 정신에 영향을 주는 강력한 약물이다.

한눈에 보는 리프레임

일반적인 프레임: 나를 까는 사람들은 사악한 괴물이다.
리프레임: 나를 까는 사람들은 나의 마스코트다.

일반적인 프레임: 비난은 심장을 찌르는 비수처럼 느껴진다.
리프레임: 비난은 이 자리에 없는 누군가의 두개골 안에서 일어나는 화학 반응
일 뿐이다.

일반적인 프레임: 당신은 내가 생각하는 대로 해야 한다.
리프레임: 꺼져. (마음속으로만 말할 것)

일반적인 프레임: 모든 사람이 나에 대해 생각하고 있다.
리프레임: 나는 타인의 영화에서 단역에 불과하다.

일반적인 프레임: 세균은 내게 해를 끼친다.
리프레임: 세균은 나를 더 강하게 한다.

일반적인 프레임: 추위는 고통이고 위험에 처했다는 신호다.
리프레임: 추위는 나를 더 건강하고 강인하게 만들어 준다.

일반적인 프레임: 소셜 미디어는 재미있게 시간을 보내는 하나의 방식이다.
리프레임: 소셜 미디어는 중독이다.

일반적인 프레임: 모욕은 정신건강에 해롭다.
리프레임: 모욕은 내 의견에 반박할 수 없거나 정신건강에 문제가 있다는 비방
자의 고백이다.

일반적인 프레임: 모욕은 누군가 나를 싫어하거나 무시한다는 뜻이므로 상처
가 된다.
리프레임: 나에 대한 누군가의 의견은 설령 〈뉴욕 타임스〉에 실린다 해도 일기

장에나 끄적일 말일 뿐이다.

일반적인 프레임: 죽음은 비극이니 슬퍼해야 한다.
리프레임: 고인은 더 이상 고통이 없다. 어째서 나 때문에 슬퍼하지?

일반적인 프레임: 죽음은 비극이다.
리프레임: 고인의 마지막 여정을 도울 수 있어 영광이다.

일반적인 프레임: (일부 사람들의 경우) 죽음은 이 사람의 끝이다.
리프레임: 에너지는 형태가 바뀔 수는 있으나 결코 소멸하지 않는다.

일반적인 프레임: 감정은 내가 처한 상황의 결과다.
리프레임: 어떤 감정을 느낄지는 내 선택이다.

일반적인 프레임: 나는 마땅히 증오할 만한 사람을 증오한다.
리프레임: 증오는 타인의 잘못에 대해 자신을 벌하는 것에 불과하다.

일반적인 프레임: 증오와 분노는 사라졌으면 하는 해로운 감정이다.
리프레임: 증오와 분노는 이롭게 쓸 수 있는 초능력 같은 에너지다.

일반적인 프레임: 내 문제들은 왜 사라지지 않을까?
리프레임: 이 문제를 포함해 모든 건 존재할 권리가 있다.

일반적인 프레임: 내 자존심은 곧 나이므로 지켜야 한다.
리프레임: 자존심은 나의 적이다.

일반적인 프레임: 창피할 일을 피하라.
리프레임: 창피함을 자청하여 자존심을 죽일 몽둥이로 사용하라.

한눈에 보는 리프레임

일반적인 프레임: 나는 보호받아야 할 귀중한 예술 작품이다.
리프레임: 나는 그냥 굴러다니는 감자다.

일반적인 프레임: 일진이 좋은 날과 나쁜 날이 있다.
리프레임: 모든 날은 각기 다른 방식으로 유용하다.

일반적인 프레임: 자유란 원하는 것을 할 수 있는 능력이다.
리프레임: 자유란 잃을 것이 없을 때 비로소 얻는 또 다른 이름일 뿐이다.

일반적인 프레임: 앞으로 삶을 감당할 자신이 없다.
리프레임: 하루 정도는 뭐든 할 수 있다.

일반적인 프레임: 뭔가 잘못될까 봐 걱정이다.
리프레임: 무슨 일이 일어날지 기대된다.

일반적인 프레임: 가능한 나쁜 결과를 전부 걱정한다.
리프레임: 가능한 것들을 통제하되 모든 결과를 받아들인다.

일반적인 프레임: 과거의 일은 중요하다.
리프레임: 과거의 일은 존재하지 않는다.

일반적인 프레임: 내가 보고 느끼는 그대로가 현실이다.
리프레임: 주변을 가상현실이라고 상상해 보자.

일반적인 프레임: 살면서 겪은 사건들 때문에 스트레스와 불안이 생긴다.
리프레임: 죽음을 앞둔 순간에는 이 모든 일이 아무것도 아닐 것이다.

일반적인 프레임: 나는 고통스럽다.
리프레임: 나는 잠시 고통스러울 것이다.

일반적인 프레임: 나는 우주의 중심이자 최우선 순위다.
리프레임: 우주에서 바라보면 모든 게 작아 보인다. 내 문제도 포함해서.

일반적인 프레임: 부정적인 생각을 멈춰야 한다.
리프레임: 부정적인 생각을 뽑아내지는 못하지만 다른 생각들로 밀어낼 수 있다.

일반적인 프레임: 해야 할 일인 건 알지만 시작하기가 두렵다.
리프레임: 인생은 짧다.

일반적인 프레임: 잘한 결정일까?
리프레임: 작게 테스트해 볼 수 있을까?

일반적인 프레임: 사람들은 나를 판단하므로 실수하면 기분이 나쁘다.
리프레임: 사람들은 오직 자기 자신에만 관심이 있다. 내가 최근에 어떤 멍청한
      짓을 했는지 언급해도 별로 관심 없다.

일반적인 프레임: 스트레스는 일의 일부다.
리프레임: 스트레스를 줄이는 게 바로 나의 본업이다.

일반적인 프레임: 왜 다른 사람들은 죽고 나만 살아남았을까?
리프레임: 시계가 하루에 한 번 오후 2시를 가리키는 것과 다르지 않다. 그저
      하나의 현상일 뿐 아무런 의미가 없다.

일반적인 프레임: 왜 다른 사람들은 죽고 나만 살아남았을까?
리프레임: 태어난 이후로 내가 겪은 일들은 모두 희박한 확률로 일어났다. 이번
      에는 특히 더 그랬을 뿐이다.

일반적인 프레임: 왜 나일까?
리프레임: 신은 중요한 일을 위해 당신을 필요로 한다.

한눈에 보는 리프레임

일반적인 프레임: 이 죄책감을 안고 가야 할 의무감을 느낀다.
리프레임: 죄책감에서 벗어나도 좋다고 당신에게 허락하겠다.

일반적인 프레임: 나만 살아남아 죄책감을 느낀다.
리프레임: 죽은 사람들은 내가 고통받았으면 할까, 아니면 행복했으면 할까?

일반적인 프레임: 내가 할 수 있는 일이 더 있었다.
리프레임: 누구나 할 수 있는 일이 더 있으므로 무의미한 생각이다.

일반적인 프레임: 중독을 피하라.
리프레임: 무엇에 중독될지 현명하게 선택하라.

일반적인 프레임: 주로 판단력이 나쁜 사람들이 위험하고 헛된 쾌락을 추구한다.
리프레임: 살 만한 가치가 있는 삶에는 최소한의 쾌락이 필요하며 사람들은 안
전하게 쾌락을 얻지 못하면 위험한 방법으로라도 얻고자 한다.

일반적인 프레임: 어떤 사람들은 의지력이 없고 나약해서 부정적인 행동을 계
속한다.
리프레임: 어떤 사람들은 특정한 부정적 행동에서 나보다 더 큰 쾌락을 느낀다.

일반적인 프레임: 나는 과거 트라우마의 피해자다.
리프레임: 과거의 일은 상상에만 존재한다.

일반적인 프레임: 어떤 일이 생겨서 화가 난다.
리프레임: 나는 과거에 살고 있다.
그리고
일반적인 프레임: 나는 불안하다.
리프레임: 나는 미래에 살고 있다(좋지 않은 방향으로).

일반적인 프레임: 나는 트라우마의 산물이다.
리프레임: 나는 무작위적인 느슨한 신경 회로 다발이다.

일반적인 프레임: 트라우마로 나는 무력해졌다.
리프레임: 트라우마는 누군가를 이기는 힘이 된다.

일반적인 프레임: 지금 이 순간에 충실하라.
리프레임: 아주 사소한 행동도 미래에 영향을 미친다고 상상하라.

일반적인 프레임: 안전한 것은 안전하고, 위험한 것은 위험하다.
리프레임: 안전해 보이는 것이 위험할 수도 있고, 위험해 보이는 것이 안전할
수도 있다.

일반적인 프레임: 행복은 내면에서 온다.
리프레임: 외부 세계를 이용해 행복을 느끼도록 뇌를 프로그래밍하라.

일반적인 프레임: 마음은 뇌 속에 있다.
리프레임: 마음에는 뇌, 신체, 물리적 환경이 포함된다. 하나가 달라지면 다른
것들에도 변화가 생긴다.

PART 3 관계를 위한 리프레임

일반적인 프레임: 나답게 행동하라.
리프레임: 더 나은 내가 되어라.

일반적인 프레임: 있는 그대로의 나를 사랑하는 법을 배워라.
리프레임: 더 나은 내가 되라고 자극하는 뇌에 감사하라.

한눈에 보는 리프레임

일반적인 프레임: 자신감은 타고나는 것이다.
리프레임: 자신감은 학습하는 것이다.

일반적인 프레임: 남들은 나보다 사회성이 좋다.
리프레임: (이 장을 읽고 나면) 나는 사회성이 좋은 상위 10퍼센트에 속하게
        된다.

일반적인 프레임: 모임 참석자들은 나를 당혹스럽게 할 수 있다.
리프레임: 모임 참석자들은 내가 지금 당장 해결해 줄 수 있는 문제(낯가림)를
        안고 있다.

일반적인 프레임: 아무도 나와 대화하고 싶어 하지 않는다. 나는 지루한 사람이다.
리프레임: 모든 사람은 자신에게 관심을 보이는 사람과 대화하는 걸 즐긴다.

일반적인 프레임: 있는 그대로 진실하게 행동하라.
리프레임: 상황에 맞게 의사소통 방식을 조정하라.

일반적인 프레임: 이 행동을 꼭 해야 나쁜 일이 생기지 않는다.
리프레임: 뭐든 과하면 안 좋은 법이니까 그 행동을 이제 하지 않아도 된다.

일반적인 프레임: 이 사람에게는 내 조언이 필요하다.
리프레임: 이 사람은 정보, 공감, 생각을 정리하는 데 도움이 필요할 수 있다.

일반적인 프레임: 불만을 제기하는 사람은 해결책을 원한다.
리프레임: 불만을 제기하는 사람 중에는 불평 자체를 즐기는 사람도 있다.

일반적인 프레임: 이 사람은 성격이 강하니 동등한 입장에서 상대하려면 내가
        더 강해져야 한다.
리프레임: 이 사람은 유해한 존재다. 지금 당장 벗어나야 한다.

일반적인 프레임: 아무도 나를 매력적이라고 생각하지 않는 듯하다.
리프레임: 나는 아직 충분히 많은 사람을 만나지 않았다.

일반적인 프레임: 연애 상대가 될 사람을 찾아야 한다.
리프레임: 연애 상대를 얻으려면 나의 유전적 장점을 알려야 한다.

일반적인 프레임: 칭찬하는 건 어색하거나 소름 돋거나 잔꾀 같다.
리프레임: 칭찬을 보류하는 건 거의 부도덕한 행동이다.

일반적인 프레임: 미친 사람과 식당을 결정해야 한다니, 살려 줘.
리프레임: 음식이 문제가 아니라 통제권에 대한 착각이 문제다.

일반적인 프레임: 결정이 필요하다.
리프레임: 책임을 분담할 부조종사가 필요하다.

일반적인 프레임: 일반적인 패턴을 유지한다(유머가 성립되지 않음).
리프레임: 일반적인 패턴을 깨뜨린다(유머 성립).

일반적인 프레임: 결혼은 영혼의 동반자를 찾는 것이다.
리프레임: 결혼은 약속을 소중히 여기는 사람과의 사랑을 찾는 것이다.

일반적인 프레임: 결혼은 훌륭한 제도이므로 결혼 생활 실패는 둘 중 하나 또는
둘 다 잘못했다는 뜻이다.
리프레임: 너무 많은 결혼이 이혼으로 끝난다는 건 결혼이 잘못 설계된 제도라
는 증거다.

일반적인 프레임: 십 대 자녀는 부모가 제시한 '이유'를 이해하지 못해서 대화
는 힘겨루기로 바뀐다.
리프레임: 부모는 아직 성인의 판단을 이해하지 못하는 미숙한 뇌를 인도해 줄

한눈에 보는 리프레임

안내자다.

일반적인 프레임: 나는 십 대인 네게 말하고 있고 이는 우리 둘 사이의 문제다.
리프레임: 나는 현재의 네가 아니라 미래의 너에게 대답해 줘야 한다.

일반적인 프레임: 내 유전자를 퍼뜨려야 한다.
리프레임: 어쨌든 내 유전자는 세대를 거듭할수록 희석되어 결국 나의 비중은
0에 가까워질 것이다.

일반적인 프레임: 관계가 영원히 지속되었으면 좋겠다.
리프레임: 영원한 것은 없다.

일반적인 프레임: 이 이별로 행복에 대한 희망을 버렸다.
리프레임: 세 번째 결혼이 첫 번째 결혼보다 더 행복한 경우도 많다.

일반적인 프레임: 나는 소울 메이트를 잃었다.
리프레임: 아직 만나지 않은 소울 메이트가 수백만 명이나 있다.

일반적인 프레임: 관계가 끝나서 울고 있다.
리프레임: 끝났다고 울지 말고 좋은 추억이 생겼으니 웃고 감사하라(닥터 수스
의 말 인용).

일반적인 프레임: 사람들이 나를 함부로 대하는 데 내가 할 수 있는 일은 많지 않다.
리프레임: 나는 사람들이 그렇게 행동하게 만들고 있다.

일반적인 프레임: 상사가 지배한다.
리프레임: 가장 좋은 아이디어를 가진 사람이 지배한다.

일반적인 프레임: 전문가가 지배한다.

리프레임: 소통을 가장 잘하는 사람이 지배한다.

일반적인 프레임: 상사가 지배한다.
리프레임: 가장 유능한 사람이 지배한다.

일반적인 프레임: 책임자가 영향력을 가지고 있다.
리프레임: 영향력=설득력×청중 규모

일반적인 프레임: 나는 사람들의 행동을 보고 의도를 파악할 수 있다.
리프레임: 마음 읽기는 가짜다. 인간은 타인의 의도를 제대로 파악할 줄 모른다.

일반적인 프레임: 대부분의 사람은 정상인데 나만 신경과민이다.
리프레임: 알고 보면 모두 신경과민이다.

일반적인 프레임: 실수를 보고 그 사람을 판단하라.
리프레임: 실수에 대응하는 방식을 보고 그 사람을 판단하라.

일반적인 프레임: 작은 친절은 좋은 행동이다.
리프레임: 작은 친절이란 없다.

일반적인 프레임: 항상 지각하는 사람은 무능하거나 무신경하거나 둘 다이다.
리프레임: 시간맹인 사람도 있다.

PART 4 현실에 대처하는 리프레임

일반적인 프레임: 원자력은 위험하다.
리프레임: 원자력은 친환경 에너지다.

한눈에 보는 리프레임

일반적인 프레임: 틀리는 것은 창피한 일이므로 피해야 한다.
리프레임: 창피함에 대한 두려움이 틀리게 만든다.

일반적인 프레임: 90퍼센트의 사람들은 이성적이다.
리프레임: 사람들이 이성적인 경우는 고작 10퍼센트다.

일반적인 프레임: 계획은 성공 또는 실패할 것이다.
리프레임: 마찰과 보상은 항상 효과가 있다. 다만 어느 정도 효과가 있을지는
해봐야 안다.

일반적인 프레임: 사람들은 스스로 자신의 의견을 만든다.
리프레임: 사람들은 팀에 합류하고 미디어는 팀에 의견을 지정해 준다.

일반적인 프레임: 우리 중 한 명은 옳고 다른 한 명은 틀렸다.
리프레임: 우리는 한 화면에서 두 편의 서로 다른 영화를 보고 있다.

일반적인 프레임: 사람들의 행동을 예측해 주는 변수는 다양하다.
리프레임: 돈의 흐름을 따라가라. 그것만으로 충분하다.

일반적인 프레임: 인생은 고통을 피하고 행복과 의미를 추구하는 것이다.
리프레임: 인생은 모험이다.

일반적인 프레임: 유죄가 입증될 때까지 모든 사람은 무죄다.
리프레임: 개인은 유죄가 입증될 때까지 무죄다. 기업과 정부는 무죄가 입증될
때까지 유죄로 추정된다.

일반적인 프레임: 부정행위가 발각되지 않았으므로 조직은 결백하다.
리프레임: 부정행위가 적발되지 않을 가능성이 있고, 그로 인한 이익이 크며 관
련자가 많으면 부정행위는 항상 발생할 수 있다.

일반적인 프레임: 남들도 나와 비슷하게 생각하고 느낀다.
리프레임: 남들은 나와 상상할 수 없을 정도로 다르다.

일반적인 프레임: 가장 좋은 세계관은 진실인 세계관이다.
리프레임: 가장 좋은 세계관은 예측이 가장 잘되는 세계관이다.

일반적인 프레임: 나는 내 경험과 유전자의 산물이다.
리프레임: 나는 내 경험을 써 내려가는 작가다.

일반적인 프레임: 나는 사람들에게 좋은 대우를 받을 자격이 있다.
리프레임: 대체로 주는 만큼 받는다. 누구도 무언가를 거저 받을 자격은 없다.

일반적인 프레임: 현실은 객관적이며 과학은 현실을 이해하게 해준다.
리프레임: 우리가 인식하는 '현실'은 더 지적인 존재가 만든 시뮬레이션이다.
대안: 나는 비디오 게임 속에 있다. 다음 단계로 나아가려면 특정 퀘스트를 해
    결해야 한다.

일반적인 프레임: 우리는 서로 다른 기억을 가지고 있다.
리프레임: 우리는 서로 다른 주관적 현실을 만들어 낸다.

일반적인 프레임: 현실은 객관적이다.
리프레임: 객관적인 현실이 있을 수 있지만 인간의 뇌는 거기에 접근하지 못한다.

일반적인 프레임: 현실은 나의 의견과 선호에 따라 주관적일 뿐이다.
리프레임: 나의 현실을 주관적으로 받아들이고 직접 만들어 낸 것처럼 행동하
    면 좋은 결과를 얻을 수 있다.

더 리프레임 The Reframe

초판 1쇄 발행 2025년 4월 23일

지은이 스콧 애덤스
옮긴이 김미정
펴낸곳 베리북
펴낸이 송사랑
편집 고은희, 장호건
진행 김은호
디자인 이창욱

등록일 2014년 4월 3일
등록번호 제406-2014-000002호
주소 경기도 파주시 고봉로 755-27
이메일 verybookv@gmail.com
ISBN 979-11-88102-14-3 (03190)